奥运会与世界杯

郑也夫　著

中国发展出版社

图书在版编目（CIP）数据

奥运会与世界杯 / 郑也夫著. — 北京 : 中国发展出版社，2016.7

ISBN 978-7-5177-0544-4

Ⅰ. ①奥… Ⅱ. ①郑… Ⅲ. ①奥运会—通俗读物②世界杯—通俗读物 Ⅳ. ①G811.21-49 ②G808.2-49

中国版本图书馆 CIP 数据核字（2016）第 156445 号

书　　名： 奥运会与世界杯
著作责任者： 郑也夫
出 版 发 行： 中国发展出版社
（北京市西城区百万庄大街 1 6 号 8 层　　100037）
标 准 书 号： ISBN　978-7-5177-0544-4
经　销　者： 各地新华书店
印　刷　者： 北京市兴怀印刷厂
开　　本： 880mm×1230mm　　1/32
印　　张： 10.75
字　　数： 260 千字
版　　次： 2016 年 7 月第 1 版
印　　次： 2016 年 7 月第 1 次印刷
定　　价： 36.00 元
联 系 电 话： (010)　68990642　68990692
购 书 热 线： (010)　68990682　68990686
网 络 订 购： http://zgfzcbs.tmall.com
网 络 电 话： (010)　88333349　68990639
本 社 网 址： http://www.develpress.com.cn
电 子 邮 件： fazhanreader@163.com

序 言

里约奥运——这个超越民族纷争的节庆，这台众生心醉神迷的大戏——即将开锣。场馆内、银屏前，狂欢与赏玩的观众必将难以计数，再创新高。与这天下第一“粉丝团伙”中多数成员稍有不同，敝人是个卖文的手艺人。且看且写，自意大利世界杯（1990）始，已26年。其中奥运会五届，世界杯六届，每每挑灯夜看，辛勤笔耕。里约来临之际，拣选旧文，镌刻成书，权作小小礼物，奉献给亿万奥运迷中的一小撮同好们。

为何说得如此可怜，唯因手机通吃天下的势头已成不争之事实。时下多数人已不读纸媒，甚至电脑都闲置了，多数年轻人很可能将从手机中获取里约赛事的评论与八卦。但敝人挚爱古典技艺——演讲从不用多媒体，因心中矗立着苏格拉底、西塞罗这些演说家伟岸的坐标；写作则一向首发于纸媒，此生愿与图书共始终，不怕作纸本图书的殉道人。相信我们纸本书的群体虽日益萎缩，仍称得上小众。愿与小众同仁一同坚守纸本，不使其陨落，至少可保护人类文化的多样性。

我的一本体育文集《游戏人生》（1997）承蒙挚友史铁生兄作序。敢于请求并获得文字圣手赐序，或许证明笔者体育作品中文字质量的追求。此为本书特征之一。

特征之二是书中所思所感系从体育出发，却不囿于体育，而是以之透视人性、社会、多种维度上的博弈。你只要开卷，便会感受八面来风。此非刻意而为，乃性格使然。敝人厌恶画地为牢，不过在社会学教职上领薪而已，与专家的属性相距甚远。自称是杂家，理想是作通人。这把岁数了，不可能不是文如其人。

特征之三，为您呈现一部奥运小史，即从亚特兰大到伦敦这五届奥运的别致的简介。您想作奥运的粉丝吗？粉丝升级中必经此种互动：越喜欢所知越多，知道的越多越喜欢。所以您若喜欢奥运，该粗知往届奥运的明星和亮点本书是游览五届奥运的惬意的导游。且抖搂本书中点评过的少许亮点：

亚特兰大：开幕式的古希腊特色，百米赛克里斯蒂抢跑出局，王军霞冠军之含金量，马俊仁与毛德镇就其万米失手的战术争议。

悉尼：开幕式中的土著艺术，孙雯的 30 米任意球，举重神童苏莱曼诺尔古三把失手，索普与霍根班德之战，硬汉占旭刚，优雅爱德华兹，盖布尔塞拉西的万米绝杀，为布勃卡黯然神伤，还有卡列宁。

雅典奥运：罗雪娟后来居上，瓦尔德内尔说赛制不公平，讲解十项全能，姚明身上的美国文化，刘翔的人种突破。

北京奥运：为我们撑面子的刘欢，张艺谋何苦难为李宁，男篮永远的遗憾——惜败西班牙，刘翔败因，央视歧视田径，博尔特横空出世，北京空气令盖布尔塞拉西（此前刚创世界纪录）舍弃马拉松。

伦敦奥运：孙杨与朴泰恒之战，天才叶诗文，焦刘洋慨叹冠亚军的待遇之别，英国田径一日三金，八百米之王鲁迪沙，我是刘翔的铁杆辩护者，伦敦奥运的去神圣化。

里约近了。本书帮助您从亚特兰大，经悉尼、雅典、北京、伦敦，进入里约，享受那个疯狂和诗意的，有哭有笑、且吟且酒的十五天。

当今体坛上，世界杯与奥运会双峰并峙。本书下编是笔者即时素描六届世界杯的全部篇什。借奥运之光，一并奉献，以期相映成趣。顺便说，读者将会看到，我后期的足球文章中对足球规则和国际足联的批评越来越激烈。我早就看到国际足联是一个墨守成规、不思进取的机构。而日后的事实证明，还是一个腐败的机构。他们忙着捞钱，哪里会锐意改革。

郑也夫

写于里约奥运会前

目　录

上编・奥运会

亚特兰大奥运断想

悉尼奥运断想

雅典奥运断想

我的奥运观

北京奥运断想

伦敦奥运断想

下编 · 世界杯

意大利世界杯断想

美利坚世界杯断想

法兰西世界杯断想

韩日世界杯断想

德国世界杯断想

南非世界杯断想

上编·奥运会

亚特兰大奥运断想

遗憾不是雅典

1996 年英国人为他们举办的第十届欧洲杯找出了响亮的口号：欢迎足球荣归故里。与之对比，百年奥运盛会的最大遗憾是雅典在申办中败给亚特兰大。

苏格拉底、柏拉图、欧基里德、阿里斯托芬——古希腊文明灿烂辉煌，而雅典学园与奥林匹斯山无疑是其智育与体育的两颗明珠。掷铁饼人的雕塑与马拉松长跑的传说数千年来激励着全人类。希腊为人类文明作出了无与伦比的贡献，而世纪末叶的人们却不能给她起码的偿还。

感念希腊

不是一切有漫长历史的民族都有历史感，也不是一切缺乏历史的民族都没有历史感。所幸获得了奥运百年华诞主办权的美国人铭记着奥运历史。他们以新奇的投影手法为全世界呈现出古代雕塑中希腊运动家的英姿。三千年来人类对健美的追求在一瞬间连接在一起，令人神往。开幕式上的另一历史感由十余名历届奥运英雄的登场而引发：施皮兹、科马内奇、比蒙、刘易斯，特别是那位 97 岁的老人。但火炬由一代拳王点燃却令人莫衷一是：病伤的阿里呈现出的是一种悲壮，还是对现代体育的嘲讽？

成败之间

唐灵生夺冠的场面令人久久难忘。他高举杠铃十余秒钟，是珍惜那一时刻，还是为了显示他的雄强，将是不解之谜。我们不必问询当事者，尽可以把它留给想象的空间。实际上就是你问当事者，他也难于讲述出他当时的身不由己的冲动。这是戏剧性的场面，它将长久地留在人们的记忆中。

就在这一场比赛中，这一级别的常胜将军全炳宽三次试举失败，没有成绩，一败涂地。同一天，一代泳后埃文斯与林莉先后失去决赛权。相信他们不是最后一名失败的王者。刘易斯、克利斯蒂、布勃卡，都将面临严峻的挑战。苏莱曼诺尔古保住了自己王者的称号，光荣落幕。其他的人将未必这样幸运了。沉舟侧畔千帆过。唯愿爱德华兹不是一花独放，而是新一代王者的急先锋。我们能够这样期待吗？且拭目以待。

巨星的退出方式

本届百米大赛的一大遗憾是世界纪录保持者刘易斯没有来。八年前当塞巴斯蒂安・科遭遇同一悲剧——未通过国内选拔赛时，奥委会主席说，以后上届冠军和世界纪录保持者的名额由奥委会出。看来也只是说说，这位当家人并未真的重视制度的完美。

尽管如此，本届百米大赛仍是空前的。决赛八名选手出自七个国家（仅美国有两名选手），其中四人来自南部世界，美国选手无一人进入三甲，都充分说明了百米赛已进入战国时代。唐诺文・贝利破世界纪录，前三名成绩均进 9.9 秒，昭示着又一个里程碑。但这一切都没有克利斯蒂抢跑出局更让人惊异。

无疑，刘易斯与克利斯蒂是十年来最耀眼的两颗巨星。刘易斯少年得志，克利斯蒂大器晚成；刘才华横溢，克业精于勤；刘善于言辞，克沉默木讷。刘像个艺术家、外交家，而克因早年长期笼罩在刘的光环下，忍受着失败和寂寞，养成了哲学家一般深沉的气质。刘的体态是标准体育家，而克更像一具被夸张了的体育家的塑像。英国人说："米切尔在起跑器前跳来跳去，鼓起腮帮子吹气。克利斯蒂不然，他就像青铜塑像一样耸立在那里，紧紧盯着眼前的跑道。"然而不可思议的事发生了：青铜塑像失去了沉稳。克利斯蒂显然不愿这样引退，他说他还会回来。但是他似乎没有伯勒尔的诚恳。伯勒尔在上届奥运会上抢跑后说："这样的大赛不能抢跑，内疚使我未能跑好后面的比赛。"这种表达方式不属于克利斯蒂。

田径的至尊地位

我以为王军霞的金牌是本届大赛上中国金牌中含金量最高的。"有可比性吗？"——人们会问。跑与跳、与体操、与球类原本不好比，人们为了增加戏剧性，为了比较金牌的多少，便假设每一枚金牌似乎是一样的。而实际上是不一样的。那又为什么说这枚金牌含金量最高呢？

因为这是田径金牌。田径是最基础的运动，是硬碰硬的运动。好比黄金比成色，宝石比硬度，田径比的是人的体能。而跑步又是一切运动基础之基础，是人的体能中最核心的部分。

又因为奥运会的田径比赛是最高水准的田径比赛。并非奥运的一切项目都是最高水准的项目。比如男子足球，奥运的水准远低于世界杯。又比如男子篮球，奥运的对抗性远逊于美国 NBA。除了这几项大球，其他的项目就更不能和田径相比了。其实就是足球，在体育之基础与纯粹的意义上，也是不能与田径相比的。如果古希腊人没有将田径传递给我们，那么世界体育大赛也就不会以奥林匹克命名了。在智育中希腊人看重哲学与几何学，无独有偶，在体育中重视田径——这正是古希腊人的独到之处。

第三个原因还在于物以稀为贵，中国的田径，特别是径赛太落后。这自然有体质上的原因，但同样有意识上的原因。不理解田径我们就不能真正地理解源自希腊的体育精神，从这个意义上说，王军霞的金牌对我们来说是弥足珍贵的。

无法垄断解释权

一场好的比赛不仅为我们留下了难忘的回味和记忆，并且留下了可以持久争论的解释空间。王军霞万米比赛刚刚结束，对其冲刺战术的讨论就开始了。马俊仁说，应在 8000 米处冲刺；毛德镇说应在最后 400 米处冲刺；王军霞说冲得太早了担心冲不下来……几乎每个长跑爱好者，甚至非长跑爱好者都不甘寂寞，争相提出自己的见解。每一种见解所提供的都不过是一种反思的角度，谁也不能说自己完全正确，甚至当事者本人。因为历史不能重演，谁也没有解释霸权。但同样因为历史不能重演，遂产生了另一种说辞：“历史不作假设。”其隐含的意思是，一切建立在假设基础之上的解释都毫无意义，历史的结局必然如此。这其实是更大的一种话语霸权。谁也不能说反思、解释和假设是毫无意义的，不然历史学就只是记录，而不允许任何研究。

大能不乱吗

都说这是最混乱的一届奥运，笔者未亲临亚特兰大，不敢妄言。但说句客观和超脱一点的话，奥运项目越来越多，规模越来越大，人数越来越众，对主办者将越来越难。因而笔者赞成一些专家的建议，奥运项目应该精简。精简哪些项目？自然是最乏味的项目。笔者曾说，田径是最有魅力的，那是总而言之。田径中也有极其乏味和荒诞的项目，比如竞走。为什么这么说？其一，径赛比的是快，非要在一种最慢的运动方式中比快，岂能不乏味。其二，参赛者一着急，就会自觉不自觉地变走为跑，遂使裁判工作耗资费力，仍难于公正，岂能不荒诞。世间的一切都要新陈代谢，奥运项目亦不可抱残守缺。

奥林匹克精神之变异

奥运精神是新闻界热衷炒作的东西。笔者酷爱今日奥运，但却必须承认，今日奥运早已背离了原初的奥运精神。奥运的初衷是业余体育，如今却早已演化成职业体育与商业体育。应该说率先破坏奥运精神的还不是西方的商业体育，而是东方的专业体育。当东方的专业运动员充塞了奥运时，与其维持一种名存实亡的虚伪的业余体育，倒不如索性让西方的职业运动员也进入，变之为彻头彻尾的职业体育。奥运精神变了，人们仍然喜爱它，是因为它虽然告别了业余，却仍然集中地体现了人类超越自身极限的气概。虽然今天之奥运充满魅力，但必须承认它绝不代表全部体育精神，甚至只是代表了其中的一小部分。一个国家的奥运金牌多只意味着该国家的“奥运体育”水平高，并不证明别的，并不证明其体育的整体水平。在我们已经成为一个奥运大国，在又一届奥运曲终人散之际，更该认清的是在这个商业与意识形态双峰并峙的世界上奥运日益陷入的局限，它不是一个泱泱大国的全部象征，它甚至不是一个体育强国的全部象征。中国那位伟人本世纪初叶的悲壮呐喊——“文明其精神，野蛮其体魄”——仍然是一个遥远的有待其后人实现的宏愿。

中国梦

我有一个梦。我希望明天的中国有十个王军霞，更希望明天的中国有十万个绿茵场，有十万万体育人。

《南方周末》 1996年7月26日~8月9日

悉尼奥运断想

奥运开幕式观感

超大型的仪式在现代社会中似有衰微之势。我们猜测其原因。其一，自希特勒的《意志的凯旋》，至金家父子一出出大型歌舞剧和团体操，近代政治家将宏大奢华的仪式牺牲在种族主义和政治乌托邦的圣坛上。人们恨屋及乌，厌倦了超大型仪式。其二，现代社会是个世俗的、崇尚实用的、个人主义的社会，这种品格和性情是与铺张、夸大、华而不实和滥用纳税人财产的方式格格不入的。当代政治家深明历史的遗产和时代的变迁，故极少操作超大型仪式，以避劳民伤财好大喜功之嫌。

但也有避不开的，奥运的开幕式便是如此。你把全世界的目光乃至几分之一的贵宾都请到了主办国，不露一手民族特色对内对外都说不过去；你的舞台是庞大的体育场，比超大型的剧场还要大，宏大自然就成了基调；奥运是政府操办，开幕式是国家行为，有着雄厚的人力物力，特别是理由，可以大大地操办一回。

本届奥运开幕式算是成功的。但要操办大型仪式的商家和政客都须明白，成功的条件是极其苛刻的：奥运四年一回，大型仪式是以周期长为心理承受之前提的；耗资巨大，我很希望包打听们能披露本届开幕式的财务开支；需要一流人才的策划和国民的热情支持。因此大型仪式少办不办为佳，免得画虎类犬。

本届开幕式创意甚多。但我以为最成功和出人意表的是骑手的率先登场。马的雄强与奔放使得这台戏开场即高潮。机器与电子不是亦可显示力量吗？本届开幕式中二者均得善用。但马儿比机器的优越在于它是生物，它有灵性和威严，它是人类最早的伙伴，它帮助人类获得了最初的速度与力量，它对观赏者有机器无法比拟的亲昵感。

土著艺术是本届开幕式的特征之一。事实上它们可以抑制和抵消现代人的骄狂。现代人以为自己在衣食住行、声光电化、娱乐玩耍上统统超过古人。土著的艺术告诉我们那是无知的傲慢。

开幕式史诗中的一幕是讴歌澳大利亚土地上的造物神。这对于一个无神论占主导的国度是一次难得的提醒：界与众生都是多元和多样的。笔者是坦率的怀疑论者，但我钦佩无神论者内心的坚毅和有神论者因信仰而获得的内心的纯净。我厌恶二者中的一些偏执的成员，唯我独尊，蔑视他人。我以为，有神和无神是人性中的两面，用罗素的话说是气质上的冷与热。在高层次上，两者同样美好。说到本届开幕式，我被造物神的这一幕深深感动，不知坚定的无神论者有同感否？

射击手，自控师

几度奥运，国手中率先摘金的多为射击运动员，真饶有趣味。这之中既有赛程与巧合的因素，又是因为中国有深厚的射术传统。在武器的历史上，射击的前身是投掷（掷石头、掷标枪）和射箭。人类历史中记载着诸多神射手。在西方如一石击中敌方首领的大卫。在中国更数不胜数，养由基、纪昌、李广，等等。如李广曾威震胡人。陶璐娜堪称其传人。陶璐娜凭借着奥运盛会和电视传媒，已经扬名四海了。

射术的精髓是准确。要求准确的运动太多了，射门、投篮、传球、跳远的踏板、跨栏的步点，乃至保龄球、高尔夫球，等等。但射击对准确的要求最高、最精、最专门。

射击与投掷、射箭虽然已经有了很大的不同，但它们在精髓上依旧略同。他们中的高手都是自控大师。表面上是控制自己的手法，深层上则还要控制自己的神经和心理。他们的"手技"无疑都是高超的。而他们的心理技能，可否称作"心技"，一定是同样高超的。一到关键时刻就过度紧张，肯定太业余了。一般以为松弛是运动的一种境界，我亦同意自控大师可以使自己较为松弛。但太松弛了也不行。适度紧张实际上有将精神和精力焦聚起来的积极功能。一言蔽之，不兴奋和太紧张都不行，过犹不及。也就是说，自控大师必须将自己调适在紧张与松弛之间的一个适当的位置上。其实说起来现代射手要做的已经比古之射手简单多了，不需要兼通骑术、观察战事、躲避敌人袭击，等等。但艰难和复杂有时倒锤炼了性格和心理，在单一的维度上控制心情反而更难。

孙雯任意球的意义

孙雯三十米开外的一脚任意球，穿越美国队的人墙，直挂球门左上角，守门员奋力扑救，并触到皮球，但球依然进网。这个进球对男子球员来说也是罕见的。这个进球的直接意义自然是逼和了美国队。而直接意义之外的含义是什么呢？

凭借这个进球，即凭借与美国队的平局，中国队只要打平挪威即可小组出线。但我以为这不是孙雯任意球的意义。与挪威的比赛仍将是一场苦战。挪威是一支强队；足球场上什么都可能发生；打平即可，有时竟会给球队的心理带来微妙的变化，倒是破釜沉舟的球队在心理上更具优势。

孙雯任意球的意义不在功利方面，至少不仅在功利方面。那首先是一记伟大的进球。即使最终中国队未拿冠军，未获决赛权，乃至小组未出线，人们也会因为这记入球而牢记中国姑娘们的伟大表演，牢记这场势均力敌的伟大的比赛。

孙雯和她的伙伴能够在中国足球土壤上出现，是耐人寻味的。搞足球的人可以研究研究孙雯现象了。就从这记任意球开始。为什么男足球员打不进去？严格地说，任意球是规范的，它依赖的不是天才的即兴发挥，而是千百次枯燥的练习。应该比较一下孙雯与男球员的训练表，因为他们的差距有些不可思议。这便是这记任意球的又一重意义。

为巨星送行

因电视频道的紧张，中美女足的比赛与男子 56 公斤举重发生了冲突。当后者的转播开始时，抓举已告结束，挺举开始。我瞪大了眼睛也没看到苏莱曼诺尔古，而后才打听到他抓举三把失利，已悄然隐退。他曾经三次获得奥运金牌，曾经是举重成绩超过体重比例最高的人，虽已到了运动的高龄，仍没有甩掉少年时戴上的“神童”的帽子。奥运会是新人的摇篮，也是巨星的坟墓。这很正常。不正常的是，媒体不该无情无义，在其落幕赛中失利时几乎不给一个镜头。应当为陨落的巨星送行，将他们失利的镜头重播几次，那是奥运不可或缺的悲剧美。这些超级明星曾经照亮奥运昔日的天空，并当过众多电视台的衣食父母。电视台不能只盯着本民族选手的成败，对世界级明星失去起码的礼节。

由此我还想到，多位上届冠军并非实力不足，仅因在选拔赛上偶然失足，便无缘本届奥运。他们曾经为奥运作出贡献，应该享有起码的卫冕权。而他们的到场无疑可以为体育迷们增添趣味。奥运会应当给他们发放特卡，允许他们不占本国名额，直接参赛。其实，就是邀请他们直接参赛，还要看看他们自己是否愿意“再度刘郎”。奥运会这一盛筵不差这几把筷子，奥运冠军是没有可比性的，是没有人可以攀比、搭车的。更为重要的是，能成为奥运冠军的人其实已经不仅仅属于他的国家，而且属于奥运大家庭和全世界了。

举重的美学内涵

奥运的篮子太大了，差不多的体育项目都包括了。不少体育项目是从奥运会开始观看的。举重便是其中之一。

原以为举重不怎么好看。一看才发现，相当刺激。原因很简单，它是极限运动，并且是最基础的极限运动。举重似乎比较简单，但在很多场合，简单的游戏要比复杂的游戏更刺激。举重其实也有技巧，但与更需技巧的项目相比，举重显然赛的是元气，是本体，是基础实力。且这种竞争立见高下，从提杠到成败几乎不超过十秒钟。看看选手的表情，就知道这运动的性质，一个个像上刑场一样。选手握杠时的样子更告诉我们人类凝聚力量时的庄重与痛苦。再看看教练与选手的交流，多使用身体语言，并且多是强硬的身体语言，往往是猛力拍打一下。这动作在这种场合是如此和谐。别的动作放在这里差劲，这动作放在别处不妥。因为这里不是游戏圈，而是较力场。

看到杨霞得了金牌挺高兴，但是如果看到中国男子举重选手得金牌我会更高兴。因为我总认为举重说到底更属于男人。现在世界体坛有一种趋向，一切男子的项目女子都要搞，并争取进入奥运。我不认为女人的解放和开拓要处处跟随男人的轨迹和尺度。我以为女人自创项目才是解放。而女权主义者的目标应该是让男子移植女子的体育项目，比如高低杠。

中国体操的性别谜团

中国男子体操队登上了新的高峰——奥运男团冠军，老早就存留心中的谜团便再次浮现：为什么中国男子体操的成绩好于女子？

这是问题吗？可能是问题，因为在大多数项目中中国女运动员的成绩优于男子，即所谓“阴盛阳衰”。女足男足天差地别，不用说了。女排虽已衰落，仍非男排可以比肩。女篮得过奥运亚军，男篮的理想是奥运前八名。女乒长盛不衰，男乒如履薄冰。男子跳水有克星萨乌丁，女子其谁？凡此种种，不胜枚举。原因似乎也不难寻找。其一，同国外比较，人家的女子在商业和锦标体育上都没有男子那样投入，我们在锦标战略指引下，男女并驾齐驱。其二，国内男女间比较，因为体制上的激励机制不健全，男选手的动力不能全部调动起来，而女孩子听话、驯服，往往比男孩子训练更刻苦。其三，多数项目的前沿技术掌握在领先国家的男运动员手中，女子能够学到男子的二流技术往往就够用了。因此女子学习先进技术容易，从本国男子那里学习即可。又因为我们官办体育的底子，女运动员找到男陪练员不难，国外则大不一样。

有因有果，阴盛阳衰。但是体操却分明是个例外，且不是偶然，而是多年一贯。体操男团的冠军不该白拿，它应该诱发我们去思考一些深层次上的原因和道理。

伟大的比赛，伟大的人格

即使在奥运会上，伟大的比赛也不是时时可见。而伟大的比赛太重要了，岁月会尘封诸多平庸的赛事乃至金牌，是伟大的比赛帮助我们在若干年后记忆起一届届奥运。优异的成绩和发挥，都不足以构成伟大的比赛。比如本届男子体操团体赛，中国队的发挥是卓越的，可惜没有强悍的对手，没有势均力敌的竞争，没有此等竞争所营造出的令人屏息的氛围，因此那只是伟大的表演，不是伟大的比赛。势均力敌的比赛同样未必是伟大的比赛，成绩的低下，人格的平庸，都会使比赛贬值。

本届奥运我们看到的第一场伟大的比赛是在两位英俊少年间展开的：东道国年仅十七岁却已如日中天的索普和尼德兰二十二岁的霍根班德。九月十七日的 200 米自由泳复赛中霍根班德战胜索普，且创造了新的世界纪录。赛后他说，他和索普都有保留，而索普保留得更多。我相信这里包含着这位少年的谦逊，因为他甚至战胜过波波夫，事后则说："波波夫是一个传奇，一个巨人。"十八日的决赛中，二人并驾齐驱，冲刺中霍根班德以微弱优势再胜索普，并且平了自己昨天创造的世界纪录。胜利无可争议。另一方面，我们看到已获两枚金牌，被媒体捧上天的索普，赛前没有狂言，赛后毫不沮丧，在泳池的终点处微笑着与霍根班德拥抱。那笑容是如此天真和灿烂。从那失利后的笑容中我看到了奥林匹克精神。有人说，索普一定吃药，不然他的手脚不会这样大。看到一个明星失利后如此礼貌和笑容，我猜想他没有吃药，一个作伪者难有这样的笑容。

从报纸上得知，美日的职业棒球手第一次进入奥运，预赛已相逢，可惜我们在电视上未见踪影。估计他们在决赛中可能再见。

希望我们的电视台不要只顾自家金牌，忽略了这些使奥运成其为奥运的伟大的比赛。

看奥运，想全运

看着奥运热气腾腾，万人争睹，不知怎的就想起了全运会和90年代美国的一本畅销书《赢家通吃的社会》。

这部书作者的观点如下。因现代社会中交通的畅通及成本的下降，一种畅销的商品可以从都市走向小镇和乡村，从一国遍及全世界，比如可口可乐。因现代社会信息的畅通，国家队乃至世界级球星的比赛可以通过电视传播到世界每个角落。其结果是地方出产的饮料被打垮，县城、省城的球队难于存活，红利被少数赢家通吃。商店不会接受太多种饮料品牌，因货架有限。观众不肯接受太多球队，因心理空间的有限，热情和记忆的有限。

老百姓现在能够看到的体育比赛太多了：奥运会、世界杯足球、世界杯亚洲选拔赛、世界田径锦标赛、世界篮排乒乓球赛、亚运会，以及 NBA、四大网球公开赛，等等。就比赛的水准、激烈程度和观赏性而言，上述比赛都大大超过全运会。文武之道，一张一弛。人不能永远兴奋，兴奋点让更高水平的比赛抢占了，全运会必将疲软。

体育除了给观众找乐子，还要给国家争面子。这正是全运会初创时的主要目的。那时因台湾占据了奥运等国际比赛的席位，我们被封闭于多数世界比赛之外。为了振作精神，鼓舞士气，显示中国人的气概，搞了全运会。时过境迁，我们早已加入到世界体育大家庭中。为中国人争面子的最好场合显然是世界体坛，而不是自家的操场。

并且选拔人才其实也不靠全运会，更靠单项赛事。全运会耗资巨大，收益是什么呢？窃以为，它已经完成了自己的历史使命，可以寿终正寝了。

又见三国鼎立

一部《三国演义》，内中的智慧与趣味，实难车载斗量。在中国漫长的历史中，为什么这一段落如此光彩？老子云：一生二，二生三，三生万物。一花独秀，其实是寂寞乃至乏味的。两人相争，方成游戏；旗鼓相当时更有了观赏的味道和刺激，但其对抗虽然激烈却嫌单纯。三方鼎立则复杂性激增，成为生长政治军事智慧的沃土。

看到日本女子垒球预赛中战胜中国，竟不觉丧气，而是预感到更具审美内涵的比赛就在前头。从媒体获悉，赛前日本教练说，名次最末都不要紧，却一定要打败中国。听后觉饶有趣味。中国女垒“压迫”日本的时间不短了。你这不是卖国吗？不然。游戏往往与归属感交织在一起，但游戏毕竟只是游戏，别以为它能救国，兴邦的要略数到第十也轮不到游戏；相反，本末倒置，在一些项目上用力过度，形成高射炮打蚊子的势态，游戏将是没看头的。听到日本队又胜美国时，陡然间兴奋起来。可以肯定，中美两强对抗的历史已经结束，女垒三足鼎立的时代或许来临了。显然最想打破上述三强态势的是东道国澳大利亚人。且拭目以待。

说实在的，在下面的比赛中我很希望中国队能战胜美国。我相信胜负都无碍中美两队进入四强决赛。但很希望看到大家将昔日“老大”挤到三四位，看它在佩寄制的比赛中如何挣扎。

外控与内控

看过王楠与李佳薇的比赛，有的观众可能会称赞王楠的斗志。如果王楠的对手是地道的外国人，我也会有同感。但看到威胁来自又一个海外兵团的成员，看到孙晋已经被井浚泓淘汰，我首先感到的是荒诞，我们乒乓战略的荒诞。

国际举重联合会在奥运参赛项目上对中国女子举重选手作了限制，最多不得超过四个项目。这不是歧视。跆拳道项目也对韩国作了这样的限制。这是在保护这一项目的对抗和趣味，这是反垄断。

其实何必等外控降临，我们自己早该内控，即控制培养规模，控制专业选手的数量。培养选手是要花大钱的，我们是发展中国家，不承担为他国输送乒乓国手的义务。就是日后成为发达国家，也不必如此，因为不同种族成员的介入必定造成技术风格上的多样性和竞赛的归属感。某一种族的垄断将导致该项目风格的单一，最终使其趣味降低。近年来，世界乒坛人士痛感观众的流失，企图通过改变球和球台的颜色，乃至球的大小，来增加观赏和对抗性。其实乒乓球最大的危机不是这些，而是垄断。

我明白，超额培养乒乓选手是为了奥运战略。但这是个进退两难的问题。培养的选手少了，我们的国手败给外国人（非外籍人）的概率增加。培养的选手过多，败给海外兵团的概率增加。阻止人才外流已几乎不可能。因为世界开放了，因为每个年轻人都追求自己的前途，她只有这一本领，而在祖国没有了用武之地。多培养的胜率略大于少培养，因为最好的选手留下了。但超额培养还有其他代价。其一是如上所述，毁伤了这项运动。其二更可怕，就是一旦输了几乎就成为笑柄。自己的强项运动偶尔输给外国人其实没什么，哪有常胜将军？输给海外兵团则有搬石头砸自己脚的滑稽意味。想明白这事，内控比外控强。

牌子·票子·乐子

奥运期间关于奖牌，特别是金牌的议论，不绝于耳，不仅在电视中，而且在校园、街头、公共汽车上。我感到相当多的人最热衷的就是牌子，得了牌子兴奋，没得牌子失落。牌子关乎国家荣誉而非旁观者个人利益，故钦佩这些人的爱国情怀。但钦佩之余，仍觉得可以淡化一点金牌意识，重视一下游戏本身的乐子。

游戏与胜负同乐子是什么关系？两国的观众自然都站在本国选手一方。如果比赛结束后必是一国高兴一国愁，那几乎可以说该游戏对这两国观众总体上没有增加乐子，用学术语言说，是“零和博弈”，即一方的获得是另一方的丢失，总和为零。战争即使不是两败俱伤，也是零和博弈；争夺财宝是标准的零和博弈。而游戏显然不是这样。有这个游戏和没这个游戏的差别是它可以在总体上为观看者增加乐子。既然如此，对败绩一方的观众也该有乐子，尽管可能不及胜利方观众们的乐子多。乐子在很大程度上是独立于牌子的。每个项目均设一块金牌，但它们给观众的乐子等同吗？而不管乐子大小，奥运的牌子是以它为基础的。完全没乐子的项目应该取消。

和牌子堪可一比的是票子（钞票）。二者的共同特征是吸引人们趋之若鹜。二者的不同特征正在于与乐子的关系上。对多数人来说，挣票子的乐子在于其结果，有了票子可以消费、享受，挣票子的过程对很多人无乐趣可言。牌子正相反，竞争奖牌的过程本身是有趣味的。票子与牌子的差别其实就是工作与游戏的差别。工作注重的是结果，游戏重视的是过程。过程无趣味的游戏不是游戏，是怪物。既然游戏和为它设置的奖牌的性质是这样的，就别像工作结束后付报酬、数票子一样，将数牌子放在第一位，唯此唯大，首要的还是沉浸在游戏过程的乐子中，有牌子更好，没牌子也不改其乐。

为中国男人撑门面的人

看到占旭刚举起 207.5 公斤，拿到男子 77 公斤举重金牌时，心情要算中国拿到九枚金牌时唯一激动的一次。本来，男人的激动心情不是廉价的东西，更不需要挂在嘴上。

我以为中国男人在奥运一直不算十分体面。大约只有在体操、跳水这些技巧和乒乓、羽毛这些小球上做做文章。大球不能染指，那些角斗体能的——我以为堪称真正的男子汉项目上，比如游泳、田径、举重，只有一个突破口，就是举重。

中国女子要体面得多。她们拿的不也多是跳水、小球之类吗？女人展现出柔美、技巧就够了。但是男子光是体操和小球是不行的。举重成为唯一可以为中国男子撑门面的项目。

具有讽刺意味的是偏偏在这个项目上中国女人大出风头，一连拿了四块金牌，如果没有世界举协的限制，大有卷地毯、大包圆的架势。但我看到那些怏怏不快。如果举重项目中国男人一块金牌没有，能说明中国举重的实力吗？那不是只说明了中国人窥测方向的机巧，男人不行女人补的智慧？

占旭刚相貌堂堂，棱角突出，横眉立目。在奶油小生在公共空间占压倒优势的今天，看到这样的汉子，觉得舒服、充实。我以为梁山好汉武松、杨志，乃至李逵，其实就是这种模样和风采。连环画和电视剧对人物的形象实在是太夸张了一点。真正的武士是雄强、壮实而又精干、收敛的。中国能演武士的演员太少。占旭刚从事的武人行当练就了其体魄和神情，他不可能不是这样。

他一个人为我们平衡了一个世界。

鱼与熊掌

奥运会在同一时间中展开的比赛项目太多，而电视台的频道有限，所以只有少数的场面能在第一时间播出。什么东西直播，什么东西放录像，乃至打字幕，自然是见仁见智，众口难调。但因电视台是为观众服务的，该听听观众的议论。

先说比赛和发奖仪式。本国获金牌的发奖仪式是否一定要在第一时间播出，我觉得是个可以商榷的问题。有些比赛非常重要，且正处在千钧一发之际，搁置在第二时间将乏味许多，刚巧撞上了本国的“金牌仪式”，怎么办？我以为，仪式应该向这样的赛事让步。因为后者在价值的转瞬即逝上超过前者。另一个比较价值高下的维度是经济学家所说的“稀缺”。如果一个国家只能拿到非常稀少的几枚金牌，发奖仪式将极大增值，应该考虑直播。而如果获得的金牌很多，相比之下比赛的关键时刻变得更宝贵，应该优先。英国划艇五届金牌获得者雷德格雷夫对目前的仪式形式很不满意。我有同感。苏联曾在一届奥运会上获得 45 枚金牌，幸亏那时电视不发达，不然苏联观众将觉得那仪式是何等单调和冗长。

再说比赛播放顺序。本国有望拿金牌的项目、本国参赛的项目、本国未参赛的项目，是否一定是直播的先后顺序？我觉得未见得如此。优先顺序应该以通过抽样调查得到的观众的观赏愿望为基础。有些项目不怎么好看，却有望拿金牌，观众不一定愿看全过程，但密切关注其结果。这样的项目迅速通报结果就行了。还有的项目与金牌无缘，但很好看，应享有一定优先权，不能第一时间播出，也应比较快地播放录像。比如男篮，不仅好看，且能让美国和欧洲强国认真地与我们打一场是非常难得的，不播放或不较快地播放，对不起观众。在比赛直播的优先权上不能太功利。爱国也不是一定同形式主义联姻的。

女垒的魅力与危机

奥运女垒打得难解难分，煞是好看。但看它真要耐心，因为得分太难，耗时太长，动辄就是三个多小时，超过了马拉松。

垒球的魅力来自何处？来自这一游戏的内在特征。毫不夸张地说，它是最富团队精神的游戏。因为它的分工最细致：投手，接球手，内场手，外场手，游击手，棒手。没有其他球类项目有这么多分工。这么多分工组合在一起自然要求最好的合作精神。足球不是也有很多分工吗？前锋，前卫，中后卫，边后卫，门将。但除了门将外，那都是战术上的分工，而不是规则要求的不能替代的角色分工。足球分工合作不好，只是战术水准低。垒球不掌握分工，根本就不能玩。垒球的分工是规则所决定的基础的分工。其团队精神也是基础的，必需的。本届奥运女垒精彩的另一原因是强队旗鼓相当。本以为是日中美三足鼎立，不想东道国一支楔子打进来，三强成了四方，更将佩寄制的魅力展示得淋漓尽致。

但女垒的危机也是显然的。得分难不要紧，比耐心也挺好。但不能太难，如是将打跑观众。垒球得分原本不是这么难的。现在越来越难，是因为投手的水平猛涨。极少有制度可以一劳永逸。棋类的规则似乎更持久，但围棋取消“势子”，不断修改先手还子数目，说明了制度也是流水不腐。但游戏规则的改革有个原则，不能伤筋动骨，不能改成一个全新的游戏。我以为垒球的改革很简单，适当限制投手，比如三个坏球（现在是四个）保送棒手上垒。

1963 年我进中学时，学校仓库里还有不少垒球器材。但我们从未染指过，因为垒球人均占用场地太大。都市拥挤的空间已无法开展垒球。我以为应该在我国中小城市的学校中开展这一运动。没有了群众体育，只怕连球迷和观众的群体都将萎缩。

9 月 25 日，奥运中最长的一天

1945 年 6 月 6 日，联军在诺曼底登陆。此前军方的一位人士说：“不管成功与否，这都将是最长的一天。”从此这一句式不胫而走。奥运远未结束，但看过9月25日的比赛，我敢说，这是悉尼奥运中最长的一天。

我是狂热的田径热爱者。但同时我还是个相对主义者，知道萝卜白菜本无高下。但田径在奥运的崇高地位却不是主观的。奥运之火是从希腊燃起的，古希腊人挚爱的运动正是田径。速度、力量、耐力、灵活，体育的四大要素的最直接的角逐和最完美的展示都发生在田径场上。田径是奥运的皇冠。9 月 25 日，这一天田径场上决出了九块金牌。我们看到了刚毅的迈克尔・约翰逊无可争议地摘取金牌，看到优雅的爱德华兹跃过 18.70 米，看到四年前败给王军霞的萨伯的新长征，看到加勒比海小国的加西亚力挫杰克逊和约翰逊两位大国明星，看到了逐走佩雷克夺取金牌后毫无笑容的弗里曼。万米决赛更是荡气回肠。可怜的特加特第二次在奥运上败给盖布尔塞拉西。盖氏的实力与经验无与伦比，但我仍然认为，这次的胜利不是来自他的妙算，而是他的坚韧感动了上苍。

这一天其实仅有这些已经足够过瘾，而对于我的同胞中那些不

热爱田径的人来说，这一天也同样是漫长的一天。平衡木与双杠各拿一金。乒乓高峰对话中成熟的孔令辉压倒了中年的瓦尔德内尔。敝人天性不以成败论英雄，因此偏爱那两场没有奖牌的中西对抗。男篮战胜了欧洲冠军意大利。略打一点折扣的是意队已经出线，此战不关生死；但意大利是重视荣誉与尊严的民族，此胜毋庸置疑。我相信中国女垒姑娘如果上届拿了金牌，多数成员不会再来悉尼。为了上届的遗憾，她们来了悉尼，胜了宿敌。上苍却与她们开了个玩笑，胜了不要非胜的一场，败了非要不败的一场。她们今生今世注定与金牌无缘。这世界是功利的。好在还有少数不重功利的表现主义者。他们在向你们的出色表演，致以深深的敬意。

翌日田径休战一天，其他金牌也最少。果树尚有大年小年，况人类乎。

田径明星剪影

格林像个顽皮的孩子。他没有刘易斯洋溢在外的王者风范，没有克利斯蒂深藏内心的自尊与傲慢，也没有枭雄本·约翰逊的一身霸气。他几乎是百米王中最无风度的。

琼斯长得有些像奥蒂，但显见逊色于后者。奥蒂是一尊雕像，是古典美在当代的复活，她有着罕见的贵族气质。她 28 岁才踏上奥运的跑道，那是很多女运动员退役的年龄，她却从此一路风尘跑了 12 年。坎坷的岁月几乎没有为她打上烙印，她是个奇迹。琼斯天赋甚好，少年得志。她也是阔少了，但至少在气质和做派上比辛吉斯强。跳远将永远是她的暗礁，她好像缺少自控能力。

迈克尔·约翰逊相貌奇特，非常耐看。剪影家和相面师见到这样的相貌是不肯放过的。他是刚毅的象征，他是战神的化身。就声誉和人望而言，他很可能是这两届奥运田径选手中的第一人。

爱德华兹是田坛上的一个异人。三级跳是需兼备速度与力量的领地。这里的选手几乎个个是巨人，是赳赳武夫。爱德华兹却是优雅、潇洒、文质彬彬。早生的华发更使人觉得他不属于这个领地。而他却是这个领地中不世出的王者。用伯乐相马经解释爱德华兹或许是贴切的：千里马不是每每可以从外表认出的。

肯尼亚人动用了他们全部的中长跑智慧，也没能阻挡住这位埃塞俄比亚人的步伐。盖尔布塞拉西，身高 1.66 米，体重 55 公斤，其瘦小身躯中蕴藏的伟力令人惊叹。他的男子万米跑的纪录，大概只有上帝知道什么时候能够打破。他是本色的平民，和蔼可亲。没有人敢怀疑他的能力。但我还是认为，这次他赢得幸运。在最后两米处，0.1 秒战胜对手，在万米比赛中是空前绝后的。我特别钦佩非洲人的竞赛道德。领先的选手在准备放弃领跑地位时，向对手主动让出第一道。我还没有在白种人、黄种人中看到这样的举动。非洲人是最文明的竞赛者。

金牌的含金量

悉尼奥运金牌的含金量是多少？物理意义上的含金量不是问题。搞清金牌重量和多少K金就清楚了。如果一个小偷搞到一枚奥运金牌，将之熔化了，要么因为不这样出不了手，要么他是白痴。也就是说金牌的价值高于其物理意义的含金量。

本文所说的“含金量”正是物理之外的价值。每一枚金牌的含金量一样吗？中国体操队临阵换将，宁可牺牲吊环金牌，也要拿下男团金牌。澳大利亚人对弗里曼这枚金牌格外重视，因为它含有尊重土著的政治含义。

多数人不会认为各枚金牌价值等同。那么这种判断是主观还是客观呢？有主观的成分，也有客观的成分。借用一句体操评判的术语“去掉一个最高分，去掉一个最低分”，剩下的看法就比较一致了。我以为以下几个因素决定了含金量高下不等。

第一，团体项目的金牌高于个人项目的金牌。每届奥运都要比较各国金牌。因为含金量的不等，有人曾提出另一种计分法：足球金牌50分，篮球40分，排球30，单项金牌7分，等等。

第二，“含尖量”。我同意团体金牌含金量高于个人金牌，却不同意足球高于篮球。足球和网球中很多顶尖高手不重视奥运，奥运的足球和网球不是最高水平的赛事。拳击中的尖子都是职业拳手，他们统统未参加奥运。奥运这些项目的含金量较低，因为尖子越是齐备，该项目金牌的含金量才越大。

第三，普及程度。田径的金牌一向备受瞩目，是因为参加奥运田径比赛的国家多，但这还不是全部原因。更因为在国内开展这一项目的国家更多，哪一个国家学校体育中没有田径，即使未参赛奥运只是因为水平问题，这同未参加曲棍球、马术、女子举重不是一个概念。

前些年奥运增加了一些小项目，其中包含鼓励一些小国（他们擅长此项）参赛积极性的意味。近来又控制了。因为不控制会越来越多，还因为小项目的吸引力小。

老战士没有死

我不知电视台的人在忙什么，他们就在现场，却没有在第一时间传递这一消息。好在还有网络。从那里我们获悉，在撑竿跳预赛中布勃卡在他要的第一个高度 5.70 米中三次试跳失败，未能进入决赛。我们并未希冀这位 37 岁的老将获得金牌，但多么希望决赛中有他的身影。他的冷峻刚毅，他的有力的助跑（在全盛期他百米手计时 10 秒整），他的传奇故事，已同这项运动融合在一起。但是他走了。如西点军歌所唱："老战士没有死，他们只是悄然隐退了。"

祸不单行。在同一天，33 岁的卡列宁失败了。这位三届奥运金牌获得者，近十年来在重量级摔跤场上一场未败，近七年来对手在他身上连一分都没有得过，这次却以一分惜败。他文雅好学，业余爱好是古典音乐和诗歌。上帝啊，为什么如此突然地摧毁俄罗斯青年的偶像？！

此前，土耳其的"神童"——奥运三块金牌获得者苏莱曼诺尔古，抓举三把连败，与布勃卡异曲同工。神童今年 33 岁。

还不能说本届奥运就是所有昔日巨星的滑铁卢。33 岁的约翰逊无可争议地蝉联 400 米王。38 岁的英国人雷德格雷夫，虽已患糖尿病，仍第五次获得奥运划艇金牌。

还有一位年岁更长的女性仍站在风头浪口，她就是 40 岁的奥蒂。她没有获得奖牌，但她再次站在百米决赛的起跑线上。这绝对是一位 40 岁老将的殊荣。

除了卡列宁，上述的巨星们在赛前就已表态，世纪之交的奥运将是他们的告别赛。无论是光彩落幕还是悄然隐退，他们为我们留下的是光辉伟岸、慷慨搏击、鞠躬尽瘁、醉卧沙场的不灭形象。行前，让我们向他们致中国江湖礼节，双手抱拳，道一声："青山常在，绿水长流。"

有根有梢，上下兼顾

故事都有头有尾。听众们既已听了故事的大半，其中很多人便有了听完的愿望。讲故事的人也便有了讲完的义务。

本届奥运，电视台吊足了观众们对女垒的兴趣，却在中国女垒0∶1 惜败澳大利亚后，戛然而止。只在最后轻描淡写地说了一声美国战胜日本获得冠军。这佩寄制的全过程是怎么打过来的，几乎不置一辞。比赛打下来，我们的运动员和教练员是很有气度的，赢得起输得起。却觉得电视台未能善始善终。老话说，做事要有根有梢。女垒的报道实在是有头没尾，太不重视事件与故事的完整性。

中国的田径水平低，要靠各界帮助。电视台有普及田径知识，培养观众兴趣的义务。介绍田径的一个突破口是十项全能比赛，搞懂它就几乎搞懂了全部田径运动。十项全能还有一个特别的优势，就是它要赛上两天，有着比球类更大的悬念。我们电视台的十项全能的转播是怎么进行的呢？开始播出时已经是第四项跳高了。频道紧张，这很可理解。不播也罢，但既然播出，总要介绍一下十项全能前几项（百米、跳远、铅球）的成绩、名次、选手，不然冷不丁播出十项中的两三项有什么意义呢？不懂的人茫然不知，懂的人急得抓耳挠腮。说解说员介绍得粗糙吧，他会把某个跳高成绩折合成分数报给你，显示他田径知识不少，却不管你光知道这一分数有什么用，这种解说最终显得极其滑稽。有过程才有故事，十项全能是个多么富有故事性、戏剧性的项目。甚至因故少播了其中几项，正好通过主持人的口述来填补，给了他用武之地。而最终的播出是没根、缺梢、少中段，支离破碎；上封顶，下不保底，懂与不懂的人统统蒙在鼓里。对此，我的理解是，这位解说员对解说该项赛事没有作出起码的准备，他不热爱田径，不热爱十项全能运动。如是，为什么不把田径项目的解说让给热爱田径的人？

梦之队安在

如果立陶宛能掀翻梦四队，将是何等过瘾、刺激。我这样期望不是因为反对美帝国主义的情结。我认为体育离政治和意识形态越远越好。那么我这种愿望的情感基础是什么呢？是对弱者的同情，是愿意看到权威遭遇强有力的挑战。相信这种情感在人类社会中是很普遍的。

立陶宛未能击败梦四队，却摘掉了其“梦”之桂冠。一支仅以两分战胜对手的球队没有资格号称“梦之队”。相信立陶宛人已经震动了 NBA 上下。在下届奥运上很可能 NBA 将尽遣精英。人们未必不想看到梦之队，人们不想看到傲慢的、保存实力的、名不符实的梦之队。

中国跳水队其实根本不是梦之队。前有洛加尼斯，后有萨乌丁，后者近年来多时执世界跳水之牛耳，何来梦之队。中国跳水队是一支强队，甚至可以说是世界上最强大的跳水队，却从来都不是梦之队。另一方面，跳水不是集体项目，没有真正的团队含义。记者们炮制出这一称号，既暴露了他们的愚钝，又反映出他们学舌时髦词汇的积习。他们没有话语上的原创力。

梦四被立陶宛人摧毁了，奥运体坛上还有其他的梦之队吗？似乎还有两支沾边。一支是中国女子举重队，另一支是美国田径接力队。

中国女子举重队绝对是巨无霸（姑且不论举重是不是团队项目）。问题是别人对这技艺和能力是否梦寐以求，不然不会欣然称你为梦之队。另一方面，如果保加利亚等民族真的对这项运动心向往之，我们还能否保持目前梦一样的境界？

本届奥运女子100米决赛的跑道上有三名巴哈马选手，两名牙买加选手，这大约已经预示了美国女子接力队的险境，岂敢“称梦”。美国男子百米虽个人能力突出，但因文化与性格所致，接棒训练和团队精神都弱，已有前车之鉴。大约美国男子4×400米接力队是硕果仅存的梦之队。而那是黑色人种的贡献。

中国是体育强国吗

从电视上看到袁伟民团长在悉尼召开的记者招待会。有记者问：“中国现在是体育大国吗？”袁团长的回答是：“这应该由外人来评价，由我来回答是不合适的。”他的回答聪明得体。其实这问题太大，提出这个问题的人要么是门外汉，要么是有心人。真要回答这问题，大概首先要分解它。犯贴标签的毛病不好。

奥运强国与体育强国是两个不同的概念。

中国奥运上获得28枚金牌，排在第三位，已经成为当然的奥运强国。但奥运项目太多，金牌较多远不能说明它在多数项目上都很强大，相反在很多重要的项目上仍可能是非常薄弱的。具体说，在田径、游泳这两个最大的项目上，我们仅获女子竞走一枚金牌；在足球、篮球、排球、手球、水球、棒垒球这七个大球项目上我们一枚奖牌也没有获得。我们的奖牌集中在乒乓球、羽毛球、体操、跳水、射击、女子举重项目上，其中半数以上不是在世界上普及很好、重视程度很高的项目。一俊遮百丑不好。

体育强国则是另一个概念。在英语中“奥运”与“体育”是完全不同的两个词汇，在实际上它们更分属两个不同的系统，没有直接的、必然的联系。奥运的指标应该是奖牌。一个国家体育活动的指标则应该是参与体育活动的人数，人均体育场馆的数量，学生的平均运动水准，等等。老实说，我们在这些方面差得太多了。北京四个老城区中有无数宾馆饭店，却只有四所中学拥有带四百米跑道的操场。这是一个大国首都的耻辱。当然一丑遮百俊也不好。

奥运的英文名称明确无误地表示出它是游戏。我们高高兴兴地观看了十七天的游戏，还看到中国运动员游戏中骄人的成绩，蛮好。但建设体育强国乃至经济和科技强国则是更为严肃和艰巨的工作。娱乐后应该开始工作了。

走入心碑的悉尼奥运

奥运同一切重大活动与事件一样，以两个不同的旋律展开。一个在现世：主席的讲演，贵宾的出席，华丽的仪式，金牌的瓜分，国歌的高奏，胜者的喜悦，败者的悲伤，商家的炒作，媒体的喧嚣，乃至意识形态的侵入和民族主义的鼓噪。另一个则是经过民众无意识的筛选，最终走入记忆，走入心史和永恒的那些片段。奥运的精神是和平与公正的竞争，正是在这个平台上伟大的角斗和博弈展开了，而只有那些最伟大的场面能够穿越时间的隧道，走入记忆。本届奥运中将走入记忆和心碑的是什么，不是我们可以裁断的，但猜想是无妨的。

尼德兰少年霍根班德在 200 米自由泳中击败索普，证明他是新世纪泳坛第一人。几日后又在 100 米自由泳中战胜波波夫，为上个时代划上句号。

20 世纪下半叶世界乒坛的第二位天才（第一位非庄则栋莫属）瓦尔德内尔与乒乓王国中他的第四代（四代为：蔡振华，江加良与陈龙灿，马文革与王涛，孔令辉与刘国良）对手进行“小球”的最后对决。这是天才与王国的较量。

男子万米之王埃塞俄比亚人盖布尔塞拉西迎接他的“影子”肯尼亚人特加特的挑战。特加特吸取了往日屡屡失败的教训，在最后100 米突然杀出，盖氏则穷追 80 米，在最后三米处令宿敌称臣。

在索托马约尔屈居跳高第二名之后，佩德罗索在跳远决赛中以其最后一跃(8.55 米)，击败东道国选手托里马(8.49 米)的挑战，捍卫了黑色橡胶的荣誉。

老英雄萨乌丁两面出击，迎战洛加尼斯时代的无冕王熊倪和英俊少年田亮。出师未捷身先死，长使英雄泪满襟。

挪威女子以北欧人的强悍先后搬倒中国队和美国队，遂令女足江山易主。

德国人德雷克斯勒在跳远的沙坑中打碎了美国女狂人琼斯五块金牌的美梦。

巴哈马与牙买加女子 4×100 米接力队双双压倒了美国女子接力队，证明黑人短跑的优势不是美国的专利。古巴人则在 110 米高栏中战胜英美两大巨星。发展中国家在田径的要害项目上揭开了战国时代的序幕。

立陶宛人以两分之差吓死了卡特，震惊 NBA 上下，他们为美国之外的一切篮球人挣得了面子。它说明，最高水平的篮球仍然是世界性的游戏，而水平愈加高升的奥运篮球必将成为奥运球类中的大哥大。

希腊人肯特里斯是本届奥运男子 200 米决赛跑道上唯一的白种人，上苍助他力拔头筹（20.09 秒）。这是自意大利短跑天才门内阿 1980 年夺金（20.19 秒）以来白种人再次染指 200 米桂冠。他的胜利无改天下大势。 在当代人类短跑美丽而漆黑的夜色中，他只能是匆匆走过的一支白色的流星。但是凭借这一殊荣，肯特里斯极可能将是 2004 年希腊奥运开幕式上点燃火炬的人。

当我们不再年轻的时候，当我们步入暮年的时候，回首悉尼奥运，心中油然升起的是什么？是萨翁的讲话，是媒体的叫嚣，是悉尼的焰火，还是这些伟大的体育家们的杰出表演？唯有时间可以作出最终的回答。

写于 2000 年 9 月 15 日～10 月 1 日

雅典奥运断想

写大体育

买来 16 日的《足球》报，读到承鹏的“希腊漫记”之三，感觉甚好。1994 年法国世界杯期间，我在《谁告诉我：什么是足球流氓》一文中说：“如此盛会，里面的热闹、名堂、事件层出不穷，虽说都源自足球，又岂是一部球经可以概括和了结。至于球赛，有电视转播，不劳各位再啰嗦了。大家渴望知道球场之外的西洋景、好玩的事，希望看到更丰富更深入的报道。不然真是辜负了昂贵的旅宿费和丰富多彩的新闻源。”也就是，希望有记者写“大体育”，从社会、政治、经济、人生的视角，透视奥运。看到承鹏的文章，一是高兴，终于有了这样的记者，让我们这些无缘雅典的人们了解那个盛大节庆中的浮世绘。二是技痒。笔者不是体育专家，笔者的体育文章其实都是“大体育”。承鹏是从“大体育”的角度报道，我不在现场做不来这个，但是我可以从“大体育”的角度议论。当一个盛典来临的时候，当体育席卷了亿万民众的时候，不说体育自然不行，光说体育也不行。所以笔者匆匆忙忙前来报到，为的是凑个热闹，敲个边鼓。

办奥运也赚也赔

读承鹏的文章，知道很多雅典的普通市民讨厌奥运，认为奥运打破了他们悠闲安静的生活，正准备逃离雅典。这使我回想起，悉尼奥运时电视报道，一些悉尼居民也讨厌奥运。这些市民坦率地陈述出一个常识：众口难调，一桩事情总是有人喜欢有人讨厌，这是自然而然的事情。如果大家都喜欢，前提是那是一个“同质的社会”，而现代社会与此相反，有着更大的“多样性”。也就是说，奥运为悉尼和雅典带来了很多东西——荣耀、商机，也使两个城市中的很多居民为此作出了牺牲。牺牲不仅在于这半个月的“骚扰”，还在于过多的场馆建设对一个城市生态的持久的破坏。我以为我们长期以来对奥运的收益说得过多，对奥运的负面东西认识太弱。奥委会正在研究“瘦身”。为什么要“瘦身”？其一是太大了不好管理，其二是太大了对一个城市干扰和破坏太大。奥运的超强“牛逼”性和巨大商机使它一直忽视着生态。如果重视生态，就不仅要搞“瘦身”，其实还可以“分身”，比如邻近的两三个城市共办，甚至邻近的两个国家共办。一个城市办奥运，对于一个小国、穷国，是福音，也是灾难。我们应该睁大眼睛，看看雅典为奥运的牺牲，以期日后避免和减少。

如何减少王治郅现象

看到男篮的失败，首先想到的是王治郅的未归。中国三大中锋在一个时刻出现，十年难遇，不能聚首太遗憾了，对中国男篮的损失太大了。这之中有是非，但是除了是非，我们恐怕需要从多方面、更现实地思考这件事情。因为我们还会有球员去 NBA，还会有人不想打亚运。这是国家与个人利益的矛盾。我们可以尝试通过爱国主义教育去解决，也可以上纲上线。但是除此之外，我们还可以减少矛盾的发生。那就是对奥运、世界篮球锦标赛、亚运，给予不同程度的重视。没有一个球星不想为祖国打奥运。而如果我们的男篮拿到了奥运第六、七名，我们在亚运会上其实就没有了丢面子的问题。我们完全可以派二队去。相反，我们的男篮越是在奥运不能出风头，就越是要在亚运找面子。放弃面面俱到，盯准奥运，在奥运之外，给球星更多的自由度，不是可以减少这类矛盾吗？

风大，豪赌，还是我行我素

现代电影导演中我最喜欢黑泽明，黑泽明的电影中我最喜欢《罗生门》。《罗生门》让四个当事者（强盗、老武士、武士妻、旁观者）对一起凶杀事件，讲述出四个不同的版本，从而将最外在的表演同一个最深邃的哲理——有些事实永远也说不清——天衣无缝地结合起来。

罗雪娟的金牌是中国迄今获得的金牌中最令人激动的一块。因为这项目不是玩技巧，而是拼身体。还因为半决赛她成绩仅列第七，被挤到了决赛的第一道，第一道的选手拿冠军几乎没有过。解释这一蹊跷的过程和动机便成了“罗生门”。

第一个版本是她半决赛后自己说的：“风大，水冷，所以游的不好。”将原因推给了客观条件。说不通的是这条件对大家是一样的，并且她还说决赛一定拿冠军。决赛如果风大呢？

第二个版本是“我行我素”。这倒是罗雪娟的性格。赛后她的教练说，让她预赛游出1分9秒，半决赛1分8秒多，决赛全力以赴。也就是，不管外界如何，我行我素。说不通的是，完全不管外界行吗？那样半决赛有可能被淘汰的。须知，在大赛的短程项目中，绝大多数运动员在每一轮中都要全力以赴，以免中途出局。

第三个版本是“豪赌说”。所谓赌博就是没有必然的胜算，所以将赌注押在了胜算更大的策略上。如果罗雪娟预赛、半决赛、决赛轮轮硬拼，决赛时与琼斯实力五五开，加上其他选手也有夺冠的可能，罗雪娟夺冠的概率至多40%，但得个成色不等的牌子的可能还是极大的。而如果预赛和半决赛时保留体力，避免过度兴奋，决赛时夺冠的概率会达到60%～70%，但是也有半决赛遭淘汰的可能，那样就一无所获。罗雪娟毅然选择了后者，她宁可一无所获也要增加夺冠的概率。内外两个优势条件很可能促进了“豪赌”的选择。内在条件是罗雪娟有超强的自控能力和分寸感，可以在抑制兴奋中游出1分9秒和1分8秒。这种“引而不发”的能力是最令对手畏惧的，是职业杀手方能具备的素质。外因是还有一个齐晖，如果罗雪娟复赛第9，而齐晖进入前8，她很可能借故退出，让罗雪娟顶上。这样保存实力下进入前8的概率陡增。于是开盘了雄心万丈的豪赌，演成了满盘通吃的绝杀。妩媚，罗家妹；威风，罗刹女。

事实究竟如何，因为当事人（不止一位）的性格（有的愿意作秀和编故事，有的喜欢深藏自己的隐私和谋略）和利益，我们可能永远也搞不清。能完全搞清的是您的汽车配件。至于人的某些行为动机是永远说不清的。

脾气和霸气

吃了美国面包的姚明会发脾气了。有人说太不对了，我觉得挺好，大家尽可以争论他该不该发脾气。但是吃了美国面包的姚明在球场上依然缺少霸气，却是不必争论的事实。这霸气从哪里来？可能还要从美国文化的熏陶中得来。姚明正确地批评队友无士气，姚明场上的士气明明比他们强，可是哈里斯在对西班牙赛后的新闻发布会上偏偏批评的是姚明，当然他的批评和中国领导对姚明的批评完全不同。他说：“我认为姚明也许是一个过于优秀的团队球员，他非常尊重集体的荣誉，愿意为之付出一切，但是今天的比赛中他分球和丢球，在我看来多了点。在集体打不开局面时，他应该大胆地个人突破，或直接强攻篮下，或迫使对手犯规，可他是这样一个伟大的团队球员，这样愿意为队友传球。”他当时不想批评其他球员，策略上可能是清楚从他们身上一时榨不出油水，只好榨姚明的油水。可是他打中的确实是姚明的要害。在这个美国佬点拨后的第二天，姚明在对新西兰的比赛中霸气喷薄而出。我们的领导看不到这个问题，做不出这种点拨。他们看到姚明场上的霸气可能也高兴，却希望场下的姚明依然是个乖孩子。他们没有明白美国文化造就霸气的同时也造就脾气，因为该文化崇尚个性。只想要自己想要的东西，不是太天真了一点吗？

白色的流星

2000 年 10 月 1 日我在《走入心碑的悉尼奥运》一文中说：“希腊人肯特里斯是本届奥运男子 200 米决赛跑道上唯一的白种人，上苍助他力拔头筹（20.09 秒）。这是自意大利短跑天才门内阿 1980 年夺金（20.19 秒）以来白种人首次染指 200 米奥运桂冠。他的胜利无改天下大势。在当代人类短跑美丽而漆黑的夜色中，他只能是匆匆走过的一个白色的流星。但是凭借这一殊荣，肯特里斯极可能是 2004 年希腊奥运开幕式上的点火人。”遗憾的是他没有成为点火人，还将退出 200 米跑道。他真的成了一颗流星。他实在是不明事理，他在本届 200 米跑道上的成败其实不重要，他已经成了一具象征。而这具象征毁于眼光短浅的功利心。

人性的镜子

奥运乒乓男双比赛在制度上又有创新。为避免一国选手在决赛中相遇，一国的两对选手被安排在同一半区。这一制度显然是为中国人设立的。从这一制度的设立中，可以看到人们内心的几种追求。其一，反垄断。人们从心底厌恶垄断。经济生活中的垄断将扼杀生机勃勃的竞争，比赛场上的垄断将破坏以对抗为基础的体育审美。中国人对乒乓技艺的贡献毋庸置疑，但是日益牢不可破的巨无霸地位也在破坏着这项运动——使对手和观众失去兴趣。从人们执著地抑制中国人而做出的制度建设中，我们应该明白，人们讨厌的不是中国人，而是垄断。其二，为什么在这里要不遗余力地抑制一个民族的垄断？因为体育比赛中民族间的竞争仍然是最吸引人的，相反总是同一种族中的成员竞争桂冠，比赛将索然无味。这一制度赢得了多数人拥护。但是竟有一个有趣的声音从非中国人的选手中发出，他就是瓦尔德内尔。他说：这不公平。他指的不是对中国人，而是对非中国的选手。因为如果一个选手落到中国选手所在的半区无疑是不幸的。老瓦大概就是落在了这个半区中。老瓦说的不是一点道理没有。这也说明，完美的制度难乎其难，或许根本就不存在。人们的努力只是争取稍好一点。

美国文化的阐释者

哈里斯屡有惊人之语。在姚明发脾气埋怨队友干劲不足时，他的批评竟是针对干劲最足的姚明，说姚明自己要更有侵略性，团队精神不可过分。陈可被换下场，怒不可遏并与他粗言顶撞，过后记者问：陈可是否向他道了歉？他说：“不存在这个问题，没什么需要道歉的，这是比赛的一部分。你们以前批评中国球员没有激情，现在有一个表现出了激情，你们又找他的不是。他没有任何问题，是个好孩子，我爱他。”在姚明大发脾气导致媒体和领导的震惊后，他看到的问题与我们完全不同。他认为，“混合区”的时间和位置都不对，球员要在冲过澡以后，而不是刚刚下场时，才被允许接受媒体采访，那时他已经冷静了许多，知道了自己该说些什么。尊重他人的个性，只好减少自己的虚荣心。在新闻必然开放的社会中，企图避免一时冲动带来的误解和矛盾，就只好通过时空调整减少冲动，而不是、也根本不可能杜绝球员接受采访。这些微妙的差别是至关重要的。它让我们理解 NBA 和中国体育的不同，乃至美国和中国文化上的差别。什么是美国文化？它不是仅仅存在于威廉·詹姆斯深奥的哲学中，林肯生动的政治演讲中，它更存在于人们对生活、工作中的大小事件的应对之中。哈里斯在万人瞩目的游戏中不经意的一言一语，值得我们长久地品味。

在自虐中躲避平庸

菲尔普斯说他的教练鲍曼称游泳运动员为战士，把其他人叫做平民。张国政在接受电视采访时说出了更威猛的话：“我生命的轨迹可以用血写，可以用汗写，不能用水写。”

古代战士与平民的区别是，前者打仗、流血、牺牲，后者劳动、流汗、平凡。所以贵族们说：流血不流汗。科技使得现代的工作越来越不需要流汗，流汗最多的是和平时期的“战士”——运动员们。贯穿古今，战士与平民的区别是，前者承受着风险与危难，享受或追求着荣耀；后者从安全走向安逸，过着平庸的小日子。现代“战士”和古代战士的区别是，不再流血，但是训练远比古代战士艰巨；古代战士经历的战斗远比训练多，遭遇的战斗也不都是自愿，很多是对峙格局导致的。也就是说，现代战士最突出的特征是，自愿投入的艰苦训练是前无古人的。自愿投入超强的艰苦训练，用我的话说，就是“自虐”。为什么要自虐？表层看，有货币的追求；深层看，为了牛逼，也就是躲避平庸。进入过这种“自虐—牛逼”的互动过程中的人，很难回归常人生活。因为“自虐”和牛逼中都有强刺激，适应了强刺激，就离不开它，哪怕是受苦也比日常生活中的无聊过瘾。大将军林彪、巴顿和平期间的身心不适、百无聊赖；巨星乔丹颠三倒四地退役和付出，盖尔布塞拉西失败后说他极其疲劳但还是要坚持到北京奥运的马拉松，占旭刚其实知道自己不行但是不能割舍那种压力千钧的战斗，乃至张国政说生命的轨迹宁用血写不用水写，深层原因都是：他们已经过不了平常人的日子了，他们千方百计地寻求刺激，躲避平庸。

现代社会在走向安逸，但是如果所有人也一同走向平庸，人类将是没有前途和美感的。体育的一大功能就是培养人们躲避平庸。笔者在少年时代陷进了中长跑训练，那时伙食太差，甚至吃不饱，所以那训练其实对我的身体没有好处。回想起来，它给我的最深刻而有益的教诲是使我从心底厌倦平庸。在“暖风吹得游人醉”的现代社会中，体育是挽救人们心理上从英雄堕落到平庸的最重要的力量。

等待卡尼吉亚

当年插队的时候听当地猎户说，打熊瞎子至少要两个人出动，因为那家伙个头太大，不好对付。通常是二人埋伏在两个位置，一个人先鸣枪，当熊瞎子站起来扑向鸣枪者时，另一人趁机发出致命的一击。我亲眼见过一个没有鼻子的人，后得知他在合伙打熊瞎子并首先鸣枪后，伙伴吓跑了，熊瞎子扑过去一掌打在他脸上。

独木难支，即使是马拉多纳也要有一个称职的伙伴。那届世界杯上，巴西队群狼斗虎占尽优势，马拉多纳抓住仅有的一个机会，从人缝中一脚直传，卡尼吉亚球到人到，一蹴而就，巴西队出局。没有马拉多纳的传球就没有“风之子”的称号，而没有“风之子”的进球也不会有马拉多纳那记传球的惊世美名。

姚明不是马拉多纳，在决战熊瞎子时他更焦急地等待着外围的一声枪响，有了这声枪响他可能击毙熊瞎子，否则将丢掉自己的鼻子。外围却一直沉默，所以他说：要么消亡，要么爆发。他在等待他的“卡尼吉亚”。有信心、敢承担，是成为卡尼吉亚的最基本的条件。对于李楠、朱芳雨、陈可这些枪手，一直跟着姚明跑龙套不是太无聊了吗？成为“卡尼吉亚”的机遇就在前面。

奥运的源头与重镇

我是超级体育迷，而田径是我的最爱。如果奥运田径和世界杯足球同时开赛，我肯定看田径，我相信此种趣味在中国是异类和少数。昨晚从 Athen2004.com 下载了 23 日田径比赛的全部赛程，兴冲冲准备一项一项品味。看到日本小女子在酷暑下战胜非洲名将夺魁，日本人在前 12 名中占据三席，感到恐惧：她们都是下过油锅和地狱的。看到男子跳高选手争先恐后飞过 2 米 29，三级跳选手一个个跳过 17 米，知道高手云集，有备而来，盛筵难再。正要点灯熬油看个究竟，电视台换了节目，将国手未能晋局的田径换成了中国有望夺魁的跳水。此时，中央 1、2、5 套节目播出的分别是跳水、中美女篮、体操单项。三项中个个有中国选手参赛，如此安排，让人无话可说。一会儿中央 2 套上中国女篮 62∶100 败给美国，心想田径总算可以补缺入席叨陪末座了。谁料，中央 2 套竟然打烊休息了。真是怒从心头起:电视台知道田径是什么吗?

一点不夸张地说，田径是奥运的重头，它的46块金牌的压倒优势说明了其元帅升帐的地位。更重要的是它还是奥运的源头。每个民族在远古时代都创造出自己的体育。古代希腊人的体育能成为今日世界体育盛会的起源和主流，固然有“母以子贵”的味道——古希腊文化的后裔西方文化在近代称霸世界，但更重要的还是希腊体育的伟大内涵。这内涵最集中地体现在田径中，跑跳投——是人类最寻常的动作，也是人类最基础的较量。轻视了田径就是轻视了开发体能的最重要的手段，遗忘了田径就是遗忘了奥运中最具魅力的享受。

因为国人更热爱金牌，而田径是中国的弱项；因为国人更喜欢包装、调料和花哨，而田径原汁原味朴实无华，国人便将兴趣从奥运的“中心”转向“边城”。无论为了提升趣味，还是为了证明自己，我们都必须对田径投入更多的关注，不然我们就是干脆没有理解奥林匹亚，也无法完成更大的牛逼。怎么唤起和培育国人对田径的兴趣呢?

奥运前，我给张斌打了个电话，提出一个建议:为本届奥运田径中十项全能的转播投入更多的时间和力量，报道细节，深入评介。以十项全能作焕发田径兴趣的突破口。为什么？其一，十项全能浓缩了全部田径运动。其二，田径几乎在体育的一切魅力上都不逊色任何其他项目，唯一稍弱的是“悬念”。而十项全能是颇具悬念的项目。其全部比赛要在整整两天中完成，选手们在各项目中互见短长，要一项一项比赛和积分。且有撑竿跳这样的“暗礁”——很多高手三次未果，功败垂成。其三，中国人幸运地拥有了齐海峰。他很可能杀进本届奥运十项全能的八强，他的雄心是2008年北京夺牌。

十项高手们是真正的铁人，他们的表现太卓越了。通常百米在10.5秒左右，跳远8米以上，铅球15～16米，跳高2.10米，400米48秒，110米高栏14秒以内，撑竿跳接近5米，标枪60～70米。看他们的比赛，既有艺术的享受，也有豪赌的心跳——撑竿跳和跳高，起跳高度定低了耗费体力，定高了命若游丝。

大家一道来享受这道盛宴吧。当然前提是电视台和我们心往一处想。已经多少届奥运了，我们从来都看不到十项全能的全过程。走进奥运比赛的重镇，走进田径，走进十项全能。一旦真正进入，你就再也出不来了。

再铸中华铁人

孙继海的身体绝对是中国足球球员之最，这身体是哪来的？他爹给的。他娘说:继海的小体格和他爹差远了。他爹是何许人？被耽误了的十项全能运动员孙亮宗。如果没有“文革”，他肯定国内扬名，世界扬名大概不可能。不能不承认人种的差异。

但是还先别这么说，因为有一个华人，谱写了一段神话，他就是杨传广。杨传广是台湾原住民后代，1933年生人，身高1.80米，体重80公斤。1960年获得罗马奥运会十项全能银牌，1963年以9121的高分打破世界纪录，并且成为世界上第一个闯进9000分大关的选手。杨传广的成绩引起全世界注目，也包括蒋公介石。据说，奥运期间，他总要叫秘书随时报告成绩，即使夜间睡觉时也要叫醒。看来我与蒋公还有同好。我昼夜上网，随时检索十项全能比赛的最新成绩。我的兴趣不会弱于蒋公，他关心的是亚洲铁人，我追踪的是一位普通选手齐海峰。

杨传广的成绩太出色了，41 年过后仍然拿得出手。将他当年的成绩换算成 1986 年的新的计分标准，他的分数不会低于 8134（将各项成绩按照新标准换算成分数很容易。但是这期间发生了两个变化。其一是手计时变成电计时。对两种计时差距的最大估算是 0. 24 秒。其二，1985 年一位东德标枪选手将标枪扔到 104 米，令人们感到田径场地不够使用，只好改动标枪，将其重心前移 4 厘米，减少滑翔能力，从而使成绩下降。我的判断是新旧标枪的成绩大约相差 10%。也就是杨传广的三项短跑成绩要下调 0. 24 秒，标枪成绩下调 7 米。8134 分就是以这种最苛刻的计算得来的）。这个成绩在本届奥运上可以列第 7 名。当然 40 年不会白白走过。捷克人赛伯勒 2001 年创造的世界纪录是 9026 分，他获得本届奥运冠军的成绩是 8893 分。但杨传广仍然有一项成绩高于赛伯勒（高栏），两项持平（400 米跑和标枪）。下面列出的是杨传广 1963 年的世界纪录的各项成绩，赛伯勒 2001 年世界纪录的各项成绩和齐海峰本届奥运上的成绩。

	杨传广	齐海峰	赛伯勒
100 米（秒）	10. 7	11. 06	10. 64
跳远（米）	7. 17	7. 34	8. 11
铅球（米）	13. 22	13. 55	15. 33
跳高（米）	1. 92	1. 97	2. 12
400 米（秒）	47. 7	49. 65	47. 79
110 米栏（秒）	14. 00	14. 78	13. 92
铁饼（米）	40. 99	45. 13	47. 92
撑竿跳（米）	4. 84	4. 50	4. 8

	杨传广	齐海峰	赛伯勒
标枪（米）	71.75	60.79	70.16
1500（米）	5’ 2” 4	4’ 32” 63	4’ 21” 89
总分	9121/8134	7934	9026

自杨传广退役后，华人十项全能选手再也没能进入世界前列，甚至没有一个人的成绩超过41年前的杨传广。十项全能也同其华人选手一样，在此地成为冷门，受到冷遇。

刚刚发生的一点点转机是，出了一位齐海峰，他在2003年世界田径锦标赛上以8107分获得第7名，并成为杨传广以后第一个闯进8000分大关的华人。这一成绩引起国内田径界的亢奋。马俊仁大声疾呼媒体应该关注齐海峰。但是这个功利的世界怎么会搭理一个不可能染指奖牌的人呢。第一次参加奥运的齐海峰暗自下定的决心是争取8200分，闯进八强。他没有大的闪失，但是不幸也没有任何突破，以7934分获第18名。如果他跳过了撑竿跳的第2个自选高度4.70米，差不多就进了8000分大关。如果他保持世锦赛的成绩8107分，将获得奥运第8名。距离自己的目标，差之毫厘。

但是同前辈杨传广的成绩相比，齐海峰在三个短跑项目和标枪、撑竿跳上都有较大差距。如果不是杨传广1500米上的大幅度滞后，两人的差距将极大增长。想到二者的成绩跨越了41年的时间长河，华人田径界只能深感惭愧。

齐海峰几乎不可能成为杨传广。打破十项全能世界纪录的选手在华人的世界中可遇不可求。但是齐海峰毕竟是这个超强项目上华人的希望所在。他只差一步就进入奥运八强。他刚满21岁（身高1.93米，体重83公斤）。杨传广30岁创造了世界纪录。赛伯勒27岁时创造了世界纪录。因此齐海峰争取奥运奖牌之梦大可做下去。那是一场值得去做的伟大的梦，那是铁人荣耀的召唤。齐海峰最切近也最具历史感的目标是超越杨传广 40 余年前的成绩，而后才是 2008 年的北京。

垄断小项目还是缔造大游戏

中国跳水的优势越来越小，国外跳水的高手越来越多。其主要原因是中国不在少数的跳水教练在国外执教，他们断送了中国在跳水领域中一花独秀的局面。该怎样看待这种技术输出？有两个视角。其一是他们有无出国执教的权利？其二是假设我们的官方可以控制这种输出，是控制输出好，还是允许输出好？垄断一项技术，从而在该领域中一花独秀，久而久之，他人彻底失去兴趣，这个领域将日益萎缩。也就是说，你垄断了一个“小项目”，在其中称王称霸。而如果你将你的先进技术传授给他人，吸引他们学习这技术后参与竞争，久而久之，这个项目会扩大，成为一个“大游戏”、一个热门。你可能在其中继续保持优势，也可能降格为角逐者之一，但是你是这个“大游戏”的当之无愧的“缔造者”。竞技体育说到根本是追求牛逼的。垄断一个小领域牛逼，还是缔造一个大游戏牛逼呢？我以为是后者。现在美国之外的篮球水平日益接近 NBA，原因之一是很多国家的球员在 NBA 效力，在那里取回了“真经”。现代围棋的母国是日本，中韩从日本取经，今天已经成三足鼎立。最大的牛逼追求者唯恐不能缔造一个吸引众人的游戏大世界，岂肯画地为牢称王称霸。西方人支配了这个世界，其实就是将他们自己的游戏和技艺输送到全世界。

篮球队员的个人主义与集体主义

各民族文化传统的不同决定了对某一体育项目解读的不同。中国篮球队在赴欧的一场比赛中，姚明得分甚高，助攻为零。消息传到美国，火箭队的教练惊讶且不满：“他为什么在中国国家队这么打球，而在我们俱乐部是另一种打法。”尤因说：“打听一下，他是不是我们队的那个姚明。”这个段子生动地说明，他们希望姚明坚挺个人主义，减少团队精神，增加单打独斗。篮球是个集体项目，可是其目标的实现却是既靠集体配合，又凭单打独斗。二者既是缺一不可，又是过犹不及。过分的个人主义当然不可取，但是强调个性往往可以开发出更为高超的个人技术，而这恰恰是这个集体项目的基础。集体配合当然重要，但是特定场合下的一些传球其实是不敢负责任，是个人的怯懦。一个长期浸淫在集体主义意识形态中的民族应该格外重视个人主义的积极功能。

金牌与金牌主义

奥运离北京越来越近，我们应该办一个怎样的奥运，成为热门话题。这话题可以从多个视角去解析，而金牌无疑是绕不过的问题。中国人为什么要申办奥运？我不认为是为了经济利益，我也真的怀疑我们能靠奥运赚钱。我以为目的是为国扬威，赢得世界的更大的承认。实现这一目标的手段之一自然是拿金牌。在竞技的世界上金牌少是难以被人承认的。那么是否要推出“金牌主义”的战略，也就是不管“吃相”，可着劲往肚子里塞？我以为万万不可。那样金牌可能不少，“承认”是绝对得不到的。有道是，殷鉴不远。韩日世界杯上，韩国人在足球战绩上完成了不可思议的突破，打进四强。其手段是在裁判身上下大功夫，生生是靠哨子打败了意大利和葡萄牙。但是韩国人忘记了金牌其实只是手段，“被承认”才是目标。如此成绩，只能将一个小人乍富、声嘶力竭、不择手段的面孔活脱脱端给世界，实在是愚不可及。如果还是汉城奥运的时代，我们在金牌问题上确实难堪而焦急，而今天我们有了相当的实力，多一些少一些不是最大的问题。要切记，最终目标是“被承认”，被承认的实质是他人心悦诚服。要追求这一目标，必须放弃金牌主义。一句话，我们不要韩国式的胜利。

刘翔与华人田径

刘翔得了冠军，不光中国人高兴，连日本人和韩国人都高兴。因为这不仅是中国人的突破，而且是亚洲人的突破，黄种人的突破。但是更具体地说，是哪一种突破？有媒体说，是我们“短跨”上的突破。我觉得不准确。第一，说窄了。不仅是短跨，而且是男子短跑上的突破，因为亚洲男子在奥运短跑上好像还没有拿过金牌。第二，说宽了。这突破其实限于男子，华人中有过一位奇女子纪政，她不仅在短跨，而且在短跑上有过惊人的壮举。

纪政，1944 年生，台湾新竹县人，祖籍福建晋江。1968 年在墨西哥奥运会中以 10 秒 4 的成绩获 80 米栏铜牌。1969 年创 200 米栏 26 秒 2 的世界纪录。1970 年 4 次打破 3 项世界纪录（100 米 10 秒、220 米 22 秒 7 和 22 秒 5、200 米 22 秒 4），2 次平 2 项世界纪录（100 米 11 秒、100 米栏 12 秒 8）。成绩震惊世界。重提纪政，是希望媒体有文化中国的观念。两岸政治的统一，应该始于文化的认同而非割裂，经济的交往而非封闭。徒呼统一，失去了文化上的记忆，是可怜和可悲的。

华人中曾有 8 人奥运田径中夺牌:杨传广（1960 年罗马奥运十

项全能银牌，1963年破该项目世界纪录）、纪政（如上所述，1968年奥运铜牌，4破2平世界纪录）、朱建华（1984年奥运跳高铜牌，3破跳高世界纪录）、陈跃玲（1992年巴塞罗那奥运10公里金牌，1破该项世界纪录）、王军霞（1996年奥运5000米金牌、10000米银牌，2破3000米世界纪录，1破10000米世界纪录并保持至今）、王丽萍（2000年悉尼奥运20公里竞走金牌）、刘翔（本届奥运110米栏金牌，平世界纪录）、邢慧娜（10000 米金牌）。可否比较 8人的高下？很难。但是可以从三个维度上分析。一是奖牌成色。二是纪录的高度。三是项目受重视的程度，选手和观众的重视程度越高，竞争就越激烈，夺冠难度就越大。一般说来，奥运金牌比世界纪录更被看重，因为前者是众多高手同场竞技的结果，后者则可能享有一些特殊的优势，比如风力、海拔，等等。综合三者，我认为，刘翔、王军霞、杨传广、纪政四位明星更为耀眼。王军霞有金银牌，有纪录，且纪录很高。杨传广只有银牌，但是项目重视程度和难度极高，且纪录显赫。纪政只有铜牌，但是4破2平世界纪录，且覆盖宽阔，包括100米跑、200米跑和多项短跨，实属多才多艺。刘翔则是中国男子奥运田径夺金这个最重要的指标上的第一人。

民族和人种的证明

众多的媒体说，刘翔的胜利证明了别的种族能做到的黄种人也能做到。我是超级田径迷，对刘翔胜利的喜悦即使不高于，也不会低于他人。但我不敢苟同上述言论。以前，宣传家们将中国乒乓的胜利说成是毛泽东思想的伟大胜利，当时就有人（好像是《三家村》的作者）雄辩地反驳:如果输了就是毛泽东思想的失败吗？种族的证明与之不完全相同。一个黄种人的胜利确实可以证明黄色人种不是绝对不行。但是这并不能否定种族的差异，并不能否定黑色人种在短跑上的优势，这优势不是以绝对的方式，而是以概率的方式体现。因此必须明白，一块金牌在人种证明上的有限性。

更重要的问题是，中国人，乃至黄种人，需要奥运金牌乃至诺贝尔奖金，来证明我们体能和智力上都不弱于其他种族吗？我以为不需要。一部数千年的文明史，已经证明我们可以骄傲地立足世界文明之林，何须区区金牌来作注脚。

奥运是个游戏。执著地以奥运金牌来证明什么，不仅完不成，比如你不可能证明我们在短跑上与黑色人种旗鼓相当，而且将使这游戏变味——因承载过重而丧失本真的趣味。同理，请客吃饭本来就是图个高兴热闹，乃至交流感情，如果执著以此证明我家阔气，将使请客吃饭原初的乐趣大大流失。也就是说，不要执著地以金牌证明什么，不要执著地以主办奥运证明什么，你本来具有的东西自然会显露，你没有的东西岂能证明出来。

我不想以金牌证明什么，但是刘翔金牌给我的乐趣不比“证明者们”小。一个我原本深爱的项目有了华人进入而有了归属感，在我们种族的一个弱项上惊世爆冷，足以让我狂喜。但也仅此而已，无关国家和种族之宏旨。

金牌盘点，战略反思

本届奥运到了“收官”和“数目”的时候了。中国的金牌数目高达 32 枚，超过大丰收的悉尼奥运。但 4 枚金牌的增长并不是变化的全部含义。因为高低多少都必须在比较中呈现。比较的对象是美国和俄罗斯。三强对比中最大的变化是，我们超过了俄罗斯，逼近了美国。这就是本届奥运上的我们的成就和强国座次的新格局。

海外媒体上一直有人在计算中国每一枚金牌的成本。这成本要包括各级体委的总开支，乃至各级少体校的总经费，用总开支除以奥运金牌数，就是每一枚金牌的成本。计算下来，有人说一枚金牌6亿元人民币，有人说8亿元人民币。我无从判断，但是相信金牌的成本是极其高昂的。我曾经激烈地反对对高价金牌的追求。现在变得保守了许多，愿意为金牌战略作一点辩护。奥运金牌是昂贵了一点。但是第一，一个穷人出席特定的场合也需要一套西装。一个大民族为了自己的尊严，必须拿下一定数量的奥运金牌。第二，它确实给中国民众带来乐子，诱导他们观看一场伟大的游戏。这个世界，当然包括中国社会，浪费不计其数，且种类繁多，金牌的成本要算花得比较值的。它可以算作奢侈品，但是谁不需要一点奢侈品呢？就是低收入的人过年也要铺张一下的。奥运也成了中国人的节日，不花钱怎么过这个节日呢？大家觉得有乐子这个钱就算没白花。

但是现在，当我们已经达到了“超俄赶美”的阶段，追求金牌的目的应该有所转化了。我们曾经需要用金牌证明一些东西，证明洋人能做到的，中国人也能做到。为了证明这一点，必须搞起一个消耗巨资的奥运工程。现在这一证明已经完成，不仅在奥运赛场上，同时也在世界经济的竞争中。从悉尼到雅典，两届奥运作了证明，全世界都看到了，中国人够厉害，连俄罗斯都超越了。证明可以结束。接下来，我们似乎可以为了其他目的追求奥运金牌了，比如乐子。那样的话，我们似乎可以不必消耗巨资去追求金牌的数量了，可以有选择、有节制地追求金牌了。

遗憾的是还不行，因为2008年的奥运是在北京举行。为了东家的面子，以往的金牌战略还必须延续，甚至更上一层楼。也就是还必须消耗巨资去为自己争面子，去证明自己，甚至是更大的面子，更有力的证明。

但是我坚定地认为，2008 年将是中国传统奥运战略的最后一次实施。也就是说，在实际上已经无需证明自己的时候，最后再证明一次，而后就完全的没有必要了。那时候，我们可以将我们今天对奥运战略的反思和批判付诸实践。

我们的群众体育和竞技体育的落差太大了。我们很多大城市的中小学校没有操场，政府管理者似乎忘记了，自近代中国人学习西学以来，学校必备操场，没有操场是不成其为学校的。学校的体育、大众的体育，政府应该承担或支持。而竞技体育，应该渐渐地将其中的相当部分转让给社会。至少，奥运和大众体育应该由两个部门分管，合在一个部门中，前者几乎一定会吞噬后者。全运会该寿终正寝了。它是封闭时代自吹自擂自演自看的体育形式，它也是耗资不菲的。开放的时代，有了奥运、亚运、多如牛毛的国际锦标、杯赛，还何须全运会来烧钱呢？

反省应该从现在做起。奥运战略的改革应该从 2008 年以后做起。在这中间，一些微观的改革应该起步了。

《足球》2004 年 8 月 15 日～29 日

我的奥运观

一、人文学者与现代奥运的诞生

首先想谈谈现代奥运会的产生。我认为现代奥运有两大支点。第一个支点是19世纪的地区性奥运会，也就是那时候活跃于欧洲各国体育实践。大家都知道中世纪晚期发生了文艺复兴运动，这个运动对整个欧洲文化产生了极其深远的影响。这要从两方面来说，一方面是度过了黑暗的中世纪后，欧洲人又发现了古希腊灿烂的文明，深受震动；另一方面其实也是因为历史走到那一步了，他们的生活方式有了很多新的变化，也产生了很多新的观念和思想，其实是这些新的想法、新的生活方式、新的价值观在“托古”，就是说借古代以建立新的东西。因为那时候人们的价值观念跟今天有很大差异。今天人们都崇尚新的东西，而那时候无论东方人还是西方人，都崇尚过去的东西。

最早是1450年的时候，意大利的一个国务活动家叫马泰奥，提倡奥运精神。此后英国人弥尔顿在1667年出版的《失乐园》中也提到奥林匹克精神。正是在文艺复兴思潮的吹拂之下，在中世纪晚期贵族教育中开始了体育的复兴。在19世纪中叶的时候，英国就成立了很多郡，在郡一级开展起地方奥运会。在1865年，英国人布鲁克斯创立了国家奥林匹克协会。与此同时，在欧洲其他国家，很多地方性的奥运会也开展起来。在1859年的时候希腊决定召开了其国内的第一届奥运会。布鲁克斯这个人不仅倡导成立了英国的国家奥运会，而且还是第一个倡导国际性奥运会的人，他是名副其实的现代奥运的先驱者。实际上这位先驱者的祖国——英国，应该是近现代史上体育的摇篮。顾拜旦自己青年时代就到英国去学习，因为那时候英国体育很发达，顾拜旦不但听说了布鲁克斯这个人和他的思想，1890年还去拜访了布鲁克斯。那时顾拜旦27岁，布鲁克斯82岁。顾拜旦深受布鲁克斯的影响，开始鼓吹召开全世界的奥运会。那个具有里程碑意义的会议1894年在法国索邦召开。本来，这个思想是布鲁克斯最早提出，但是那时候布鲁克斯已经卧床不起了。1896年首届现代奥运会开幕那一年，布鲁克斯去世。

现代奥运的第二个支点是学者们的贡献。当文艺复兴这个大潮推动着人们开始仔细检点古希腊文化遗产的时候，发现了奥林匹亚。以后考古学家们开始了更细致的寻找和挖掘。1764年英国人钱得勒到希腊去做实地考察。1799年法国人福威尔再次考察。最有影响的应该是德国人库尔提乌斯，他在1852年访问伯罗奔尼撒的时候发表演讲，这个演讲产生了很大的影响，最终导致了德国和希腊签订了《联合发掘古代体育遗址》这样一个协议。在1875年到1881年这六年当中，德国考古学家和希腊人一起工作，对古代体育遗址进行发掘，发现了奥林匹克运动场、宙斯大祭坛、赫斯神庙，使这些古代遗址重见天日。1936年又搞了一次大发掘，并复原了那些场所。经过现代学者不疲倦的工作，使人们对古代希腊体育有了深入的了解，了解之后是极大的惊讶。古代的奥运应该是在公元前776年就开始了，一直到公元后393年才终止，持续了1169年。在漫长的岁月中运动会一直持续着，并且覆盖面非常广阔，不限于奥林匹亚。希腊是个城邦，不是一个中央集权的国家，之所以叫希腊是因为他们有共同的语言、共同的宗教以及为宗教服务的体育活动，这样才将众多松散的城镇搞成了一个共同体。那个时候流行的竟然不是一个统一的奥林匹亚运动会，当时在古希腊定期召开的有四项大的运动会，奥林匹亚是四年一次，其他三个有两年一次的，有三年一次的。各项运动会进行了一千多年，实在是叹为观止。

库尔提乌斯这个考古学家的贡献实在是巨大的，他和布鲁克斯在同一年去世。恰恰在这一年（1896 年），现代奥运会开张了。他两人虽然走了，但火种不会再熄灭了。他们已经为现代奥运提供了坚实的支点。刚才说到，当时的人们愿意托古改制，把当下的制度和很久远的制度结合起来。回首现代奥运之所以能够兴起，我觉得这里面有人文学者的巨大贡献。历史学科应该是人文学科中资格最老的、为之奠基的几个学科之一，而其中的历史学家和考古学家应该说为现代奥运的产生做出了极大的贡献。如果不是因为这些发现，如果不是这些遗址激励着现代人，把他们正从事的那些规模不大的运动与那个伟大的称号挂起钩来，那么能否有后来的奥运形式是值得怀疑的。

这些人文学者做出的是什么贡献呢？是他们发掘、继承、传播着人类文化。一位哲学家说过：文明是一张薄纸，野蛮随时可以闯入。奥林匹克流传到了今天正印证着这句话，文明是非常脆弱的。古希腊那么灿烂的文明几乎覆灭和消亡。在公元 393 年有一个罗马皇帝狄奥多西一世，他信奉基督教，认为祭祀宙斯是异教徒的聚会，是很危险的事情，他取缔了这些聚会，而希腊人的很多聚会正是运动会。文明可以被一个人的粗暴的举动摧毁，从此终止，就这么简单。我们现代奥运仪式中的一个项目是火炬传递，它有非常大的象征性，象征着我们在传递前人的文化基因。为什么要传递？因为火种是非常容易丢失的，再燃起是非常费力的。而人文学者在这个过程中做出了无以伦比的贡献。

今天的人们爱说人文，说中国目前在人文方面落后，说我们多年重视工程不重视人文。我们很多的领导都是学工程出身，搞一个工程，盖一座楼房，立竿见影。而人文学科有什么贡献呢？我觉得奥林匹克复兴的过程，为我们提供了人文学者影响历史的一个例证。

顾拜旦本人也是一个人文学者，一个教育家。我们现在谈论奥林匹克思想，经常说顾拜旦怎么怎么说，很多话其实不是他说的。“参与比获胜更重要”，不是他说的，是宾夕法尼亚的一个主教说的。“更快、更高、更强”也不是他说的，是法国一个修道院的院长说的。顾拜旦是在重复别人的话。这些说法现在都归他一个人了，说明了俗人们愿意造神，神化的人更有感召力，更有故事可说，更富戏剧性。顾拜旦的贡献是很大的，但不要把他神化了，不是所有的思想都是他的。现代奥运思想的兴起，是一个大的思潮，大的运动，相当多的欧洲人的生活方式改变了，他们的生活需要体育，他们愿意在这里看到人的伟大，现代奥运是这样兴起的。当然是顾拜旦们推动了奥运。但是我们也要看到，他们的很多理想在与现实的结合过程当中变形，不能忠实的实现。

二、政治对奥运的影响

这些所谓的奥运缔造者，不是说体育独立于政治吗？这毫无疑问是他们最大的理想。但体育可以独立于政治吗？体育一天也不会独立于政治。支持我这一看法的一个小的观点就是政治家实际上是奥运最重要的动力之一，没有政治家奥运是办不成的。从第一届说起，在法国开索邦大会，十几个国家酝酿着说要开国际性的奥运的时候，希腊人有很大的热情，第一届就决定在希腊开了，发源地嘛，法国就放弃了第一届的主办权，交给了希腊人。希腊人回去一算账拿不出这个钱来，首相就说不办了，其他国家很失望，就去游说希腊的王子。王子把父亲说通了，国王同意后就把首相的看法推翻了，首相辞职，奥运重新筹备。没有权势的支持奥运是开不成的。第二届轮到法国，法国的政要不支持这件事情。顾拜旦经过惨淡经营，最后将奥运附属于法国正要召开的万国博览会，在万国博览会上搞了一些项目的竞赛，很多参赛的人和观众不知道这是第二届奥运，以为这是万国博览会上的小把戏。第二届奥运开的很不像样子了，顾拜旦自己也极其失望。其原因就是没有得到掌权者的支持。在以后的奥运历史当中都可以看到，凡是奥运开的场面大、隆重、组织好、硬件好，统统都是得到掌权者鼎力支持的，其中有几届格外可以看到掌权者的支持:1936年的柏林奥运、1963年的东京奥运、1988年的汉城奥运。柏林奥运被人们说成声名狼藉，其实是一丑遮百俊了，柏林奥运的种族歧视太严重了，臭名昭著。但是柏林奥运的创建很大，火炬传递就是从此开始的。柏林奥运的硬件非常好，好多电子设施是第一次出台。柏林奥运的场面是辉煌的，其开幕式提供了一个典范。柏林奥运的种族歧视使很多德国人——包括艺术家、体育家、组织者——付出的辛勤努力荡然无存。史学家在最后的议论当中认定这届奥运是臭不可闻。我要说的是权力者对奥运的支持是奥运得以推进的一个最重要的原因。从这方面说体育离不开政治。现在世界各国办奥运都离不开政府的支持。洛杉矶开创了一个先例，就是可以靠个人办起来，这是一个非常好的例外。但这个案例要在其他国家复制是难乎其难的。所以现在要申办重要的一条是要得到政府的支持。这实际上和顾拜旦们当初的理想是不相符合。的理想是脱离政治。可以脱离政治吗？大概不太可能。

第二点从另一个角度来说明政治对奥运的影响，完全不同的一个角度。主办国常常排斥他国参加，其他国家则屡有抵制奥运的行为发生。这样的事情在整个一百多年的奥运会历史中可以说从始至终伴，如影随形。也就是说奥运一直受到政治的极大干扰与破坏。奥运还没开始，在筹备召开我们刚才所说的那个里程碑式的索邦会议的时候，顾拜旦作为召集人发信，请各国派人来参加会议，法国的体育联盟领导人就说话了，不要邀请德国人来，要是德国人来我们就不出席。就是说，从一开张起就是不宽容的、民族主义的，顾拜旦并不愿意这样，还是希望开成一个开放的、国际性的、世界性的奥运，为不使德国缺席，他作了很多调和，但是最后不能正式邀请德国代表，在英国的一个德国人被邀请来以私人的身份来参加。

以后的奥运历史我数了一下，排斥和抵制比比皆是。1916 年的奥运因为一战停止了。一战以后 1920 年的第七届比利时奥运会拒绝邀请一战的战败国德国、奥地利、匈牙利、保加利亚、土耳其，也没有邀请刚建国的苏联。到了 1924 年第八届巴黎奥运，法国人还是坚持不邀请德国人参加。以后 1936 年的柏林奥运苏联没有参加。1940 年原来计划在东京召开的奥运、1944 年计划在伦敦召开的奥运会都因为二战停止了。1948 年在伦敦召开的奥运，苏联和东德因为资格问题没有参加，罗马尼亚人都要来了因为老大哥苏联和东德没有参加而愤然退出。1956 年的墨尔本奥运前苏伊士运河危机，因抗议以色列的军事举动，埃及和黎巴嫩退出了奥运。此前发生了苏联入侵匈牙利，入侵以后匈牙利照样参加了奥运，它不参加也不行，它的政府已经成为傀儡，它的很多运动员其实是在别的国家，乃至苏联训练的。运动员们一直在受蒙蔽，他们不知道祖国已遭苏联侵略。他们到了体育场所才知道这一事件。虽然他们参加了，却有路见不平者，荷兰、西班牙、瑞士都因为匈牙利事件而退出。匈牙利的运动员不敢不参加，只能把他们的怨气发泄在体育运动场上、水球场上，跟俄罗斯队员斗殴。从1956年到1972年，六届奥运中国均未参加。60年代的时候，因为南非国内推行种族歧视政策，奥委会通告:奥委会成员国不得与南非队比赛。这时新西兰坚持和南非橄榄球队比赛。1976年的蒙特利尔奥运会前，三十个非洲和中东国家要求不准新西兰参加奥运，奥委会经过慎重研究，没有取消新西兰参加奥运会的资格，因为橄榄球不属于奥运比赛项目，三十多个中东国家抵制这届奥运。在此之前1972年慕尼黑因为发生暴力事件，菲律宾、阿尔及利亚退出。1980年就不用说了，因为苏联入侵阿富汗，导致六十多个国家包括中国抵制莫斯科奥运会；1984年苏联报复，全体东欧国家抵制洛杉矶奥运会。这样算下来，在我的小统计中，应该有19届奥运会受到政治因素的影响，要么遭到部分国家抵制，要么排斥一些国家参加，要么因为战争停止。奥运搞到现在，从第一届到今天，只有两个国家自始至终参加，一个是希腊，在大家眼中，在延续他的火种，他不参加好像说不过去；另一个是澳大利亚，悉尼奥运会所以能够竞争到申办权，这也是一个不轻的砝码。

我想问的就是，我们不是口口声声在说体育独立于政治吗，有什么理由要排斥别国参加？有什么理由要抵制？抵制有用吗？比如说卡特总统是因为苏联入侵阿富汗而抵制，苏联因为你的抵制而撤销或减缓入侵了吗？抵制有用吗？我认为没有理由去抵制，抵制也没有任何效果。实际上在一百多年的奥运会历史中，我没有看到任何一次抵制是理由充分的。如果抵制是因为体育自身的原因，还比较说得过去。那样，只有1936年的柏林奥运是有理由抵制的，因为希特勒不允许德国许多优秀的犹太选手参赛。体育活动本身很肮脏的话是有理由不参加的。至于肮脏的军事活动、肮脏的政治活动，体育恐怕管不了那么多。但有趣的是那次柏林奥运会世界各国并没有抵制，美国派了一些人去考察，结果被纳粹做了点手脚就给掩盖住了。回去就说人家没有排斥犹太选手，咱们还是应该参加。大概在最该干预的时候并没有干预。此后种种的抵制和排斥，其实和体育并没有关系。我觉得以后不应该再发生这样的抵制，这种抵制或不邀请实际上是各种势力在拿奥运说事。为什么要拿奥运说事？用句时髦的话说，因为奥运吸引了全世界的眼球，所以要借助这个舞台说事，借着这个场合来表达我的抗议。如果这个舞台不是这么红火，人们也就不拿它说事了。1968 年墨西哥奥运会开幕十天前，墨西哥人抗议国内经济情况不景气，弱势群体生活悲惨，这个时候国家不该花那么多钱办奥运，奥运十天前进行的大规模抗议，遭到警察镇压，260 人被打死。慕尼黑的奥运，巴基斯坦人把 10 名运动员绑架，作为人质，要求释放他们的政治犯。1968 年马丁·路德·金被刺，几个著名的黑人运动员参加奥运会时就说了，如果我拿了冠军我拒绝奥运主席给我颁奖。上台领奖的时候他戴着黑手套表示他的抗议。我觉得总统的举动，主办国内部的反对派、外部的敌对势力、受压迫的种族等等，都要借这个舞台来说事。拿奥运说事，说明奥运自身没有独立，说明人们对体育没有高度的理解，若对体育有真正的尊重，不能拿奥运当人质。

奥运最终走的这一步实际上和缔造者的初衷是违背的。但是之所以走到这一步，我们回过头来看，缔造者的初衷其实也是矛盾的。比如顾拜旦自己就说：奥运应该是非民族主义的，奥运的每个运动员只代表自己和全世界的青年，也就是说他不代表任何国家，他不代表所谓的祖国。可是顾拜旦为什么要推动奥运呢？直接原因是他的青少年时代发生了普法战争，他的祖国被德国打败，他认为要学习德国青年有一个好的身体，否则其他问题是不可能解决的。这之中似乎含有一点民族主义的动机。但在表达奥运理想时他说，奥运应该成为一个完全的非民族主义的东西。应该说开始的时候奥运的非民族主义还像那么回事。在前三届的时候个人和团体都可以申请，第一届时的雅典，一个人、一个团体，不需要冠以民族国家的名义就可以来申请，今天看来是不可思议的，这样维持了三届。第一届在希腊开奥运的时候，爱尔兰的一个大学生正赶上在希腊旅游，他酷爱网球，就报名参加了，拿了单打冠军。之后又想参加双打找伙伴。有个德国运动员在田径场上失败了，又爱打网球，这个爱尔兰的青年就邀请说你来和我配对打网球怎么样？两人又报了名，两个国家的队员组合起来拿了双打冠军。这样的故事听起来让人觉得非常之欣慰，非常之美好。两个青年在异国临时组成的一个搭档拿了个冠军，现在不会发生这样的事情。

奥运成为民族主义国家舞台并不奇怪，应该说现实的民族主义一定会吃掉奥运非民族主义的理想。其原因也是不大容易说清楚的。究竟是人们天然的就有这种民族情绪，人们本来就喜欢披上民族主义外衣的竞争，觉得这样的竞争看起来有归属感，不然看起来轻飘飘的不过瘾，还是我们一些制度、仪式，比如仪式上的国歌、国旗，强化了民族情绪，催化了民族主义？我自己也是个矛盾体。我还是挺喜欢那些缔造者嘴里所说的一些理想的。但是看比赛的时候看到本国选手跟别国比，觉得特别刺激过瘾。奥运多年以来充斥着的民族主义，和缔造者宣讲的绝对不是一回事。我觉得这个事情很值得反省。因为有时一些大的仪式确实可以强化人的观念、态度。我是觉得今天奥运的这种意识与先驱的理想背道而驰。如果我们扔掉了意识形态的外衣，深入的去思考这种仪式的利弊的话，我觉得令人非常之惶恐。

三、业余奥运的破产

奥运还有一个理想就是体育独立于商业。这个理想如日中天的时候要求参赛选手必须都是业余的，职业选手是不可以参加奥运的。这应该是顾拜旦那个时代的中产阶级的理想。其实这表现出他们对古代奥运的不够理解，对古代奥运的游戏规则的歪曲。古代奥运跟经济并不是完全没有联系的。古代奥运有一时期奖励优胜者一罐橄榄油，当然也有一定时期是一点奖励也没有的。古希腊的奥运是有阶级门槛的，有严格的参赛资格，奴隶是不可以参加的，还有严格的性别门槛，妇女不可以参加。古代奥运在同期的赛事上绝对是最开放的体育活动。在同一历史上，跟其他活动相比较也是最开放的。比如说古希腊的数学非常繁荣，最早的数学家毕达哥拉斯，他的数学派别对一些绝活是秘不传人的，封闭的。现代奥运的最大的特征是什么？我以为就是开放性。古希腊开创了一个先例，但也有局限，并不是充分开放。实际上能来的人也都是经济情况不错的人。在顾拜旦时代中产阶级所提倡的业余体育中实际上包含两种追求，一种追求是教育。顾拜旦本身是教育家，他希望用体育来塑造人。因此竞技活动不应该是经济活动。教育应该是单纯的，教育是改造自己的心灵的，怎么是为了钱呢？为了钱的教育成何体统呢？但是它里面其实还有另一种追求:标榜业余。这人必须吃饱饭，必须有余力，才能玩体育。这种业余实际上是造就人与人之间的一种区别。能玩体育的是有钱阶层、有闲阶层。说业余，很含蓄没有挑明，但实际上是这么回事。

下面就是业余奥运在推广的近百年中发生的典型的故事。一个故事是1912年的斯德哥尔摩的奥运上，一个美国运动员，他是印第安血统，叫索普，他夺取了两项全能冠军。考虑到年代的话，他的成绩是相当出色的，百米跑到11秒2，跳高1.79米，1500米4分40秒。现在参加十项全能的人，白米跑11秒2也能跟上趟，也不算惨。中国现在十项全能冠军百米能跑多少，最好成绩11.06秒。杨传广1500米要跑5分多。索普绝对是天才。第二年洛桑会议上他的奖牌就被取消了，美国人自己查出来，他上高中时参加了职业棒球队。他为什么要参加棒球队呢？因为家里穷，他为了念高中，暑假时参加过这个棒球队，一周可以赚几十美元。就因为暑假参加这个活动，奥运金牌就被取消了，以后他的日子很不好过，穷困潦倒，做过很多卑贱的工作，挖沟，做替身演员，等等，中年去世。当时奥委会强迫把他的金牌给那个亚军，那位亚军很有人格，拒绝接受，人家的金牌我为什么要，当时曾强迫他接受。多年后这枚金牌又归还给奥委会，直到1983年萨马兰奇将这个金牌还给索普的儿子。1984年洛杉矶奥运会开幕式上，点燃火炬的是两个受压迫者的后代，索普的孙子和欧文斯的孙女。

第二个故事是早期奥运中马术比赛有严格的规定，比赛选手的军衔必须在上尉以上，上尉以下选手不能参加比赛，参赛的一般都是骑兵军官。有一个瑞典选手马术非常之好，但因为官衔不够，本国政府就偷着给他提拔一下，参加马术比赛。得了冠军之后，他被军队严厉处罚。换一个国家，可能就不处罚了，但是瑞典还是有自己传统的，不能乱来。然后这事曝光了，曝光后奥运会撤销了那枚金牌。

这两个故事，特别是最后一个故事，可以看到是赤裸裸的保护等级制，为什么只能是上尉以上军衔才能参赛？这种保护等级制已经到了丑陋的地步。严格规定职业选手不能参加，只有业余的人才能参加，那就像我刚才所说的，富人可以业余，穷人行吗？没有这种可能性。我也承认顾拜旦所说的，作为教育手段的体育不可以跟经济挂钩的，那是为了塑造品格，使自己完美起来。但是在奥运会上，这样的体育推行得通吗？

我前面提到的修道院长，曾经提过这样的口号，“更快、更高、更强”其实这个口号有点空洞。如果说这是奥运的理想，那么我们要追问追求“更快、更高、更强”的是个人还是人类？如果是个人，超越自己还好说。如果是人类，职业可以比业余玩得更好，更能追求到更高更快。另一方面，你顶得住少数个人，顶得住国家吗？整个社会主义阵营来的都是职业运动员。如果奥运要捍卫住自己的纯洁性，意味着什么？意味着奥运不要轰动，不要成为世界性奥运会。如果不想成为半壁江山，对不起，你请我们来，我们就这样来。国家体制是有差别的，社会主义国家统统都是职业运动员，国家养的这些人，发展中国家很多运动员都是靠体育维生的。

纯洁的理想是脆弱的，组织者绝对不敢放弃扩大奥运影响的目标。1974年在奥运宪章里明确剔除了“业余”两个字，业余可以来，职业也可以来，都可以来了。这里面不可能没有遗憾，我们不是完全不能理解顾拜旦思想里的一些有价值的东西，但在实践中它是行不通的，我们看到的是这样一种结局。

再往前走怎么样，商业大规模介入，已经跟缔造者最初的想法天差地别了。美国洛杉矶奥运传递圣火，每个传递者要交3000美元，你想不想玩这个游戏，想玩就交3000美元，这还叫圣火吗？所以说这里面充满了矛盾。经过我们这些学者的分析，看到这里面充满混乱，不符合逻辑的东西太多。实际上最初主办奥运的这些人都是社会上有势力的人，奥运的发起者是地方上的中产阶级。以后，中产阶级当中的一部分成员的理想代替了此前他们阶层中另一部分成员的理想，赚钱压倒了身份显示。不管此前奥运先驱们怎样固持后一想法——奥运是高雅的事情，而现在他们同阶级中的另外一拨人认定，赚钱才是当务之急。

四、大型化的困境

奥运越来越大型化了。这是由几个原因造成的，一个是交通条件的极大改善。过去奥运大型化是很难的，前面十几届奥运会，每次在美洲举行的时候，都是人数锐减。原因是什么呢，就是去美洲太艰难了。欧洲办奥运人多些，因为参加的主力是欧洲人，原因就这么简单。现在交通没问题了，航空事业的发展，距离已经不成为问题。第二个造成大型化的原因是这个世界温饱的解决，大众娱乐的兴起。人们温饱解决了以后，推崇娱乐，奥运是最大的游戏，人们热衷于这个游戏，人们吃饱饭以后就越来越寻求刺激，这是现代人生存方式的一种变化。第三个原因是奥运获得了电视和赞助商们经济上的支撑，奥运的一个主办国差不多要从电视广播获得大约一半的收入，另一半来自赞助商，这种支持导致奥运不再赔本。第四就是以前奥运都统统是赔本的，所以过去奥运申办的时候只有两三个国家，没什么竞争，这是烫手山芋，很多国家没有那个能力。而洛杉矶奥运是个转折点，原来奥运还可以赚钱啊，加上前面那两个原因，奥运也变得越来越大型化了。1 万名运动员来参赛，再加上 1 万名官员和教练，再加上 5000 名管理者，还有不计其数的观众，变成超大型的运动会。

对于组织者来说这规模当然是巨大的，肯定难以支撑，于是在奥运领域有激烈的争论，提出过很多方案。一个方案就是固定在一个地点，可以有很大的节省。首先场馆来说，不需要四年一次大兴土木，修建无数个场馆，多数场馆赛后没什么用处，造成巨大的浪费。固定在一个地点可以把场馆搞得很好。另外可以取消申办，申办是一项巨大的浪费，任何一个国家申办成本都要超过 1000 万美金，还要造成腐败。但是固定在一点也有不好的地方，就是各国的参与性弱，传播性差。还有一个弱点就是不能感受各种文化。所以最终固定在一个地点的想法只是在经济上比较实在，没有被大多数人赞同，于是提出的措施就是“瘦身”。“瘦身”其实很难，因为这三十几个大项谁都不愿意“瘦”，要“瘦”下来就要把一些项目拿下去，不容易。多年来我一直主张砍掉一些项目，比如我曾经提出过将竞走这个项目拿掉，太无聊了，因为比赛比的是快，为什么要拿一个最慢的方式来比快呢？无聊；还有就是犯规的判定很难一致，以至于所有被惩罚的人都说自己受欺负了，别人一样是走嘛，你没看见就是了。加上没有观赏性，我个人认为应该取缔。赛马这个项目可以最大程度的“瘦身”，可以保留其中一丁点，贵族不是一切都那么好，贵族的马术优雅可以保存一点，但不要有那么多的赛马项目，这是富人的项目，穷人玩不起。它还有一个很强的地域特征，很多国家玩不了。

除了“瘦身”以外，我更强调的是分身运动。我强调分几个城市办，一个城市办太吃力了，太浪费了。世界杯搞了一次两国共办——日本和韩国。办完以后，世界足联匆忙宣布：只此一回，下不为例。这是荒诞无知，没有眼光。这次合办极为成功，这么多国家要办，竞争惨烈，两个国家办多好啊，缓和矛盾。一个国家办搞这么多运动场地，两个国家办不用修建那么多运动场，还能同时展示两个国家的文化，多好的事情啊。奥运同样可以这样，可以是两个国家中的两个城市，也可以是一个国家中的两个城市，前提是离的比较近。干吗非要一个城市办呢？这么大规模，导致该城市民的生活受到极大的干扰。

奥运可能长存吗？这绝对是一个搞文化的怪物才能提出的问题。古代奥运历史写了 1000 多年，我们还能续写 1000 多年吗？我们现在已经续写了 100 多年了，真能续写 1000 多年吗？我持怀疑态度。我相信体育会长盛不衰，因为全世界都已经解决和即将解决温饱问题，人们吃饱饭后就要活动，就要找游戏，找刺激，但问题不是体育长盛不衰的问题，是超大型的体育盛会能否长盛不衰？前面说了，奥运的一个重要支撑点是政治权力，靠民族主义国家支撑。如果这个世界上个人主义价值观越来越流行，民族主义沦落到比较次要的地位，如果价值观发生本质变化，奥运就没有了支撑的力量。

古希腊奥林匹亚运动会是四年一次，今天在延续这个周期。四年一次好吗？现在人们吃饱喝足以后，欣赏体育的需求实际上更频繁。我们不能同时满足这两个需要，就是超大型且频繁。奥运如果两年办一次又办不了，可是人们吃饱喝足后对游戏的需求越来越频繁。专项比赛，比如田径锦标赛、乒乓球赛等等，已经变得频繁。实际上奥运受到两个因素的挑战，一个是奥运受到专项体育竞争的挑战，比如大的说足球世界杯跟它分庭抗礼，跟世界杯同样水准的足球比赛不进奥运，你奥运水准高不过我，我是专项的；除了世界杯，还有网球，进奥运比赛的网球水准是谈不上的，四大公开赛才是最高水准的。奥运的大型球类比赛中，篮球比赛水准还算世界上最高的，足球网球等等都谈不上最高的。但实际上篮球也还是受到挑战的，篮球比赛究竟是奥运会的水平最高还是 NBA 的？NBA 比赛越来越扩大市场。如果单项比赛都这样一路发展下去，且保持高频次，一年一次，或两年一次，会对奥运构成极大的威胁。

还有就是电视的挑战，亿万人怎么看奥运，不是通过现场，是通过电视看。既然多数人是通过电视来实现的，那么最终就决定了电视的力量非常之大，它是奥运的主要买单者。世界各地电视台给奥运买了单，买单就能确保发言权，不买单就没有发言权。电视台会说，这么多观众凑在这里，何必四年一次，一年搞一次多赚多少钱，不必一个城市搞啊，重要的不是赛场，而是电视节目。只要有钱能赚，没有不能变的格局。事实就是这么丑陋。所以我说有专项对奥运的挑战，有电视对奥运的挑战，奥运还能活 1000 年，你相信吗？我不相信。与时俱变，奥运肯定会发生很大很大的变化。

五、反对派存在的理由

从中国申办成功起到现在有好几年了。鄙人是一个很狂热的体育爱好者，大家都是专业的体育工作者，但是我的热情不比大家小，无论是参与体育、观看体育，还是评论体育。对于体育我写过几十万字的文章，对于中国的奥运，我到现在只写过一篇短文。我是一个不入时，且固持己见的人。

首先我要说的是反对者有反对的权利，反对者的爱国心不比支持者弱。申办奥运相当于请客吃饭。请客人到家里吃饭，或是不请客来家里吃饭，各有各的道理。不请客省钱，不是吗？你说你主张办奥运是爱国，我说我反对办奥运比你还爱国。如果世界各国都不申办奥运，都不愿请客吃饭，都怕赔钱，轮到我们中国为世界做一次贡献了，凭什么你中国总不请客吃饭？我同意，我们办一次。但现在是大家都争着办，争着请别人来家里吃饭。我们去赴宴就是了，我们凭什么要争着请客呢？

我喜欢奥运，我自己可以做一个狂热的观众。但我不愿意自己在家里办奥运。为什么？第一我觉得浪费资产。我不觉得奥运一定赚钱，洛杉矶奥运赚钱了，雅典奥运就注定赔钱，洛杉矶奥运赚钱不等于说在哪个国家举办奥运都赚钱。要赚钱需要很多条件，硬件条件、软件条件。我们软件不过关，我们心态有问题，我们太要面子了，认为面子比钱要紧，不赔钱见鬼了。

第二，我们基础设施短缺，要大兴土木，这个成本是天文数字。有人说赚钱，有人说赔钱，需要落实的事情是什么呢？是账单，是透明的账单。纳税人有这个权利。有一个说法是那成本不能都算给奥运，办一次奥运，整个首都的体育设施一下就健全了。北京真的需要这么多设置吗？我怀疑这些场馆多年以后还有用吗？还有就是我们的体育设施为什么要集中在北京这么一个地方，为什么不能分散开来，那不是更有效吗？分散在天津、石家庄、上海，那不是更有效吗？我们全国各大城市都需要这些体育设施，我们花天文数字的钱财把这些体育设施都集中在北京。这是一个很好的资源分布吗？不就是为了伺候别人到我们家来吃饭吗？我觉得这是一个很大的资产浪费，对于生态也是不好的。对于生态来说，一个事最好是慢慢地生长，突发性增长不健康，这样的增长增加了很多短期内不必要的设置。我认识几个做过地方官的朋友，现在辞官不做了。他们给我讲，什么办法最能捞物质资源吗？不是受贿，受贿太下策，最好是想出一个好项目，这项目一立起来，资金就是千万，把这千万资金的小部分用来改善改善本单位的福利，太轻而易举了。搞这

1000万，堂而皇之。听他这一番话，我明白了很多事情，所以我觉得我们不要轻易上项目，要极其慎重，应该休养生息，在休养生息的政策下，慢慢发展。

我反对办奥运的第三个看法是，我们的“吃相”太差，我们把这么多人都找到自己家里，搞个大宴会，可是我们自己吃相不好，短期内改正不了。有人说钱财是小事，最主要是让世界了解中国。我为什么不愿意请客吃饭，我爱这个家，咱家人吃相不好，咱家卫生也不太好，咱家桌面看起来还凑合，但是角落不卫生，人家不怎么常来，或者来人不多，我们家还显得挺体面的，但是人家成群结伙全来了，坐的爆满，我们家每个角落都被人家仔细看到了，我觉得很不好意思。很多国家想通过奥运来出名、炫耀，最终失败，惨不忍睹。最典型的是汉城，汉城奥运会上曾经发生殴打裁判，在拳击场上，裁判举起手来宣布对方获胜的时候，教练上去就把人家裁判一顿暴打，教练打完了还不说，保卫人员也上去参加殴打裁判。这样的奥运是给国家争面子还是丢面子？还有世界杯，世界杯韩国得了个第四名，自以为得意，贿赂裁判得了第四，是争面子还是丢面子？我认为是大大地丢了脸。

有人说奥运有名有利，可以向世界展示我们国家。我认为还是小平说的好，“韬光养晦”。引用西方一位政治家的话：“与其夸耀自己，不如显得神秘”。面子是不好争的。我有这个看法：面子不是争来的，面子是靠一个人的修养、一个人的底气、一个人的内涵得来的。不争是明智。有这份实力，有这份修养，才有面子可言。光有实力都不行，有些恶人也有实力的。没有实力、内涵和修养，面子是争不来的。

在我们这举办奥运的期限不远了，我心里有很大的担心。比如具体说，我就非常担心我们在奥运会上不尊重日本运动员，因为两国间有很深的恩怨。一般来说体育比赛不是大事，但这次是我们做东。主人辱骂客人成何体统？而谁能担保这样的事情不会发生，尤其当两国运动员竞争而我们失败的时候？这种事情发生将是我最觉无面子的时候，因为我是一个文明古国的卑微后裔。我觉得作东道主的时候应该比平时更场面，更斯文。

2005 年 6 月 18 日在深圳“人文体育”论坛上的演讲

北京奥运断想

奥林匹克是游戏

Olympic Games 被译成奥林匹克运动会，简称奥运会，恰当与否颇可商榷。自鲁迅老人家离世后，直译便被中国主流翻译界诟病，意译似乎更合国人的性情。译作“奥运会”还有一个根据，就是这一盛会中的主要内容就是体育运动。于是，“游戏”（Game 的直接含义）便被“运动”取代。

这一译法存在两个问题。第一个问题在奥运会之外。游戏概念更大，兼括体育活动和智力活动，前者比如田径球类，后者诸如棋牌。当我们将西人的 Game 译为体育或运动后，便将棋牌归为体育，可笑而荒诞。体育和智育泾渭分明，棋牌明明是智育活动。

第二个问题则与奥运会直接相关。名称不是小事，名称中包含着创立者刻意高扬的某种理念。Game 译作运动，丢失了一个重要的理念——游戏。体育的对偶是智育，运动的对偶是休息，游戏的对偶是“正经事”。什么是正经事？捞取实利——或向大自然谋求温饱，即所谓生产；或从异族那里劫掠土地财富，至少不被劫掠，即所谓战争。喜欢哲学的古希腊人的一个历史贡献是，明确地将游戏同生产、战争区分开来，并提升游戏，在游戏中祭祀神灵，愉悦身心。

近代哲人习勒说：“只有当人充分是人的时候他才游戏，只有当人游戏的时候他才完全是人。”此言极美，可惜极端了一点，极致常常有特殊的美学效果，虽在说理上略有亏欠。他的极端在于无视动物也做游戏。人性的一大弱点就是比动物要功利得多，却偏偏以为只有自己才从事超越功利的游戏。

为什么诸多游戏，特别是奥运，在当代迷醉了众生？就是因为狩猎不允许了，战争也少多了，生存所必需之劳动在生活中的比重越来越小。曹孟德为酒商写了一句上品广告词：“何 以解忧，唯有杜康。”可惜，最大的、可持续的解忧剂不是美酒、饭局、毒品，满足解忧、刺激、牛皮的最佳选择就是游戏。

我们不必矫情。“奥运会”叫了这么多年了，不必更名为“奥林匹克游戏”。却必须明白，奥林匹克的精神是游戏。人类可以在诸多领域中显示自身的伟大，但奥林匹克鼓励我们的是在游戏中显示人类的伟大。

但凡伟大的东西，总是可以养活、帮衬很多人、很多事。但千万别以为月亮自己可以发光，别以为那些副产品、寄生物就是奥林匹克精神。奥运乐坏了开发商，提升了旅游业，激活了民族情绪，这些都是奥运的副产品、寄生物。

我不是功利主义者，不是民族主义者，不是民主主义者，不是科学主义者。我只是一个侏儒，有点怀疑精神，痴迷于诸多劳神费力的游戏。我知道，各种主义做的都是大事情。但请把恺撒的给恺撒，把奥林匹克给超越功利的神灵，把游戏给亿万游戏人。

欢歌吧，全世界的游戏人，这是属于我们的 17 天。

欣赏敌人

游戏是战争的模拟。但毕竟是模拟，与真正的战争不一样。因此游戏中自然会产生，也会着意提倡一种精神：欣赏敌人。不仅要尊重，而且是欣赏。

读者会说：你字眼选错了吧，比赛中的双方是对手，不是敌人。您不会不知道萨乌丁吧。他6日到京，一下飞机就对围堵的记者说："中国队非常强，是我们最大的敌人。"您听出什么味道了？我的感觉是对中国队的尊重和欣赏。中国的队员和观众对这位"宿敌"也绝对是欣赏和钦佩的。其实只是在"分清敌我矛盾和人民内部矛盾"的阶级斗争的政治话语中，对手和敌人的通用才是严重的问题。前面说了，游戏是战争的模拟，双方不是相互模拟为敌吗？看赛场上置人于死地的劲头，叫敌人最恰当。

真正的战争中，欣赏敌人绝无仅有。因为战争是零和博弈，一方的获得就是另一方的丧失，一方是胜利者另一方不死也成阶下囚。欣赏敌人，是过于昂贵的奢侈品，无从产生。而播种仇恨有助于凝聚本族，迎战敌人。

游戏是非零和博弈。无论胜负，彼此都有收益。比如观看比赛，我们虽有强烈的归属感，但不能说双方观众的欢乐加起来仅仅等于零，如是就不成其为娱乐，比赛就不要搞了。普通人亲身参与的日常竞技比赛一样，赢了高兴，输了也挺刺激，也是枯燥平庸生活的调剂，输了也不能说后悔来玩，否则还不如不玩。奥运选手输了比赛代价大些，但毕竟与战争不一样。有言道：敌人是最好的老师，不错，但前提是你还有机会，不能一败涂地，万劫不复。

战争与游戏对待敌人的态度不同，还有其他一些原因。战争没有游戏那么透明，你看不出敌人的全部本领、策略、技艺；外部因素更多，友军和民众的支持，等等；战争一结束胜利者与阶下囚就成天地之隔。游戏不同，敌对双方可能会一而再、再而三地交战。棋类比赛结束后，旗鼓相当的对手常常一同复盘，相互间的欣赏每每发生。

有学者说，人类历史正在从零和博弈走向非零和博弈。军战变为商战的一大转变是，双方从敌人变为竞争加合作，对手兼伙伴。与角色转化相对应的是，心态也须改变，从单纯仇视变为一方面全力竞争，另一方面尊重敌人，学习敌人。欣赏则是更深层次的、美学意义上的感受。有了欣赏，尊重不再是作秀，学习发乎于内心。

各民族的文化交往中，体育是重要的一项。体育是培育优良公民的最有效的手段，而奥林匹克是培育世界公民、营造世界大家庭的最有效手段。因为它培育我们欣赏敌人。如果在体育比赛中你一点都不能欣赏敌人，你大概根本就没有融入游戏之中，而是移情到游戏之外了，实在是辜负了已达到艺术境界的游戏。

谁是奥运的VIP

时下知道VIP的人远远多于粗通英语者。它是缩写，全称very important person，意为“非常重要的人物”。

谁是北京奥运中的VIP？自然有不同的标准和版本。但不同的标准应该是可以比较的。我以为奥运VIP的标准应该是：引全球观众注目折腰，助北京奥运名垂青史者。谁还记得柏林、东京、汉城、悉尼、雅典奥运会上都来了哪些国家的元首？如此看，布什、普京、萨科奇、福田，好像都难以达标。任何事物都可以成为其他活动的媒介。但媒介不是它自身的属性。各国政要因奥运增加了交往，挺好。外国元首当然是东道国元首的VIP，但他们并不是整个奥运的VIP。

北京奥运的VIP应该是：志夺八金的菲尔普斯，隔三差五掏出世界纪录当糖豆嚼嚼的伊辛巴耶娃，吊足了国人胃口、使刘翔不再寂寞的罗伯斯，百米跑道上杀个鱼死网破的博尔特和鲍威尔，令全世界男足球员无地自容的巴西女子玛塔，填补乔丹留下真空的准球王科比，争夺王冠一路打到奥运门前的纳达尔和费德勒，为黄色人种捍卫泳池最后底线的北岛康介，如此这般，名单还可以写下去。我们当然没有忘记国宝刘翔、姚明、郭晶晶……但是按照东方人的礼仪，客人在前，况且 VIP 更流行的意味就是显贵的宾客。

只要这些 VIP 来了，北京奥运便将熠熠生辉，虎虎生威。

政要不来对奥运本无伤大雅，但是政要们常常捆绑本国的奥运选手，屡屡扼杀奥运。据笔者统计，自 1896 年至 2004 年的 28 届奥运会中，共有 19 届或遭到一些国家抵制，或东道国排斥一些参赛国。普遍认为，卡特是美国几十年来个人品德较好的总统，但他无疑是奥运的罪人。1980 年卡特发起，西方诸国与中国共同抵制莫斯科奥运会。一报还一报，四年后苏联和东欧国家一同抵制洛杉矶奥运会。东西方政治家联手，破坏了两届奥运，埋没了几乎一代运动天才——他们要么是无缘盛会，要么是金牌贬值。大家付出了高昂的代价，抵制却没有任何收效可言。

政治家们终于完成了一个认识：捆绑运动员抵制奥运是无效和愚蠢的。且世界舆论也不再允许政治家捆绑本国运动员抵制奥运。政治家的自觉和舆论的压力，都为抗议行为划出了边界。于是大家各得其所。别国政要自有他抗议的权利，但奥运会不会受到冲击了。

明白了奥运的主角和 VIP 是谁，我们就不必介意列强政要是否出席开幕式，那无伤奥运。有外国人说，畏惧北京的空气污染，要戴口罩来京。我们大可不必自觉受辱。如果届时北京空气良好，他蒙面过市，滑稽的是他自己。而如果北京的空气确实糟糕，人家戴着口罩来，对我们是必要的压力。外国元首以拒不出席开幕式来表达某种意思，其实与此同理。身体与面子是两件事，身体的伤害不取决于当事人，面子的丢失则不取决于批评者。自身有问题，在批评面前才会丢面子。自身无问题，丢面子的只能是说事者。

各司其职、各得其所、各领风骚，是现代社会生活的趋势和特征。政坛有政坛的VIP，体坛有体坛的VIP，通吃的VIP越来越不存在。

欢哥奥运

我从电视上看到张艺谋对记者说："开幕式太重要了，开幕式是奥运的一半，而点火仪式更重要，点火仪式是开幕式的一半。"很多非体育迷很可能同意张导的看法，看开幕式的人肯定比看任何一场比赛的人都多。那些极端热爱比赛的人却未必同意张导的看法，我就是这样的人。但由这一道白我进一步理解了张导的性格：拔高自己工作的意义有时比平视它，更利于产生激情和能量。艺术家中不乏这种类型的人。但我还是觉得老张的两个"一半"中好像疏忽了一样东西，就是开幕式上的主题曲。人力物力功夫下的最大的毫无疑问是表演，而点火仪式画龙点睛。成功的主题曲虽区区三分钟，却会不胫而走，长久地留在人们心中。

歌手选中了刘欢很合我意。从网上看到，奥运会发言人王伟说："这是非常好的选择，因为刘欢英文说得非常好，唱英文歌也非常好，所以我觉得刘欢是非常好的，出色的艺术家。"我猜想，王先生的陈述习惯是先说第三个理由，然后第二，最后第一。确实有这样的人，这样的表达方式，我偶尔也这样表达过，当然我会说出序号：第三……，第二……，第一……。我最看重的毫无疑问是刘欢的艺术家的气质，其次乃至再次才是外语。换句话说，中国的其他歌手，就是外语和刘欢一样好，我也还是看重刘欢。

罗曼·罗兰在其巨著中说：克利斯朵夫看遍了欧洲的演唱界，惊讶：这些歌星完全不懂艺术，只是在卖弄声带。我是罗翁的隔代知音，我以为当代中国的大多数歌星都是在卖弄声带。刘欢的声带不是顶尖。说来吊诡，很多顶尖高手的硬件都不是最好，据说马连良是大舌头，可能他们因此诀别了卖弄末技。

我的老母亲是退休小学教师，对音乐无特殊兴趣。但对我不止一次夸奖刘欢，却从没有提过其他任何一位歌星。我想，她是钦佩刘欢多才多艺。我最看中的是刘欢的气质，歌唱时身心投入，投入后恣意挥洒，说句京腔：混不吝。我这印象来自一次长途车上看他在莫斯科舞台上和俄罗斯歌手同台演出的录像。我一贯认为，汉人的歌舞气质和“胡人”没法比。刘欢能在人家的地面，用俄文撒开来唱，赢得人家的尊重，难能可贵。我也欣赏他的多才多艺。首先是他能谱曲，总能引领时尚。我觉得他的歌曲与当年上海滩的陈歌辛有点神似。当然作曲的才气上他还追不上陈，但他可不是光作曲啊。

中国的大多数歌星文化低下。于是我们的歌手比赛中总要安排知识竞赛，可笑之极。绝大多数具体的知识，都不是成为优秀歌手所必备的。问题只在于，他们不能狭窄，不能只知道声带上的技巧。不能一个支点，要杂食一点。少年齐白石向王恺运学诗，成名的新凤霞向齐老先生学画。刘欢不是典型的歌手，也不是典型的学院派。两栖的经历使他超越了时下令人窒息的专业匠气。

刘欢说自己酒量还行，啤酒可以从起床一直喝到睡觉。古人说：酒能通神。在一个行吟诗人已经远去的时代，刘欢有酒徒、异人和歌手的味道。

至于刘欢的主题歌唱的怎样？大家都听到了。可惜中间被焰火干扰了一点。

拉线木偶与拉线人：张艺谋的败笔

开幕式中的最大败笔是两个拉线。其一拉线木偶，其二点火仪式中的拉线人。

直观地看，拉线木偶太小气，这么大场子，搞这么微观的东西，不合尺寸。

搞拉线人从有形的层面看，第一不能看到钢丝，看到钢丝就效果全无，贻笑大方，尽人都可以复制。第二，真搞空中飞人，就要找来空中杂技的顶级高手，那动作常人无论如何学不来。既要飞人的高技能，又要飞人有名头，张艺谋一路下坡，栽在什么都要上面。

形而上地看，拉线的寓意不好。不是我们要往寓意上拉。整个这台戏都是非常重视象征性的。拉线象征什么？你没法抑制人们的意识流。拉线木偶和拉线活人，都需要很高的技巧。中国现实社会生活、政治生活中，拉线的把戏颇多，它们需要的技巧确实不低，但是值得炫耀吗？真实的京剧中的文戏武戏不比拉线更吃功夫，更富表现力？李宁是中国一个时代的体育象征，所谓王子。让 45 岁的功勋老战士被钢筋牵着跑，不来劲，从有形无形两方面看都不美观。他当年是真功夫。何苦要人到中年，演出木偶戏。

姚明幽默，刘翔智慧

姚明和刘翔是国人心目中最有人缘的运动明星。人缘来自何处？我琢磨着三个因素缺一不可。第一，运动成绩要出类拔萃。刘翔是上届奥运金牌获得者，曾经的世界纪录保持者。姚明和 NBA 第一中锋大鲨鱼抗衡过，被专家评为当今世界篮坛第十条好汉。第二，项目优越。中国拿过奥运金牌的不乏其人，但姚刘的项目更令人瞩目。篮球是何等吸引人。以笔者之见，足球已呈下降趋势，篮球日见上升苗头。其实国人对田径的兴趣有限，但兴趣弱不等于不知道这项目在世界上的位置，田径是希腊体育的源头，是奥林匹克的核心。第三，姚明、刘翔话说得漂亮。现在是媒体时代。过去我们知道穆祥雄破了纪录，容国团拿了冠军，谁听见他们对公众说过话，他们不需要动嘴。

刚跨进媒体时代的门槛时，中国的运动员几乎集体失语，有些简直呆若木鸡。黄志红是颇受国外媒体喜欢的中国运动员，不是因为她能说会道，而是因为她阳光、开放、直率。现在很多中国运动员已经适应了这个开放的时代。郑洁可以用外语从容接受采访。善于与观众沟通，使得一个备受瞩目的优秀运动员在大家心目中上升到“可爱”的高度。居于最高点的二位就是姚明和刘翔。

我觉得姚明的口技不逊色于他的球技，智商之高接近于其身材之高。2008 年我见闻的最幽默的段子不是出自崔永元、郭德纲，而是姚明。主持人杨澜指着冯小刚问姚明对冯导的印象，姚明说：“印象嘛，就四个字：人不可貌相。”杨澜见风使舵，慢慢腾腾地说：“人—不—可—貌—相，五个字啊。”姚明假装憨憨地一笑，冯导生生被二人联手做了一把。前几天记者问他中国队能不能胜美国队，他说胜了美国队他就退役，因为不能再进步了，到头了。他其实在含蓄地嘲笑记者离谱、伪专业。

刘翔则是典型的天才少年的作风，其实很用功，但永远是满不在乎的样子，“就是混一混”，“玩得很高兴啊”。其实他一天也没混，他怎么能没心事。但这样的表达，既是对大家的一个不错的交待，也确实帮助他自己松弛，他很累了，必须自己和自己玩笑。你替他想想，不然说什么。这个机灵鬼是不会学舌官话、套话、大话的。这些套话会让一个好孩子紧张，一身的不自在。

有姚明、刘翔这样的同胞，在外国人面前我感到荣耀，不仅是因为他们的成绩，更是因为他们的谈吐，谈吐中显示出的性情、智慧。我有时想，只有上海能为中国提供这样的人才。因为那曾经是八面来风的大码头，我敢说其当年的文化混血连纽约和巴黎都赶不上。这城市毕竟有它的底蕴，其优异的文化基因一定会找到少数传人。我插队的老朋友中就有这样的人。

说到前面的大赛，等待着姚明和刘翔的都是血战。别说参赛，作为一个懂行的爱好者，想想都哆嗦。西班牙是欧洲的冠军，希腊上届奥运会上力克美国。德国队的整体实力与中国队相比，至少是六四开。诺维斯基在 NBA 的作用几乎比姚明更实惠。刘翔更是入虎狼之地，哪里只是一个罗伯斯，奥利弗、特拉梅尔、杜库雷，都有问鼎之心和问鼎之力。说一虎遇群狼都不恰当，至少是六条大虫虎视眈眈。这绝对是 110 米栏历史上不曾有过的空前惨烈的局面。

面临这样的局面，我不想说对姚明、刘翔宽容一点，这么说不到位。我想说的是，不管输赢，他们都将呈现给我们荡气回肠的比赛。这样的比赛十年难遇，不管输赢，看这样的比赛是我们的福气。

奥运该对男足说不

每届奥运会无例外地要建立奥运村，欢迎所有运动员入住其中。因为接待的人员太多，奥运村一向是朴素的。运动员中从来都不乏腰缠万贯的天王巨星，但多数人摈弃了星级酒店，选择了奥运村。因为在其中可以晤面很多心仪已久而在其他场合绝难见到的、其他项目的明星。但是有一个项目的运动员无法入住奥运村，那就是足球。因为场地的原因，足球比赛无法在一个城市进行。因此球队星散在几个城市中。这有悖于高朋满座、胜友如云的初衷，但无可奈何。

同一运动项目往往有多种赛事，比如世界锦标赛、世界杯，等等，而奥运金牌的含金量最高，田径、篮球、排球，莫不如是。有少数项目，奥运金牌的含金量不是最高。比如网球，四大公开赛是其最高荣誉。但是网球的顶尖高手同样珍惜奥运，尽数奔赴。美国篮球一度轻视奥运，几度丢盔卸甲后，开始高度重视，并选派了豪华阵容。只有一个项目例外，那就是男足。因为国际足联规定每队只能有三名23岁以上的球员参赛奥运，世界上半数以上的男足高手置身其外。

奥运会是四年一度的、民族国家间的赛事。日常频繁进行的多是俱乐部比赛。多数奥运选手平日是俱乐部的选手。从美国的科比到德国的波尔，莫不如是。对运动员参赛奥运，绝大多数项目的俱乐部并不掣肘。但是有一个项目例外，那就是男子足球。23岁以上球员如有争议也罢，就是符合年龄标准，俱乐部照样可以不答应。直到奥运开幕前夕，梅西与巴塞罗那俱乐部的争执也未平息，而国际仲裁机构的最终判定是俱乐部有权拒绝放行。

奥运会应该“瘦身”，这几乎是一个共识。老话说：开店不怕大肚子汉。因为说这话的时候不是全球化时代。如果200多个国家的大肚子汉都来了，看你还敢不敢放言。照说影响小的、参赛国家和选手少的项目在瘦身中应该首当其冲。但又不然。奥运的一个被大家共识的宗旨是，吸引越多的国家越好。于是有些小项目必须保存，以维系一些小民族、小国家。“瘦身”从哪里下手，是个老大难。似乎裁了哪个项目都是怨声载道。但又不尽然，裁减了男子足球，豪门俱乐部、世界足联就都没意见。

听说伦敦奥运会有砍掉男足的倡议。我双手赞同，并高度钦佩英国人的魄力。别忘了，那是人家发明的游戏。我这里愿意陈述三大理由，强力声援。第一，奥运会是最高级别的赛事。为了奥运的尊严，不可以容忍二流水平的比赛浪迹其中，滥竽充数。愿意来就来一流的，不愿意来恕不强求。第二，奥运瘦身，势在必行。以男足作裁减对象，效果最为显著。一下子就裁减掉了 16 支球队，近 400 人，不是小数字。比这更有效的是，场地的压力减小了，大家可以都住在奥运村了。第三，裁减了男足，少了一个体育项目，这也是包罗万象的奥运不愿看到的。怕什么？有女足呢。因男子体能的激增，足球场地空间日显狭小，进球越来越难，过高的偶然性已经扼杀了这个游戏的魅力。女足恰恰保持着古典足球的魅力，玛塔就是明证。女足需要扶持。奥运剔除男足，独留女足，就是对女足最好的扶持。

看全球版《说唐》

龙清泉最后出场，一亮相，笔者心中一惊：这位选手小佛爷一般，真异人也。比起前面出场的选手明显粗壮许多。举重比赛各举各的，鲜有比肩而立的时候，但想想体重一个级别，粗壮必是身材更为短小。觉得陈燮霞好像也比对手粗壮。从网上查阅，龙清泉身高 1.56 米，陈燮霞身高 1.50 米。虽不及土耳其绝代异人苏莱曼诺尔古（1.47 米）、穆特鲁（1.50 米），但比起其他选手身材已属优异。同级别，身材短小便粗壮，且举起杠铃的高度低，里外的合适。顺便说，从央视的主持人那里你是得不到这些数据的，他们才能不论，怎么总学不来NBA的小统计。日前那位主持人在冼东妹夺金牌的现场称赞——“已经30岁了雅典奥运后坚持到现在”。全国的体育迷都知道，冼东妹历经了退役、生子后去年艰难复出，唯独这位主持人不知道，不做好功课就敢在全国人面前张嘴。接着摆谈咱们的“异人经”。姚明，鸟看众生，异人也。矮脚虎龙清泉，力举千钧，亦异人也。

小时候学地理，哀叹美国平原大，中国平原少，我们何其不幸。这好孬的标准从何而来？种粮食。那时吃不饱饭啊。我很久以后才明白，地貌多样、高低有致，才是优势，它可以形成复杂的生态，养育万千物种。所以中国的野生动植物更多，有了它们才有了李时珍的用武之地。物华天宝，人杰地灵。中国的人体资源同样丰富。我不说人才，而说人体，是因为人才包含巨大的后天因素，我这里要说的是天赋之身体。不仅是因为我们人多，如果基因单一，人多基因库也未必大。也不仅因为中国的民族多。隋唐、宋元、明清，历经1500年的胡汉血统大融合，今天的汉人是世界上体质差异最大的种族。李世民是四分之三的胡人血统，满族几乎与汉人合二而一。《说唐》中的第一条好汉李元霸绝对是杂种，第二条好汉宇文成都多半也是杂种。我岂敢歧视，佩服还忙不迭呢，杂种优势啊。有了最大的基因库，我们就可以拿出形形色色的“异人”。你要玩篮球，好，我们推出姚明同志，后面还跟着大郅、阿联。你要比举重，又吃亏了，因为你们找不到这么多矮脚虎。

中国最大的优势不是矿藏物产，甚至文化传统都在其次，首先是因为我们民族身体上的多样性，拥有更大的离散，更多的“异人”。这是我们最大的资源。

中华民族的身体天赋如此多样，多样性帮助我们赫然屹立于世界民族之林。无奈在后天的领地，我们崇尚的却是极其狭隘单一的标准：GDP、年收入、钢产量、高考分数。在这样的剪刀下，个体独特的天性，社会天然的多样性，都在压抑中萎缩。愿体育有形的教益，启示我们走出功利哲学的单一追求。

我那个年代的男孩都爱读《说唐》。《说唐》好生热闹，骨瘦如柴的第一条好汉，古奥神秘的镏金铛，一吼百兽惊的忽雷豹。细想想，奥运会就是全球版的《说唐》，这里好汉无数，这里异人迭出。

摆脱拉线木偶的把戏

张艺谋一定是感动于民间艺人的绝技，将提线木偶搬上了开幕式。我的第一感觉是场子大，木偶小，不合比例。张艺谋敢拨动国人的这根敏感神经，胆子不小。中国社会生活中的提线木偶甚至要比舞台上玩得更精妙、老道，可惜社会效果糟糕，拿不上台面。

且看大小两个例证，我在“实话实说”时曾策划过一期关于广告的节目。咨询一位广告人钟星座先生：中国广告水平低的最主要原因是什么？钟先生脱口而出：是作为客户的老板非要干预广告人的制作。我以为戊戌变法的一大失误是维新派非要找木偶光绪，而不找提线人慈禧合作。二者其实没有本质区别，都是要挽救大清朝，都能接受一些新事物。我疑惑维新派头脑中有男权思想。

我们曾经以为米卢没什么了不得，日韩是东道国，沙特和伊朗没遇到，还能不出线？我们在大赛中屡屡输给亚洲二流球队后，才明白米卢确有过人之处。过人在哪里？在不作木偶的个性，摆脱提线人的能力。大家还记得，他曾经不要孙继海。中国足球界上下四方都在为孙呼吁，最后一出戏是众人铺垫后孙当面请求。以米卢的眼光还不知道孙继海在中国球员中的位置。他甚至不是与孙一个人为难，是要刹一煞足协和所有球员的威风，传递一个不容置疑的信息：我是主帅，用人我说了算。不愧是老江湖，与足协官僚的斗法中收获了完美的结局：确立了自己的权威，又收编了孙继海。

以后的所有国字号教练，无论男足还是女足，国家队还是国奥队，统统没有达到米卢的高度。我指的不是成绩，而是主教练权力和威信的维护，这是收获成绩的基本保证。他们统统是提线木偶，统统没有摆脱这一古老把戏的悲剧归宿。只不过本届国家队和国奥队将这一把戏演绎的更充分、更暴露、更粗糙、更滑稽。

我说过无数次，中国足球悲剧的原因不一而足。这里无法一一道来。只想说一个原因，即使只有这一个原因作梗，我们也极难发挥出自己原本有限的水平。杜伊——福拉多——殷铁生的悲剧，应该以最新版的提线木偶戏，告诉一切已经和即将在中国出任足球教练的人，不仅是国字号球队，而且包括俱乐部教练，上任前必须签订一份严格的、无漏洞可钻的合同，以保证自己选择球员和指挥赛事的权力，以及终止合同后的赔偿。他们为什么总是疏忽这一点。我以为有些人是习惯使然，没这个习惯。另一些人，也是更主要的原因，是源自主教练位置的诱惑，乃至他们容忍了一份不能保证自己权力的合同的签订。无数次的教训告诫教练候选人们，危邦不入，没有权力保证的位置不值得期待。那是酱缸，你在其中将一筹莫展，毁掉自己的一世英名。并且一个个苟且的教练，惯坏了足协官员们颐指气使、翻云覆雨的拉线手的性格。当然他们在拉线的同时，自己很可能也是一支木偶。摆脱这一把戏是中国全体足球人面临的重要问题。

足篮王位之争

各位看到了，中美、中西男篮比赛的精彩程度，大大超越了本届奥运的男足。如果认定这一感觉被归属感添码加权，各位明天不妨以中立的身份看看美国对西班牙的男篮比赛。笔者相信，本届奥运会上男篮比赛在精彩程度上超过男足，不仅超过奥运男足，而且超过世界杯男足。一句话，男篮开始威胁男足的球类王座。

有网友认为我发此言论是因为不爱、不懂足球。我从小踢球看球，49 年前观看第一场国际足球比赛——几内亚对中国，20 年来写过数十万字的足球评论。是与日俱增的、连世界杯决赛都难得幸免的沉闷窒息，使我成为足球的叛逆。是多年的惯性，使众多球迷不忍说破它的堕落，痴心与它厮守。

与男篮携手发起挑战的是男足的胞妹。一年前女足世界杯上的玛塔被全球男足球员惊为天人，自叹弗如。不错，玛塔就是女足中的马拉多纳。但女足比男子耐看，更大程度上是规则使然。现在的场地大小适合女足。而男子球员几十年来跑动能力大增，场地一寸不涨，规则一成不变。40 年前球员每场平均跑动 4000 米，今天是 8000 米。若将防守比作结网，那网眼已细密之极。贝利、马拉多纳的过人单刀已经少之又少，因为前锋面对的不是三两个后卫，而是遭遇人墙，陷入人丛。

为什么体能增长导致空间变小，抑制篮球运动员的发挥没有足球这么大？因为远投比远射更容易得逞。即使如此，为了扩展空间，刺激球员外线的作为，国际篮联在 1984 年痛下决心，将原来 26 米×14 米的场地扩大为 28 米×15 米，更为要紧的是设置了三分区。足球远射更难不说，还有一位能力不断增长的守门员。

我们不是要劝足球移植篮球的三分球，而是劝他不要固守一些荒诞的规则。比如，两张黄牌下一场停赛，为什么惩罚在本场不兑现，要平白无故送给下轮对手一份大礼？如果学习冰球，黄牌小罚半小时，红牌本场驱逐，不是可以通过减员来增加活动空间，或是通过减少犯规增加前锋的活力吗？加时赛为什么不可以第一个 15 分钟双方各减员两人——九对九、第二个 15 分钟七对七？方案还很多。但是足球大佬们不愿闻听。为什么要改革呢？世界杯赛场观众爆棚，票房收入盆满钵满。

男足终于在不思进取中迎来了王位挑战者：男篮。体育超级大国因为自己的偏爱，招揽全世界长人打造的 NBA，早就酣睡在傲慢男足的卧榻旁。狂妄的美国篮球几度受到欧洲、南美兄弟的挑战和羞辱，终于全力出手。由此，一场三英战吕布、世界打美国的好戏，将在篮坛上演。此消彼长，男足王国的动摇开端了。阁下不知觉吗？请问本届奥运会上，科比、詹姆斯与小罗、梅西，谁的风头更健？

笔者预言，十年之内必有变故，小则足篮二球比肩而立，大则篮球取足球之王位而代之。这是大好事，老是一家独大，您没烦吗？何况它将挽救足球。不撞南墙，何必回首。王冠将要丢失之际，才是改革开启之时。

短项长了，长项短了

中国男篮连续三场精彩的表演，加上我们史无前例的世界级中锋，很多人会认为，这是中国历史上最优秀的男篮。且慢。苏联队在 1960 年和 1964 年奥运会上蝉联亚军。1963 年，刚好是两届奥运的空档，苏联篮球队来中国和我们的国家队、八一队各打了两场球。第一场国家队赢了 5 分，第四场在比赛临终中苏两位裁判不同判罚的争议中，中国队 1 分惜败。同年，中国队在全部社会主义国家参加的友军篮球赛上获得亚军。90年代我有幸见到当年国家队队长钱澄海。我问钱导：您当年和现在的国家队，哪一支在各自时段的世界上位置更靠前？钱导说：不好讲，现在参加大赛要打一系列的比赛，当年最好的战绩是一两场友谊赛，可比性不强。我钦佩钱导的谦逊。封闭的时代，淹没的岂止篮球。但根据以上战绩，我还是认为，当时的国家队有可能进入世界第五、六名。

中国队惜败西班牙。懂一点球的人都看明白了，姚明体力复原的再好一点，或中国的控球后卫能力再强一点，这场球赢定了。姚明的体能、西班牙最初的轻敌都是偶然的因素，中国的控卫是更恒常的因素。有个世界级的控卫，中国的名次就不是前八的问题，至少稳进前八。

而当年中国队的特点就是快，最不缺的就是控卫。我们一胜一平的奥运亚军苏联队中有个大名鼎鼎绰号“火箭”的控卫阿拉恰强（身高好像不足1.80米）。比赛中中国控卫钱澄海的风头几乎盖过“火箭”。社会上盛传，赛后“火箭”问钱澄海：刚才你从我身后突然窜到我身前，这动作是怎么练出来的？由此可见，钱导当年称得上世界级控卫。如果不是置身封闭的时代，钱澄海、杨伯镛会世界闻名的。钱澄海之后的四川控卫，号称“球霸”的蒋克礼控球也很了得。

这不难理解，中国人种的主流中，比较容易找到优秀的控卫，寻找姚明要难得多。问题的蹊跷就在这里。现在我们有了姚明，还有大郅、阿联，却没了优秀的控卫。说起来思路也简单。1963年和中国队交手的苏联队中有个2.18米的克鲁明，这个大家伙的威力一定是刺激了中国篮球界。几年后，北京队、四川队中都出现了巨人。“文革”苏醒过来后，更发现外国队都有2.10米以上的中锋，找不到对位的中锋这球就不好打了。于是国内强队都开始找大中锋。但国人中难寻这样的大家伙。一时间找到的多患有一定程度的巨人症。直到改革开放十几年后，伙食好了，寻常百姓可以敞开吃肉，带有超高基因的正常孩子才真正长成了小巨人。伙食不行，那基因有也是白搭。被外国大中锋欺负的过程中，我们强化出一个思路：篮球的选材就是发现大个子，灵活的大个子更好，笨一点也聊胜于无，反正是要找大个子。十几年下来，大个子有了，精灵般的控卫没了。反倒是人家美国队还有个 1.84 米的埃弗森。中国队中还有这样身高的球员吗？我们是小个子的国度啊，岂不咄咄怪事。

清人龚自珍说："我劝天公重抖擞，不拘一格降人才。"何来天公？其实天赋就是基因。只要种群足够大，里面的基因就必有多样性，你劝不劝天公也是这样的。中国这么多人，基因中潜藏的必是有胖、有瘦，有高、有矮、有智谋超群，有天赋神力。但基因就像种子，不具备后天的条件是不能发育的。后天的条件有二。其一是物质条件，即营养要跟得上。其二是人为的筛选导向。现在我们营养没问题了，坏就坏在我们在诸多事情上都迷信单一标准。篮球是一个极好的例证：就是在这样一个长人统治的游戏中，扼杀多样性和异类也照样导致失败。

电视台的变更和遗忘

这几天很多朋友找我要票，我也厚着脸找老朋友乃至素未谋面的媒体大佬要票。因为奥运前我身体不好，抽签订票的动力下降，手里一张票没有，至今一场比赛没看上。一个边缘侏儒，自身不保，朋友们高看了我。想到大多数体育迷身在外地、外国，也就释然了。多数人毫无疑问要通过电视观看奥运。说我们是现场观众的一万倍不夸大吧。我们有资格要求转播安排的更合理。

中央电视台、中国奥运网站和无数报刊都预告了 14 日晚 8 点央视第 2 频道转播男篮美国对希腊的比赛。我相信和我一样准时打开第 2 频道等待这一比赛的人不在少数。以后我转遍了所有频道，只看到了这场比赛中途的几秒钟，和临终的几分钟。为什么球迷愿意追踪这场比赛？因为上届奥运半决赛中希腊完胜美国，这次是复仇之旅。且大家心中的一个悬念是，摆脱了轻敌的因素后，美国和其他强国的真实差距有多大。但央视爽约了。

您觉得奥运前的 2008 年跨越类别的世界第一比赛是哪一场？在我看来，不是足球欧锦赛，不是 NBA 决赛，是费德勒与纳达尔的温布尔登决战。那场比赛两次因雨暂停，历时 7 小时，打满 5 局，纯比赛 288 分钟。二人都拿出毕生功力。比赛预示了费德勒王朝的终结。两个月后纳达尔在辛辛那提成为世界排名第一，但正式登基要到 8 月 18 日。而费德勒如果奥运夺冠，可能就意味着纳达尔的世界第一只是惊鸿一瞥。今日世界网坛三强鼎立，第三人是技术最好的天才少年德约克维奇。本届奥运老二、老三进入四强，偏偏还占着老大位置的费德勒出局，真是令人遗憾的三强缺一。14 日晚费德勒脆败的这场比赛，央视仅在比赛中途给过一个镜头，以后没有画面也罢，总该在第一时间给个滚动新闻吧。不，什么都不给。15 日晚纳达尔和小德的比赛也是什么信息都不给。

北京奥运首先要报道中国选手的比赛。我不是无条件支持这一原则，我认为应该兼顾中国选手的比赛和非中国选手间的顶级对决。但就按照国手优先的逻辑，现在的播出也有问题。14 日晚央视播出了几分钟女网李娜挑战大威廉姆斯的比赛，当时李娜 0∶3 落后。以后我们就再也找不到这场比赛的踪影。第二天早晨从网上获悉，李娜2∶0战胜大威，比赛打到凌晨。那时央视的频道应该不再拥挤。这很可能是中国女网选手本届奥运的最佳表现。为什么在频道已经宽松的时候不能直播这场比赛呢？

概括起来，我对央视的播出有三条意见。其一，如此重大的赛事，预告过的不好更改。无数体育迷已经根据你们的预告安排了自己的时间。你们已经增加了转播的频道，新插进的比赛可以放在其中，不干扰预告过的安排。其二，因为增加了新的频道，应该尽快给出一个播出日程安排。机动应该是少数。其三，对于世界顶级选手的对决，即使没有中国选手，也应该在第一时间播出，至少是报道。比如纳达尔对小德，比如美国对西班牙篮球比赛，再比如更重要的奥运铅球决赛，我们在第一时间既没有看到画面，也没有听到报道，这无论如何是不应该的。

冷的热门

奥运112年的历史中始终陷入一种悖论。一方面它高扬超越民族的人类精神，另一方面参与竞争的基本单位是民族国家。前者表现为超越功利的尊重和欣赏。后者则是更实在的、不敢怠慢的国家荣誉和自尊心。金牌多寡成了竞争的核心。于是热门不成扑冷门，成了多数体育弱势国家的战略。毕竟多数发展中国家没有牙买加和肯尼亚那样的身体资源，可以径直杀进奥运跑道。照此道理，韩国人狠抓射箭。中国在热度一般的项目乒乓、羽毛球上卓有成效。但还不够，便又开发了新项目女子举重，大获全胜，挺好。但其实我们并非不在乎西方传统体育的热门，而他们最大的热门是田径，不然刘翔为什么成了中国人的超级热门。

这样我们看到了两种“冷的热门”。一种是在国际上冷，在一个国家热。另一种是在一个国家冷，在国际上热。老实说，110 米栏在中国是个偶然和特例。田径是中国与世界反差最大的“冷的热门”。

我们最应该借助北京奥运来促进和提升国人关注的就是田径。为什么？其一，那是世界体育最大的焦点。我们远没有骄傲到自得其乐，不在乎别人玩什么。其二，跑跳投是多数体育项目的基础。球类、击剑，我们越是深入了解越会发现，诸多项目的运动员是从少年田径队中选拔出来的。

怎么让田径在中国热起来？第一是中小学体育中加强田径的分量。第二是媒体，特别是电视台提高对田径报道的强度。中小学体育说来话长。这里就谈田径的电视报道。多年来，电视的田径报道不成功，没有拉动国人对田径的喜好。国人对 110 米栏的热忱似乎是孤立的，难以移植到其他田径项目上。

电视的田径报道失败在何处，如何提高？

我以为，第一要尊重田径。我们的问题已经不是重视了，而是底线的问题：尊重。北京奥运电视报道是何等力度。8 月 15 日田径揭幕的第一天，产生了两枚金牌。第一块金牌产生于晚 9 点开始的铅球决赛，这一晚我们的电视台对此干脆一句话没有，遑论画面。第二块金牌产生于女子万米决赛。开赛几分钟后电视台才开始转播。我不认为是因为电视台找不到频道。

第二，电视台体育部必须有多位记者爱田径，懂田径。我觉得央视的体育部就是半个足球部，它的最优秀的人才都热爱和热衷足球。我还没听到任何一位央视体育主持人绘声绘色地报道田径，讲出纵深，说到细部。你们可以请嘉宾。但是如果自己没有起码的水准，你们是很难充分利用嘉宾的。

第三，田径报道要吸引人，必须往纵深和细部挺进。一是说掌故，说明星，说国际超一流但被多数国人忽略的明星，比如布鲁梅尔、比蒙、布勃卡、塞巴斯蒂安·科、杨传广。再比如中国的姜玉民(20世纪50年代囊括100米、200米、400米冠军，李彤的母亲)、崔麟（1965年跑出当年110米栏世界最好成绩13.5秒，当时的世界纪录是13.2秒）。这些不是陈芝麻烂谷子吗？爱好是这样的，知道的越多越喜欢。二是讲述小知识和关键的指标。前国家田径队总教练黄健对我和金汕说：他给朱建华测过原地摸高（一步助跑也没有），第一次的成绩他不相信，两次成绩一样都是1.05米。就他所知，世界上只有布鲁梅尔达到过这个高度。百米明星的立定跳远、立定三级跳远能跳多远，布勃卡（据说百米能跑10秒）和伊辛巴耶娃的百米成绩怎样。代表人类冲击极限的人的很多指标都是绝顶的。这些都趣味无穷。

游戏人掌控了赛场

16日晚上的比赛是三段式。先是紧张得透不过气——看中国男篮，继而惊喜得难以置信——看百米，最后是赏心悦目——看美西男篮。

中国队领先了10多分，最后时刻转瞬成了1分。中国队全场共得59分，但是赢了，胜在防守。中国的球员们可以松弛了。以现在的实力，他们可望打出更好的比赛，可以和任何一支球队抗衡。前提是十足的信心，百倍的拼命，身心的松弛。融合三者，真的很难。

后两段——男子百米和篮球，都完全被游戏人掌控了。

谁能在百米跑道上游戏般夺冠？博尔特做到了，几十亿人瞩目的奥运百米决赛在他看来就是一场游戏。战绩绝对优异的鲍威尔总觉得自己受到同胞的冷落，怎么他们早早地都成了博尔特的粉丝？盛产短跑名将的牙买加人深谙短跑之道，他们看清了博尔特是不世出的天才。我事先就想到了他会赢，但即使让我编故事，也不会想到他会这样奔跑并获胜。纪录不可思议，而最后 10 米的奔跑比纪录更稀罕：他回头张望，见无人跟随，两手炫耀地下摆，继而一手捶胸。那下摆不可能不破坏重心和节奏。是这位游戏人从始至终的身心松弛，折中了他炫耀的成本，助他一骑绝尘。

我和诸位看官不同，在短跑中从来是喜欢 200 米超过 100 米。觉得 100 米太快，看不清楚，有时会插进偶然因素。200 米完全是实力，且可以充分展现短跑的优美。我现在最愿意看到的是，博尔特与迈克尔·约翰逊 12 年前创造的 19.32 秒的世界纪录的较量。这个纪录对时下所有 200 米选手高不可攀，唯有博尔特不在此列。只要他的精气神不在夺冠后的亢奋和庆贺中释放干净。

与博尔特同样游戏的是美国男篮，球类的性质使他们成为更充分、更地道的游戏人。接连两届，美国男篮折戟奥运。窃以为，原因有三。第一，骄傲与轻敌。即使刚上场还重视，两节下来会认为人家不堪一击而松懈下来，最后被逆转。第二，不熟悉本土之外的篮球规则。第三，他们完全是游戏人，而奥运赛场上，欧洲的篮球队员是战士。

我一向觉得，在体育的领地美国人比较超越功利。看 NBA 的总决赛，总觉得并没有打个你死我活，下场时双方极为友好，最终的失败方也可以释怀。我常常觉得这是美国民族的优点。看到博尔特的表现，使我联想到世界杯上的尼日利亚队及其球星奥科查、塞内加尔队和其球星迪乌夫，他们都是最纯正的游戏人。玩得高兴，玩得潇洒。博尔特与奥科查和迪乌夫的不同，是他赢了。但我相信，他输了也不会特别的在乎。美国的篮球队员和他们一样。这是黑种人独特的禀赋。他们是：在这个功利的世界上，功利不属于它。黑种人卓越的体育和演艺上的禀赋，使他们支配了美国娱乐界。他们超越功利的态度，一定潜移默化地影响了美国社会中的其他种族。

当他们真的为了捍卫荣誉不得不露一手的时候，我们看到了惊世绝技，那便是 16 日晚上美国爆扣西班牙的比赛。如果没看到会长久地遗憾，因为谁知道下一场这些游戏人会怎么玩。

垃圾话，一箩筐

谁掌控和制作着体育话语？记者们。他们没少制作话语垃圾。明白的人懒得理论，糊涂的人跟着学舌，最终体育的世界被污染得可以。不可听之任之了。

女子三米双人跳板决赛后的新闻发布会上，一位中国记者问国外的银牌、铜牌获得者，是否感到和郭晶晶这样的选手生在一个时代是个悲哀？此话惊呆了国外的选手们，她们完全失语。亏了郭晶晶帮助大家摆脱窘境：我们赢得很不容易，她们的表现很好。细想想，这位记者除了情商很低，还陷入了中国体育记者的一个表达定式，一遇到顶级高手，就说其对手生错了时代。这话是从“既生瑜何生亮”脱胎而来。但要知道周瑜自嘲是可以的，别人对周瑜这么讲就太冒犯了。人家还在争胜，并未服气和放弃，怎么可以判定人家是悲剧人物。再说，获银牌也会很高兴，何来悲剧。更糟糕的是，这样一句并不高明的话被当作了格言到处乱用，完全是话语贫困。

还有更昏的话，说刘翔应该走完 110 米。怎么想的？

很多足球记者多年来打造出一个垃圾量词，称进球为一“粒”、两“粒”，居然被社会接受。“粒”只可以同个头很小的东西挂钩。医治喉炎的中药“喉症丸”叫几“粒”最恰当。比卫生球大些的中药只能称“丸”，不可能称“粒”。为什么要称足球为“粒”呢？是因为金贵吗？那么你是否称自己的戒指为一“粒”戒指，自己的金表为一“粒”金表。你这么说，家人、朋友会认为你吃错了药。显然，将大物件称为“粒”有矮化该物之嫌。为什么体育记者纷纷学舌“几粒进球”？我以为是因为后来的体育记者在语言上不具修养，没有定力，以为“粒”是足球界的行话，不这么说就是外行。殊不知，那完全是蹩脚记者制作的垃圾。进球的量词选什么好？个、只、支，都可考虑，但平淡了一点。枚，别致一点，但感觉上也不对头。我认为，“记”很好。一“记”进球，两“记”进球，很文雅。同时，进球和球本身其实不是一个东西，前者是成绩，是记录，不是实物，量词选“记”最好。

解说员们描述比赛时特别爱说有惊无险。什么是惊险，惊险就是虚惊一场，没有实质损失。那么“有惊无险”只能是“惊险”的一半了，翻译过来就是“有点危险”，这显然不是他们要表达的意思，当他们说“有惊无险”的时候往往是很危险的，怎么叫“无险”呢？完全是词不达意。如果觉得两个字太短促，四个字才够长度，可以说“极其惊险”、“险过剃头”，等等。汉语词汇还能不够你用了？

记者采访中国失利的选手时，选手们常说：我尽力了。我觉得这是最不该说的话，这是废话，你还能不尽力吗？这罪过还是在电视台的记者。他们和笨嘴的选手合谋造就了这一表达方式。看到电视里屡屡这样说，其他队员就跟着学舌了。如果记者们追问一句：“以前的比赛你没尽力吗”，该选手马上会察觉到说“尽力了”是不当的遁词，“尽力”是运动员的最低限度，几乎和常人说吃过饭了一样。可以说，自己能力不行，发挥的不好，有时说自己发挥的还可以也是恰当的表达，那是称赞对手。阿加西说过：“我发挥最好的时候可以打败任何对手，除了桑普拉斯。我发挥最好的时候也不一定能打败桑普拉斯。”

别造垃圾，少说套话，讲出点有内容的东西。

东方田径偶像走在钢丝上

刘翔的故事将长久被人们讲诉，因为太富戏剧性了。微观地看，一些情节似乎永远扑朔迷离，永远有争论的余地。但宏观地看，他受伤的原因简单清晰之极。

且看另一位东方田径偶像的命运。濑古利彦是日本20世纪80年代马拉松之王。至今两项男子世界纪录——25000米（1小时13分56秒）和30000米（1小时29分19秒），还保持在他手里。在其巅峰期，马拉松有史以来世界最好的十个成绩中，他一人占了四个。美国的运动医学大夫给他检查身体，说没有见过心脏功能这样优异的人，他心脏平时每分钟38次，最高负荷下每分钟240次。那届奥运会日本全国人民的希望都寄托在濑古利彦身上。为此他开始了下地狱式的训练。一直练到尿血。只好停止训练，恢复身体，然后重新投入训练。但是已经来不及了，赛前他再没有恢复到最佳状态。那时电视设备远远不及今天，但那届奥运会上日本电视台为他全程转播马拉松比赛。濑古做出了最大的努力，但只得了第九名，他的小师弟获得第四。那一天是全日本的悲哀之日。濑古为何要练到尿血？但是他又该怎样肩负国人的重托？

今年6月纽约大奖赛前刘翔腿上的隐痛其实已经注定了这次悲

剧，因为奥运已迫在眉睫。虽然他们师徒明智地选择了放弃比赛，但是过后的两难仍是他们无法摆脱的。从此放弃高强度的训练，刘翔多半可以跑完美丽鸟巢中的110米跑道，但是这对顶级水平的师徒知道，那成绩是完全没有保证的。不做高强度训练，必败于虎视眈眈的数位猛人；做出高强度训练，极大的可能是毁了个人的跟腱。后者中毕竟还有一个微小的成功概率。他们只能走上这条微妙如琴弦的钢丝——训练不够失败，训练过头还是失败。此间苦衷，事先无法言说，事后还说什么呢？这块场地从来就是属于胜利者的。想说什么吗？用你复原的双脚。

现代武士和古代武士的身上同样伤痕累累。不同的是古代武士的伤痕是敌人留下的，而现代武士的伤痕是自己打造的。冲击自己的极限可能自残，不冲击它就绝难成功。其实身体的感受早就警告自己，该休息了。但是有几个竞技场上的勇士听从自己身体的警告。身家荣辱与国家的召唤，驱赶着他们一次次冲破自己的极限。一些人成功了，一些人负伤了，一些人失败了，一些人负伤且失败了。25岁的刘翔品尝过了这一切。

戴高乐说："只有傻瓜才追求快乐。"在舒适型快乐成为时代主题的今天，该如何解读伟人的格言？其含义是，通往英雄之路是充满艰辛苦痛的，唯勇者心甘情愿。在走向英雄的道路上，勇士们毅然决然地付出了身体的代价。为此我们该收起一切闲言碎语，向刘翔以及全体成功的、失败的、负伤的英雄，奉上我们这些凡夫俗子们的全部敬意。

抗议央视歧视田径

本届奥运的田径比赛已经进行了四天。从央视四天来的田径转播看，他们严重歧视田径运动。

前三天（8 月 15 日—17 日）共决出了 12 块田径金牌。

央视只播出了 6 项：女子万米，女子铅球，男子百米，女子马拉松，女子百米，男子万米。其中女子万米好像还是几分钟以后才开始播放。

其他 6 项没有播出：男子铅球，男子 20 公里竞走，女子七项全能，男子链球，女子 3000 米障碍，女子三级跳远。

在 17 日晚央视拒不播出男子链球，女子 3000 米障碍，女子三级跳远的时候，播出的是：2 频道女篮小组赛美国对新西兰，3 频道马术，5 频道荣誉殿堂，7 频道男子佩剑团体美国对法国的录像，12 频道女排预赛俄罗斯对塞尔维亚。

这些播出的比赛在重要性上显然与田径决赛无法相比。

8 月 18 日共决出了 6 枚田径金牌。我们按照比赛开始的顺序描述央视的转播。

女子铁饼。除了中国选手外，总共只给了外国选手 2～3 个镜头。并且因为开始转播的时候比赛已经开始很久，而获得金银牌的那两次投掷分别是选手在第一和第二次投掷中完成的，电视观众在 18 日晚根本没有看到，更不必说第一时间了。

女子撑竿跳高。比赛持续了极长的时间，而央视总共只为观众提供了两个选手（伊辛巴耶娃和银牌获得者斯图欣斯基）的比赛镜头。

男子跳远。总共为观众提供了 4～5 个镜头。

男子 3000 米障碍。完全被割舍，18 日晚 3000 米障碍的一个比赛的镜头也没有提供。

当晚全程转播的只有占时很少的两项径赛：女子 800 米和男子

400 米栏。

与此同时，央视全程播出了美国对德国的男子篮球。这场比赛已无任何悬念，最终美国队大胜。频道拥挤显然不是压制田径转播的理由。

悉尼和雅典奥运会期间，我们尚可以在第一时间从电视上看到更多的田径比赛。获得奖牌的关键的几次投掷或跳跃几乎都可以看到，因为国外的转播者非常在行。现在在北京举行，我们反倒看不到了。这是为什么？说得过去吗？

我们认为四天来央视对田径决赛的播出，反映出他们对奥运田径比赛的歧视。游泳决赛的转播几乎场场不漏，举重的每场转播都是从始至终而非选播几个重要镜头。为什么央视歧视田径，是什么样的一种歧视，是个令人费解的问题。从动机的可能性上看，有两种偏见：一是项目歧视，央视的“调度”自己对田径无兴趣，并认为广大观众对田径也无兴趣，二是民族主义高于体育，央视的调度认为中国选手在田径上实力太弱，转播田径难扬国威。

作为热爱奥林匹克、热爱田径运动的中国人，我们强烈要求拥有观看奥运田径电视转播的权利。强烈抗议央视对奥运田径的歧视和偏见。你们是在转播奥运，不是自娱自乐，自吹自擂。

完善乒乓礼仪

在古代中国，六艺——诗、书、礼、乐、御、射，是培育君子的路径，而体育是六艺中的重要组成部分。今天，体育仍然是培养合格公民的最重要、最有效的手段。身体力行的参与，毫无疑问是体育的本意。但是即使是观看竞技体育，也仍然不失为培养公民的手段。从这一观看中，大家可以看到公平竞争、挑战自我，以及在对抗的同时尊重对手。这尊重决不限于外在表达，也必须包含某种外在的形式，那便是礼仪。

越是传统深厚的体育项目，礼数越大。西方的传统项目击剑，比赛之前，双方要将佩剑垂直举到胸前，然后甩向斜下方。东方的传统项目柔道（日本的这项运动无疑是由中土传入的），比赛前后双方均相互鞠躬，毕现东方武士之儒雅。

多数现代运动也找到了各自的礼节方式。足球有入场式，常常手牵孩童入场，奏国歌后，客队排成一队和主队球员一一握手。赛后的握手告别虽无要求，但都会主动地相互寻找。如果比赛旗鼓相当，彼此赢得了尊重，还会交换服装。篮球赛后，每个选手必和对方五名球员分别握手，常常不仅是握手，还要相互拍打，乃至拥抱，充分使用身体语言。网球似乎没有特殊的礼仪。但是赛后双方要走到球网，握手拍肩，一同走下场地，这时候必会交谈，这是独属于他们两人的片刻，沉默不语的情况几乎没有。我们听不到他们说什么，但必定是祝贺或尊重的表达。网球礼仪的成功，在于这一过程，这段路程、这段时间。时间可以加强、加重这种表达。

我所见到的体育比赛中，礼仪最草率的是乒乓球。这一项目没有自己刻意和独特的礼仪规定，又没有网球那样走向对方的一段路程，一同走下场地的一段时间，以及交谈。经常发生的是，两三步走向对方，短促到极点的握手，有时几乎就是碰了一下，连正眼看对手都没有，对话更极少发生。看到乒乓球赛后缕缕发生的这一幕，我感到的是无礼。两个鏖战一番的对手，不应该就这样没有一个像样的招呼，就劳燕分飞。

竞技体育中的礼仪给人深深的印象。缺乏礼仪同样作用于每个观众，有着潜移默化的传染性。

不错，乒乓球运动不是起源于中国。对它当初没有建立一套独特而像样的礼节，我们没有责任。但是乒乓球是繁荣于中国的，我们对其技艺发展做出了最大的贡献。无疑，我们对这项运动也拥有了比别项运动更多的发言权。我们不该漠视其礼节的草率不周，而应致力于这一建设。不必是繁文缛节，但要么像柔道那样颇为正式，与刚刚过去的厮杀构成绝大的反差；要么像网球那样，有了互道珍重的足够时间。这一礼仪应该由中国人来倡议。我们不是口口声声将之称为国球吗，那就该从礼仪上爱护它。

发现了央视的一段伪直播

心情非常郁闷，因为想看田径，但被央视卡了脖子。看了一段女子 5000 米半决赛，一下子就转成蹦床了。以后转遍各频道，都找不到田径。这也是我这次奥运对央视转播极为反感的地方，这么大规模的转播，不给播出指南，简直岂有此理。忽然又在某频道上发现了 110 米栏的第二轮比赛，史冬鹏登场了。史冬鹏跑完，我兴冲冲等着看罗伯斯和纪伟呢，这频道又离开了田径。太气人，过了一会儿打开中国奥运网站。一查，史冬鹏是第一组，罗伯特是第三组，他的成绩已经出来了，13.19 秒，纪伟在第四组好像还没开始。这当口，电视上又开始重播史冬鹏刚才的比赛。接下来，跳过了第二组，播出罗伯斯，那 13.19 秒跑的太轻松了。我看他决赛能破纪录。再看屏幕上赫然标明“直播”。我一笑，这不是胡扯吗，网上早给出成绩了。还想从电视里看看纪伟，但是屏幕上马上就变成了 200 米半决赛。就是说，刚才播出的罗伯特是录像，跳过了纪伟所在的第四组，蹦到了下一个项目 200 米半决赛，才回到真正的直播。从网上查到，纪伟跑得不好，13.8 秒，被淘汰。这或许就是连录像都不给的原因。

这不是什么大事。但我还是觉得泱泱大国的央视，自己本来应该担任打击假冒的中坚力量。怎么搞起伪直播来了，没意思。

反思“脱亚入欧”

中国男篮打败德国后，姚明说：“我们是一支欧洲球队了。”我的判断：这是一句篮球界的行话。这话该怎么解读？现今世界篮坛列强的席位尽数被欧美两大洲瓜分，非洲没有一支上得了台面，亚洲也只有中国擦边。现今世界男篮的风格只有两家。美国的风格：独来独往，高来高去，崇尚表演，卖弄绝技，彰显个人英雄主义。欧洲的风格：注重实惠，强调配合，传球流畅，防守森严，高扬团队精神。美国篮球只此一家。欧洲篮球则是个代名词，现今美国之外的全部列强都是欧洲的风格，其中大部分是欧洲球队，小部分是南美洲球队。中国球员的身体条件决定了我们不可能效仿美国的风格。今天我们靠着学习欧洲团队篮球的风格打进了列强的行列。所以姚明一锤定音：我们是一支欧洲球队了，但是只能似乎叨陪末座。没有了三十年一遇的姚明，还不知能否保持前八呢？

世界篮坛上有没有过亚洲风格、中国风格？当然，竞技体育中没有像样的成绩，是不配称作风格的。也就是说，靠着自己独特的风格，亚洲球队打进过世界列强吗？有可能打进吗？

20 世纪 60 年代中国球队有自己的风格——小、快、强调配合，跑动传接，也有过自己的黄金期。因为国际政治的原因，我们失去了和列强全面较量的机会。几次偶尔露峥嵘，给列强留下深刻的印象。1962 年，苏联篮球队访问中国，两队互有胜负。赛后，苏联第一控卫，号称“火箭”的阿拉恰强在总结中说：“任何一位短跑运动员都会说，在奔跑中跑‘百米’比原地起跑的速度要快。短跑原理完全可以应用在篮球运动中。我之所以提到这一点，是因为我们一些很出色的队员，在大部分场合下，都是站着接球的。而中国人却尽量争取将球传给开始行动的同伴。而行动中接到球的队员，在摆脱防守这方面，就具有极大的优势。还有一点是防守者感到困难的是，摸不清带球的队员的行动方向，后卫也只能猜测对方的行动路线。”我们不能说那种风格今天还有前途，但也很难说它笃定就没有前途。以后大家一股脑地崇尚大个子，20 世纪 60 年代国手们的风格已经绝迹。

现在的韩国队身上颇有当年中国队的风采。换句话说，亚洲风格被他们坚守着。可惜他们打不进世界列强。原因简单之极。有中国记者问韩国教练：让你从中国队挑一个队员，你要哪个？姚明。除了姚明，你要哪个？巴特（那时王治郅在美国，易建联还没成气候）。除了巴特呢？那位教练脱口而出：除了这二位谁也不要，只要加上姚明一人，韩国肯定打进世界八强。我总觉得韩国教练不是在吹牛。但是韩国到底是没有姚明，亚洲风格能否打进列强也就无从检验。

竞技体育信奉“猫论”，蔑视形而上。认定亚洲风格、中国风格一定可以成功，是某种教条作怪，不合逻辑。但我还是认为，我们应该在国内赛场上给钱澄海、杨伯镛为代表的那种风格一个参与竞争的位置。没有大个子绝对不行。但四小一大，有无成功的可能？优秀的控卫没有一个是粗糙的，因为他们身经百战，是残酷竞争中脱颖而出的。速度奇快的陈江华为什么粗糙？因为国内赛场上没有成百上千的小个子占据主力控卫的位置，不然其中是不愁找不到钱澄海、阿拉恰强、艾弗森的。

近距离看铁人

我少年时代练过田径，对其热爱终生不渝。20世纪80年代到工体看过200米世界纪录保持者门内阿的比赛，亲历过朱建华打破世界纪录。我现场看田径非常油条，哪个看台好就往哪个看台里面混。有邹振先比赛，我就一定要混进沙坑上面的看台。这一般不难，因为观众热情弱，且多数人不懂行。

20日起早奔赴鸟巢现场。地铁里的人潮20年仅见，安检耗时也不小。待我赶到现场，十项全能选手齐海峰正是在大雨中冲向百米终点。我看了一辈子田径，偏偏最关键的一场，变得老实了。百米过后，拿着望远镜远远地看着全能选手的跳远比赛。12点过后，观众开始离场。我拉着夫人，转到了铅球赛场上面的看台，走到了最下面，从最近的距离目睹了铁人中的巨星：世界纪录保持者捷克老英雄赛伯勒，美国的夺冠热门克莱。给我最突出的感觉就是他们不像想象的那么壮，其实都是一米九多的大汉。可能因为从电视上见惯了更为高大粗壮的篮球巨星。更重要的原因是，各项素质都很优异的选手，身材大概一定是匀称，而体重不可能很大。专项比赛太齐整了，规规矩矩，越来越后现代。看着三十几位全能选手，熙熙攘攘，脱衣穿衣，伸胳膊动腿等着比赛的场面，很传统，有校运会的模样，真是惬意。没有钻进沙坑旁看他们跳远，后悔坏了，今生再也没有这样的机会了。我当然一直紧盯齐海峰，此前他在世界大赛中进入过前十，很遗憾这两年伤病，成绩没有上升。中国的媒体过于忽视他。赛场的大喇叭提到他要比其他中国选手少得多。他在孤独搏斗。我忽然觉得，所有十项的选手都很寂寞，都是古典游戏的求道者。十项全能就像京剧一样，在当代社会中，投入产出比太糟糕。他们的投入比谁都多，他们的天赋干什么都行，他们为什么会选择这样一个收入和吸引眼球很一般的行当呢？我判断多一半人是上了贼船下不来，因为项目的魅力。另一方面，一定也有很多优秀体育人才不会进这个行当，早就攀了高枝，赚了大钱。

本届奥运田径的最大看点是短跑项目改朝换代，牙买加在男女100米、200米四个项目上击败美国。美国队黯然神伤之际，竟然在两项接力上丢棒。纷纷丢棒的副产品是中国男子4×100米不可思议地闯进了决赛。我的感觉，中国短跑要在接力上找突破点，下大功夫。接棒的提升空间很大，加上超级短跑大国大多忽视这项训练。如果我们将接棒搞得天衣无缝，能在最高速度中传棒，大赛中进入决赛的概率将保持在50%。法国在男子短跑上有什么优势？就是靠着接棒，当年打败过美国队。何况我们力争的只是进入决赛。

中国田径的目标就是多几个人进入决赛。刘翔没有可比性。眼下在其他重要项目上拿牌还是奢望。进入决赛就是胜利，那时中国人再看那比赛就不是一个味道了。女子铅球、铁饼、标枪，男子三级跳，都进入了。史冬鹏差点进入。

中国不是牙买加，中国人均田径潜力较低。但我们是超级人口大国。只要我们每个中小学乃至每个市区的中学生运动会都如火如荼开展起来，就一定可以找到禀赋特异的人才。一时没找到又何妨，中学生运动会就是中学生们的节日。大人的盛会即将过去，张罗孩子们的节日吧。

上山容易下山难

中国自1984年进入奥运大家庭，七届奥运会金牌榜上的轨迹是：1984年第四位15枚，1988年第十一位5枚，1992年第四位16枚，1996年第四位16枚，2000年第三位28枚，2004年第二位32

枚，2008年第一位50余枚。1984年苏联与东欧国家抵制洛杉矶奥运，那届奥运金牌及其总数都掺有水分。真实的统计应该自1988年始。在那时不能想象中国会进入金牌榜前三名。本届奥运前，笔者同多数人一样，认为中美间将在争夺金牌第一大户上展开惨烈的竞争，万万没想到江山易主会如此顺当。

我从来不是很重视金牌的人。但这次我确实强烈期望中国登顶。因为我认为登顶是个契机。跌落过谷底、也放歌过巅峰的人，容易淡看功利。要理顺一百年来扭曲的心态，要松弛追逐荣誉而紧绷的神经，我们需要登一把顶。没有契机绝难转向。但有了契机也不是必然转向。关心国运的有识之士，当同心协力，促成这一转向。

老话说：上山容易下山难。力拼金牌榜第一难乎其难。而敢于就此平视奥运金牌，乃至放弃举国体育的国策，也绝非易事。要借此契机完成转向，决策者必须明察三点。

其一，离开了主办国的位置，在奥运金牌榜上的下滑是必然的。1964年东京奥运会上日本获得16枚金牌居金牌榜第三，1968年奥运会日本获金牌11枚，1972年奥运会日本在金牌榜上滑到第五。1988年汉城奥运会韩国获金牌12枚居金牌榜第四，1992年奥运会韩国居金牌榜第七，1996年奥运上韩国居金牌榜第十。中国之大，非日韩可比。但中国为东道国的金牌地位所付出的努力也是日韩不能比肩的。所以东道国的成绩不可持续是个规律，必须顺应。古罗马哲人说：愿意的人历史领着走，不愿意的人历史牵着走。

其二，赢得世界的承认和尊重后，在体育上放弃力拼奥运金牌的举国体制，在人力和财力上转向务实的追求，是正确的国策，是明智的抉择。我们奥运队伍可以适当裁军了。比如乒乓球，不需要如此庞大的专业队伍。很多项目可以下放民间，花开花落听其自然。

其三，虽然从巅峰下降是必然的，顺应这一趋势是明智的，但是国人对奥运金牌的期待长期以来已经被我们的体制造就出来了。与其暗度陈仓，不如旗帜鲜明地告诉民众我们准备转向，并将所言付诸实践。这样，在伦敦乃至其后的奥运会上，我们金牌榜的位置下跌了，大众可以接受。因为他们看到，我们的财力在相当程度上转向金牌之外了。

朝哪里转向？给出什么样的承诺来置换奥运金牌？学校体育和大众体育。不是空说，而是在设备上定出指标，在期限内努力达标。农村每所小学应该拥有 2 台以上乒乓球台。城镇每所小学应该拥有 5 台以上乒乓球台。每所中学应该拥有 5 个篮球场，最好还能拥有一个 200 米跑道的运动场。如果大城市一些中学无法拥有自己的运动场，至少应该几所中学共同拥有一个 200 米跑道的运动场，同学们到那里去上体育课。我们的社会中不应该存在若干念过中学却没有练过田径的人。奥林匹克的本质是参与，不是观看。

希腊，中国，不列颠

奥运的火炬从雅典到北京到伦敦的传递轨迹耐人寻味。如果让我提出两个对现代奥运影响最大的国家，第一个是希腊，第二个就是英国。为什么是英国？话分两头。

时下大家都称顾拜旦是现代奥林匹克之父。其实，顾拜旦是从英国人布鲁克斯手里接过奥林匹克的“思想火种”的。布鲁克斯 1850 年就在其家乡英国的一个乡镇温洛克组织运动会。在他听说希腊人将在 1859 年举办全希腊第一届奥林匹克运动会的消息后，在该年 7 月举办了第一届温洛克奥林匹克运动会，先于希腊人两个月。1866 年他推动举办了第一届全英奥林匹克运动会。以后他一直和希腊人沟通。1881年，希腊报纸报道了布鲁克斯医生的事迹，以及他提出的在雅典组织成立国际奥林匹克节的倡议。胸怀复兴法国愿望的少年顾拜旦打算从国民的体育教育入手，为此他几次出访体育更为发达的英美。1890年他拜访了心仪已久、长他55岁的布鲁克斯，观摩了温洛克的奥林匹克运动会，聆听了布鲁克斯举办国际奥林匹克运动会的宏愿。两年后顾拜旦上下奔走，促成1896年首届现代奥林匹克运动会在雅典开幕。开幕前两个月布鲁克斯离世。

古希腊对现代奥林匹克竞赛项目的无与伦比的贡献是田径。这当然足够丰厚，而他们的贡献也只是田径。希腊之外，对现代奥运竞赛内容作出最大贡献的是英国人。足球、曲棍球、乒乓球、羽毛球、拳击、赛艇，都源自英国。法国人的一项玩耍小戏被英国人改造，1877年在温布尔登成为全英的赛事，那便是网球。1811年伊顿公学首次举行八人赛艇比赛，1829年牛津大学、剑桥大学首次举行校际赛艇比赛。棒球也是变种于英国的板球。板球没有进入奥林匹克，却随着殖民者的脚步进入了所有英属殖民地。吊诡的是被压迫民族最终屡屡利用板球打败宗主国，扬眉吐气。每个民族都有自己的体育。为什么英国人的体育对奥运产生了更大的影响。是因为强国不仅在政治经济，而且在时尚和游戏的领地，统统引领世界。现代奥运开启之日，正是大英帝国如日中天之时。那应该是人类有史以来最大的帝国。疆域大于罗马帝国和汉唐王朝。那是一个不可一世的帝国，它建立了自己的文明方式，从工厂、铁路、蒸汽机、银行，直到礼仪、唱诗、戏剧、足球、赛艇，费尔泼赖精神。先是贵族垄断，渐渐渗透各阶层，流淌全世界。

殖民的时代终结了，大英帝国雄风不再。经过大半个世纪的岁月洗礼，帝国遗产中的糟粕被大浪淘尽，比如以业余为门槛排斥蓝领人进入。但它终归为这个世界留下了一些优秀的体育遗产，为今天的奥运打下了深深的印记。

四年后，我们将看到那些游戏在其母国受到的待遇；将看到昔日世界第一大国的现代管理者、运动家、艺术家、体育迷及其民众，如何以他们的方式解读和演绎奥运。

回首 16 天

平庸的现代生活强化着人类渴望英雄的心理。北京奥运的英雄排座次将成为长久的话题。博尔特、菲尔普斯、伊辛巴耶娃，是多数人心中最耀眼的偶像。比较他们的特征，可能要比分出伯仲更有内涵。就金牌数量来说，菲尔普斯无与伦比，是奥运历史上第一人，遑论本届。就超越对手来说，博尔特一骑绝尘，伊辛巴耶娃高处不胜寒，菲尔普斯的蝶泳金牌险过剃头、胜得侥幸。就纪录的质量而言，菲尔普斯的全部纪录至多保持三年。伊辛巴耶娃的纪录很容易破，但破纪录的只有她自己。博尔特打破了尘封 12 年的 200 米世界纪录，他的接力队打破了尘封 16 年的 4×100 米世界纪录。这两项纪录很可能会保持 10 年、20 年，乃至更长的时间。

奥运会一向为老英雄书写墓志铭。这届的特点是很多老英雄未能冲破本国残酷的选拔赛。美国的阿兰·约翰逊，土耳其三届奥运金牌得主 35 岁的穆特鲁，我国上届奥运金牌得主 34 岁的张国政，都无缘北京奥运。老当益壮的加布雷塞拉西（35 岁）来了，他在万米决赛中获得第六，只比冠军慢了 6 秒。我后来才知道去年创造马拉松世界纪录的这位老英雄，因为担心北京的空气污染而选择了万米而退出马拉松，实在遗憾，不然马拉松的比赛将更何等辉煌。雅典金牌得主、唯一突破九千大关的世界纪录保持者，被《华尔街日报》评选为参赛银河系运动会的地球第一人的捷克人塞伯勒（35岁）前来参赛。我在鸟巢赛场目睹了全能选手的第九项比赛——标枪。老英雄第三投之前走向观众席，高举双手，掌心向上，他自知已无缘冠军，只期盼在掌声中谢幕。无奈观众席上的国人不知他是何人，竟以冷默相待。他最终获得第六名，这绝不是糟糕的成绩。但这一定是老英雄一生参赛中最寂寞的一次。

怠慢老英雄是因为中国观众的不知，更是因为中国媒体，特别是电视台的无作为。赛前我们的媒体几乎没有报道过塞伯勒。本届的转播是我所见到过的奥运转播中最混乱和低劣的一届。第一，动用这么多频道，却不能提前几天给出预告，观众只好没头苍蝇一样乱打乱撞。第二，严重歧视田径运动。第一时间播出的田径决赛不到一半。男子铅球、跳高、跳远，都不给或只给了极少的几个镜头。有他们的无作为，才有了赛场上中国观众因无知而造成的无礼。转播愧对国人。

乒乓球对很多中国一流体育迷已经审美疲劳。但是马琳和王励勤的半决赛，特别是马琳和王皓的决赛，令人叹为观止。血拼的气势，惊世的绝技，都是多年不遇。在北京奥运上，我既看到了这样的超一流表演，也看到了女子赛场上常常四分之三的选手都是中国人。国人在国球上全取四金，为一段历史画上了圆满的句号。我以为奥运后中国体育的大政方针要有全新的思路。或许国球要首当其冲，专业乒乓队伍要大规模裁军。中国体育的重心该从奥运转向学校和民间了。

奥运篮球从来是奥运球类中的老大。本届篮球不辱使命，是全部球类中最精彩的。中国队打得好，和列强有了真正的对抗，令他们不敢怠慢，非使出浑身解数不可，令国人振奋和满意。美国队这届比赛，更是一场不敢怠慢，拿出平生所学，令观众大呼过瘾。这是世界上最好的篮球比赛，是稀罕的享受。唯一感到不足的是赛制的改革。过去奥运篮球都是通过比赛决出 5～8 名。这次取消了 5～8 名的比赛，靠小组成绩裁定 5～8 名。这一改制。使我们少看了两场精彩的比赛，太遗憾了。篮球大可不必学足球的赛制。篮球一场比赛的强度比足球小，球员身体复原快，胜负偶然性小，成绩更反映实力，应该靠比赛决出 5～8 名，这样可以激励中游球队。奥运球类中的老大应该有老大的派头，有自己独特的赛制，不需要在乎足球的玩法。

本届奥运田径短跑是最大的看点。牙买加颠覆了美国的王座。三项男子短跑纪录会压得美国人多年喘不过气来。以后的短跑，美牙决斗有的看。但同为短跑项目的接力赛太滑稽，决赛、半决赛共计近 10 支队伍掉棒或犯规，尤其是集中发生在强队中，令决赛失色不少。日本男队火中取栗，捞得了男子 4×100 米接力铜牌。这是亚洲人的突破。日本人能做到的，中国人没有道理做不到。日后中国的短跑应该从接力上找突破点。将接棒练的炉火纯青，进奥运决赛的概率不小呢。金牌总数第一的奥运的大国，不可不杀进奥运的腹地，腹地便是田径。至少我们要站在决赛的跑道上。那是三千年奥林匹亚暖风的吹拂，那是地中海古国对东亚古国惺惺相惜的召唤。

1936 年的柏林奥运和 2008 年的北京奥运是奥运史上的并峙双峰。柏林奥运首创火炬传递。北京奥运将之发展到万人传递，永世不可企及。柏林奥运的比赛场馆是同期世界上最好的。北京奥运的比赛场馆是当今世界上最好的，鸟巢和水立方的视觉冲击举世惊叹。里芬施塔尔的《奥林匹亚》纪录片经受了时间考验，成为奥委会和萨马兰奇最珍惜的经典。北京奥运的开幕式和闭幕式且交给时间去检验，看它们能否和《奥林匹亚》媲美。柏林奥运和北京奥运都产生了不世出的英雄。博尔特已经超越了卡尔·刘易斯，直逼柏林奥运会上的杰西·欧文斯。舞台托举了英雄，英雄帮助后人铭记这届奥运。

《体坛周报》2008 年 8 月 8 日～26 日

伦敦奥运断想

欣喜看到了孙朴之战

决赛前从电视上得知，朴泰桓犯规被除名。作为一个痴情体育的爱好者，我的第一反应是：遗憾，一场精彩的对决没有了。得知他被允许参加决赛，我很高兴，拨上闹钟，一定要看晚上的游泳比赛了。不消说，是极其精彩的比赛。少了朴泰桓，就没了这场大戏。第二天从网上看到索普的言论：“这场比赛太经典了，我认为国际泳联做了一个正确的决定，就是让朴泰桓进入决赛，这让两名选手更有动力。说实话，孙杨有打破纪录的实力，我也不介意他打破我的纪录，纪录总有一天会打破。”我很认同。别人可能会说我不够爱国。我看体育，过程在相当程度上重于结果。只重结果，我认为不是真正的体育迷。或许可以说这是真正的爱国迷，很遗憾，我真的不是。

昨晚听韩乔生的解说，太滑稽了。他说朴泰桓这次是“口服心服”了。口服，韩听到了吗？心服，韩是朴肚里的蛔虫。说话怎么这么离谱，这么大年纪了。

旗手的荣誉与激素

作旗手是极高的荣誉。这荣誉为易建联注入了激素，遂有对阵西班牙的 30 分和 12 个篮板。这激素如果能一路激励下去，助易建联带领中国男篮打入八强，也值了。这是笔走偏锋之语。论正招，我觉得易建联作旗手是不妥的。旗手应该是该国家最优秀的运动员之一，优秀应该是以国际水平作参照。中国代表团的旗手为什么一直被篮球队垄断，有历史原因。1984年进入国际体育大家庭时，得到世界级冠军的多是小项目，乒乓球、体操之类，那些运动员身材顶多一米七几。偏偏国人还挺在乎身高，可能是缺什么在乎什么。于是，矮的世界冠军让给了高的篮球队员。一路走下去，到了姚明这里顺理成章，非他莫属，最高，且国际知名度最大。但姚之后，继续男篮的垄断有点说不过去。我们有颇多并非矮脚虎的世界冠军，荣誉不能乱给，对不对。再有一点很关键的因素是，当初让篮球队员当旗手时，他们中没有进入NBA的。后来姚明当旗手，人家是全明星成员，实至名归。现在NBA中的易建联别谈全明星了，不是本队首发，甚至不是本队板凳之首席，即不是所谓第六人。在一个融入世界的时代，选一个人家联赛中的板凳球员打旗，差点劲。NBA的球员见到易建联少不了嚼舌头。虽是玩笑加恭维，还是不好听。我喜欢易建联胜过林丹，但若选旗手，林胜过易。说耽误林比赛是胡扯，他第一轮的对手是面瓜。问他自己愿否当旗手，我相信他会乐疯了。不然是不可理喻的，这是多大的荣誉，并且是多强的激素啊。

叶诗文与两位天才

看到叶诗文拿到第一块金牌，只觉眼前一亮。看到她第二项比赛半决赛的表现，才明白这是天才少年。今年我们见识了中国竞技领域中的两位天才少年。一个是侯逸凡，一个是叶诗文。一个在智力游戏中，一个在体育游戏中。二人酷肖。侯是 16 岁封后，今年

18岁。叶夺得奥运金牌，相似于棋坛封后了，刚好也是二八年华。真无独有偶。

我搞不清叶的哪个单项最好。如果有一个单项突出，她几乎就是女子的菲尔普斯。菲尔普斯的一届八块金牌当然近乎神话。但是别忘了他占了美国游泳世界第一大国老大的光。他的八块金牌中三块是接力。如果不是在美国，有那么多优秀的伙伴，大约六块就封顶了。当然六块也很多了，但也就没有八块的神话了。我想叶诗文日后的奇迹可能是她最终能拿多少块金牌。叶与菲比，不利的一面是没那么多接力的金牌好拿。另一个是环境没有菲好，这与物质无涉。美国社会宽容，有浓厚的个人英雄主义氛围，这些是叶享受不到的。

可爱和奇怪的举重人

干力气活的人说话实在，从那天彪子获得银牌后接受张斌的访谈时即可看出。今天林清峰回答记者问题时再次显露。记者问他抓举第二、三把很困难时是怎么调整的，他说："怎么调整，硬顶呗。"干脆，实在。问他现在最想干什么，他说看父母，母亲是清洁工，父亲是搬运工，他们养大两个孩子太辛苦了。他还说，赛前他一直对教练说，别紧张，他们太需要这块金牌了。说的真好玩，见到了更紧张的人，自己好像是局外人了。

女子 53 公斤级的冠军哈萨克斯坦选手祖尔菲娅过去是中国举重队的，叫赵常玲。63公斤级的冠军哈萨克斯坦选手迈娅·马内扎过去也是中国队的，原名姚丽。湖南体育局局长李舜对记者说，姚丽当时练得很好，"但这个项目上中国好手很多，所以她就通过国家体育总局的渠道，交流去了哈萨克斯坦。"令全世界媒体震惊的是，赵姚二人矢口否认自己过去在中国练举重，甚至否认自己出生于中国。为何如此呢？这种事情不新鲜，没什么见不得人的。欧洲好几个国家的中长跑选手都是肯尼亚人。最负盛名的是基普凯特，早就大名鼎鼎，1997 年加入丹麦籍后破世界纪录，拿奥运奖牌，也没怎么着。往细了说，赵姚二人没抢走中国队的金牌。53 公斤级的周俊是自己失手半程出局的，63 公斤级中国队根本没参加。赵姚的荒诞举动逻辑上不外来自三个方面的压力：哈萨克斯坦方面，中国举重队方面，赵姚和她们的家人。挖掘这一事实，可以帮助我们认识制度是如何扭曲人性的。

此非田忌赛马

我不认为消极比赛应该被取消资格。不是因为消极比赛对，而是因为这原则在多少情况下不能实行。原则不能一以贯之，还是原则吗？当年世界杯德国和奥地利打和平球，本节女足日本 0：0 战平南非，组委会都只好接受。组织者的力量只能用在改进规则上。

有人搬出田忌赛马为中国羽毛球消极比赛辩护，却似是而非。关键在于中国羽毛球不是田忌，而是齐威王。好马都在他手里呢，他还是担心，非要极大地增加胜算不可。乃至破坏了悬念，败坏了观赏性。舆论普遍认为不该惩罚运动员，责任在教练。李永波已经表示，承担他该承担的责任。其实他的责任也不大，他不过是一枚大号螺丝钉。北京奥运结束后，体育总局某官员接受人民日报采访时，坚称要继续举国体制。笔者逐条批驳，他不敢回嘴。后来我也懒得再理他。因为根子甚至不在他。如果高层要改革举国体制，他敢不服从？如果高层要坚持，他敢抵制？根子在举国体制。体育总局某官员奥运前发牢骚：很多人说重在参与，我们如果不拼金牌合适吗？这是废话。谁问你赛场上的情形了。大家期望的是彻底改变体制，大大减少国家在竞技体育上的投入。投入过头了，比赛时的策略宽严皆误。消极了可能受惩罚；积极了，乒羽的决赛都是中国人，把全世界的观众都搞消极了。

谁过分重视金牌不好

重视金牌对运动员来说没有问题。有实力，却不重视金牌，倒是有点问题了。“过分”重视金牌有问题吗？似乎也没有问题，只是不要影响了运动员本人将注意力从比赛的过程转移到结果，那样将影响其发挥。至于有犯规行为，则不管你是过分重视金牌，还是一般性重视，甚至不重视，都是不行的。观众愿意看激烈的比赛，运动员重视金牌对观众是好事情。“重要的是参与”与“更高，更快”是不同的，后者才是奥运的核心价值观。

我能想到的，只有一种社会角色过分重视金牌不是好事情，就是政府。因为它过分重视，就要过度投入资金。在不受约束的情况下，会达到惊人的程度。并且投入高得惊人，老百姓还傻乎乎为金牌喝彩，都是因为不透明，老百姓不知道投入了多少。知道了他们会愤怒的，而不知道就会很平静。所以是不会透明的。

稀罕的话

俗话说：酒后吐真言。获胜后的瞬间，胜利者也会说出日常不会说的话，蛮有趣。

焦刘洋说：北京奥运前，她的呼声比刘子歌高，但刘子歌拿了金牌；她这才知道金牌和银牌的差距有多大。世态炎凉是让这位姑娘充分体验到了。

获射箭团体银牌的女队员很遗憾地说：比赛到了关键时刻不下雨了，太阳出来了。张斌追问：那不是对双方一样吗？她们坦率地说：中国队和韩国队小有差距，正常情况下难赢，所以更愿意在非正常情况下较量。类似的心理，应该不仅限于奥运赛场。

感到这拨运动员比以前的运动员能说，说的自然。这很令笔者欣慰。

听姚明的解说过瘾。他对篮球体会之深，估计国内不超过十人，而十人中口才比他好的恐怕没有。中国对西班牙之战，西班牙的大前锋高高腾空，倚着防守队员的身体将球打进。姚明说：他就是要将身体抛起来，抛到你身上，不怕你顶住他；这时候，如果你撤一下反倒有效；当然了，瞬间要能完成撤身也是很难了。个中三昧，段位高些的爱好者，有深度的杂家们，都愿听听的。

能获主场之利的英国人

本土选手在一天的田径比赛中拿三枚金牌，不得了。且这三枚还是含金量较高的：女子七项全能、男子跳远，男子万米。以我掌握的信息，这三人都不是巨星，他们能登顶与主场应该是关联的。但是主场常常是双刃剑。英国选手在主场表现这么好，颇有耐人寻味之处。我的判断是，英国的体育和运动员比较正常、阳光，异化小一些。社会没给他们太大的压力，他们的自我激励恰到好处，没到过犹不及的程度。换句话说，英国人很有些输得起的精神。我最初的这种感觉来自足球。英国是足球发源地，当代英国人又极其热爱足球，可是世界杯上多年无建树，英国人没事人一样，这是挺了不起的。上届世界杯对阵德国，打进的球被误判，英国人的态度在全世界都算客气的了。对那场球我的看法一直与时贤（他们多是扬德抑英）不同，如果不是误判，结果很可能会完全不同。由此我一直觉得英国人对体育的态度令人钦佩。体育文化深厚，能完成游戏与金牌、竞技与大众体育较好的融合。

忽悠博尔特去跑400米

百米大战前迈克尔•约翰逊等美国田径名宿认为，博尔特不是不可战胜的，美国的加特林和盖伊都有挑战他的实力。我想，约翰逊此言是他真实的判断，而不是为他的同胞选手鼓劲。因为保持巅峰状态太难了。但是约翰逊判断错了。错在什么地方？错在9.63秒很可能不是博尔特的巅峰，是他比较容易达到的水平。我觉得博尔特还有提升的空间。这空间在两个方向上。其一，执著于百米竞赛，他跑进9.5秒不成问题。以他昨晚的水平，如果参赛的不是三枪的比赛，就极有可能打开9.5秒的大门。只要他敬业百米，不去飙车酗酒，几乎一定能成。但这还不是成就超人的最佳选择。最佳方向他自己想象过，就是参赛400米。他如果认真练习，极有可能打破迈克尔•约翰逊43.18秒的世界纪录。如是，他将囊括三个短跑项目的世界纪录。为什么说两个方向上后者更牛。因为你就是跑进了9.5秒，20年内还是有被超越的可能。在三个项目上拿冠军、破纪录，此前没有过，此后也难有，那将是半个世纪以上无人问津的事情。博尔特是不世出的人物，应该完成世纪伟业。他曾经这样梦想过，我现在这样期待着。

顺便说，本次百米大赛中很遗憾鲍威尔受伤，不然这三剑客有可能在比赛中绝杀美国。这或许还会影响牙买加的4×100米接力破纪录。当然也可能为牙买加的新星提供了机会。

柔克刚，弱胜强——写在刘翔出场前

昨天田径最大的新闻不是谁谁夺金，而是伊辛巴耶娃未能夺金。之前在中央广播电台做节目时我就说，五米的上空常常有不小的风，故撑竿跳是风险极高的比赛。之前还听坊间传闻冬日娜说：刘翔没伤，训练好着呢。当下一惊：她怎么能这么说呢。懂田径的有心人都会明白，孙教练说刘翔旧伤复发有可能是烟幕弹。但这烟幕弹不是发给对手，而是送给国人的，为的是给自己留条后路。但我们确实可以相信孙教练的话。刘翔现在的身体情况肯定是“临界”的。这是自己东山再起的雄心导致的，这是梅里特奥运前的上佳状态逼出来的——在德国的训练必是超强的。现在有伤是非常好理解的。现在没伤，“听三枪”的比赛中也有受伤之虞，因为身体临界了。鲍威尔是何等人物，在奥运百米决赛上不是受伤了吗？伊辛巴耶娃是超一流巨星，不是失利了吗？我切盼，孙海平和刘翔给自己的定位低一些。之前的训练强度低一些才好，但已经是马后炮了。把预赛当成热身，真的没问题。半决赛一定不要拼，站在决赛的第一或第八道就行。我的判断，只要能跑完决赛，肯定有奖牌。重要的中途（指半决赛结束前）自己不落马，还要看着一两个对手翻船。

伦敦奥运第一悲剧英雄

看到刘翔的失利，一扫观看奥运的喜悦，久久地陷入郁闷。

奥运提供了认识人性的一个特殊的平台。认知的一个前提是摆脱神化，你神话了某一事物就再不要认识它了。竞技体育在相当程度是自残。不自残，谈何冲击人类的极限。而在自残的维度上，东方人走得更远。日本马拉松选手濑古利彦曾拥有当时全世界马拉松赛 10 个最好成绩中的 4 个。心跳每分钟最慢 38 次，最快 240 次。

但在洛杉矶奥运前高强度的训练导致尿血。立即叫停和恢复，但那届奥运会上到底未能拿到金牌。那曾经是全日本的悲哀。从北京奥运到伦敦奥运，中国人两次品味这种悲哀。跨栏选手的悲剧还多了一层，就是英雄会摔倒在栏架前。

我说自残没有任何贬低、嘲笑的意味，我本人就有自虐和自残的倾向。非洲人没有东方人这么强的自残倾向和能力。我一直怀疑博尔特会不会这样苦练，他们赛就是练，赛就是玩。或许这种吃苦精神是漫长岁月中东方更严酷的生存环境所使然。两种性格没有高低贵贱之分。我们就是东方人。奥运的平台上，各个种族的精英可以为人类呈现多样的特征、品性。刘翔、濑古利彦、博尔特，以他们的胜利和挫折，将各自的精神和风采显示出来。在古希腊戏剧中占据最高位置的是悲剧。北京奥运的受伤，四年来的康复，几个月前重返巅峰——12.87 秒，铺垫出来这一戏剧的全部要素。刘翔是伦敦奥运的第一悲剧英雄。

长使英雄泪满襟

昨日说刘翔，言未尽意。

昨天中午我电话告诉老婆 5 点 10 分 110 栏预赛开始，她也搞清楚了刘翔在第 6 组，她算好了要在 5 点半赶回家看电视。刘翔失利后她哭了。我郁闷的时间比她还要长。

我是不可知论者，僧道无缘，任何主义都不信，自然也就不是爱国主义者。我觉得“主义者，过头也”。乒乓球、羽毛球的比赛我常常希望外国赢中国，深恨我们高投入带来的大包圆正在毁灭一个个悠久的游戏。中国男篮的比赛我看了四场半，对英国的后半场不想看了。如果毫无民族认同感，这样水平的外国队我能看四场半？

但没有一项中国队的失利能像刘翔的失利令我神伤。想想，真不好意思，还不是爱国主义，而是纯粹的体育与英雄的情结。伤感的是：出师未捷身先死，长使英雄泪满襟。四年来艰辛的恢复历程，终于重归赛场了，以后悉数击败全部对手，没放过一个，且在微超风速的情况下平了世界纪录。内行人都看得明白，这实力早晚破世界纪录。若不受伤，奥运就只是奖牌成色的问题。而目前的实力几乎是第一。这是何等不可思议的事情啊。所谓王者归来不过如此。如果他是一个外国选手，知晓了这全部历程后，我会同样的伤感。

刘翔是中国 60 年来田径第一人，再等来这样的人说不定还要 60 年。而负伤后东山再起，几乎再执牛耳的故事，我这辈子不可能再经历。如此奇迹就差这样一点点。

我可以想象体育总局会向可能拿金牌的队员和教练施加多大的压力。但我觉得，刘翔有所不同，王者归来之梦就在面前了，他怎么能不去追梦，这之中的第一动力是他自己。

田径三巨人

昨晚的大戏在伦敦碗。三位最伟大的运动家悉数登场。

大家都等着博尔特破纪录，谁也没想到鲁迪沙来了。八百米的纪录太难破了。塞巴斯德安•科（1981 年，1 分 41 秒 73）保持了 16 年，基普凯特（1997 年，1 分 41 秒 11）保持了 13 年。以后便是鲁迪沙的天下，不到两年的时间中他三破这项难度最大的记录（2010 年 8 月 22 日，1 分 41 秒 09；7 天以后，1 分 41 秒 01；伦敦奥运，1 分 40 秒 09）。他是超人，解说员说他在各次比赛中从始至终不允许前面有人，这样跑当然惬意，但是除了他谁敢有此奢望。昨晚他的体力分配绝了，前 400 米和后 400 米几乎用时相等。我回看了 2010 年柏林第一次破纪录的视频，前400米是48秒65，这次是49秒多，完美。

接着博尔特登场。最让人震惊的是，还剩10米的时候他放松下来。我觉得他极聪明，有定力，全世界都忽悠不了他。他奥运中的赛程太密集了，如果想此时破纪录很可能会自残。以后单项比赛破纪录还不是探囊取物。如果不是布莱克，19秒32他都未必肯跑。昨晚他打破19秒30的奥运纪录易如反掌，他不屑做。

伊顿是昨晚的压轴者，他是携带着一个半月前新的十项全能世界纪录（9026分）来到伦敦碗的。惜乎电视台早早就洗洗睡了，我们看不到十项全能的最后一项1500米。伊顿前面的成绩决定了破纪录无望，因而这是他1500米成绩较差的一次。

下面的数据，您在别处是找不到的。笔者从国际田径网上搜罗到此，供参考。

	世界纪录（6月25日）	伦敦奥运（8月9日）
100米	10.21秒（1044分）	10.35秒（1011分）
跳远	8.23米（1120分）	8.03米（1068分）
铅球	14.20米（741分）	14.66米（769分）
跳高	2.05米（850分）	2.05米（850分）
400米	46.70秒（973分）	46.90秒（963分）
110米栏	13.70秒（1014分）	13.56秒（1032分）
铁饼	42.81米（722分）	42.53米（716分）
撑竿跳	5.30米（1004分）	5.20米（972分）
标枪	58.87米（721分）	61.96米（767分）
1500米	4分14.48秒（850分）	4分33.59秒（721分）
总分	9039分	8869分

昨晚他在两项上持平，五项不如之前，三项超过之前，其中包括铅球和铁饼。说明他在弱项上有提高。因此笔者断言，不久他还会破纪录。

昨晚的三位都是巨人。鲁迪沙 1.93 米，博尔特 1.96 米。居然是铁人最矮，1.85 米。昨晚的田径场是巨人统治的世界。巨人其实更易受伤，这是力学原理决定的。所以说，博尔特鬼聪明。昨晚奥委会主席罗格说，博尔特是标志性人物，还不是传奇人物；卡尔•刘易斯才是，人家参赛奥运三次。我替博尔特答复：别来这一套，忽悠谁呢。实打实地说，博尔特不是卡尔•刘易斯比得了的。

我赌今晚破纪录

伦敦碗中全世界最期望的是博尔特破纪录。显然博尔特有自己的小算盘，不受忽悠。可能是为了保护已有伤病的身体，也可能是别的说不清的原因。但笔者押宝，今晚 4×100 米将破纪录。这涉及到动力，而动力从来是微妙的，常常被误读。比如战场上战士拼命为了什么，宣传中总说为了祖国。越来越多的个案披露出，他们拼命很大程度上源自“团队精神”：杀死敌人成为自己生存的最好手段，连队精诚团结成为个体存活的最好保障。小氛围其实比大道理更能决定当事人的行为。拿今晚百米赛来说，两个因素齐备。美国接力队虎视眈眈。本届百米比赛，不错，牙买加拿到了冠亚军。但三、四、五名分别是美国的加特林、盖伊、贝利，他们一定赌咒要在接力中雪耻。于是布雷克等兄弟一定会捆绑博尔特：金牌就你老大一人尝到了，总要帮小兄弟也拿一枚。这枚金牌可不好拿——和美国队一拼命，遂纪录告破。顺便说，两队都破的可能也有，障碍几乎只有一个——掉棒。

人山人海

从电视转播中可以看到,观看马拉松比赛的伦敦市民人山人海。这是伦敦参与体育的热情高过北京的一个证明。我这样的超级体育迷，一年一度的北京马拉松我只到街头去观看过一次。看马拉松一定程度上可以看出你的体育观。肯定不是关注金牌的，因为你只能驻足一个地点，观看一个时点，能看到的只是风采。为什么来看，不爱体育只重金牌的人是不能理解的。

伺候俗人的闭幕式

去精英化、不侍奉任何神圣伟大，是伦敦奥运闭幕式给我的印象。文如其人。但即使想到了今天的英国人是这样的，也还是没想到他们敢把奥运的闭幕式演绎得如此普罗和时尚。这说明在英国神圣吃不开了。其实这个世界早就没了神圣。剩下的不过是拿神圣忽悠人。画虎不成反类犬。不敢这么画，说明在这里非这么画要丢分的。

从网上获悉，伦敦奥运的支出只是北京奥运的几分之一。很多场馆设施是临时的，结束就拆掉、卖掉。还有一些场馆奥运结束后要瘦身，半数以上座位拆除，减少日后维护的费用。

去神圣与节约是关联的。高举一个神圣的大目标，就有了奢华的根据——伺候神还不肯牺牲吗,自己不信也有了忽悠别人的理由。

北京和伦敦，差距大了。

下编·世界杯

意大利世界杯断想

易学·概率·球经

技艺、体能、运气是制胜的三大要素。其中运气最令人琢磨不定。大约只有兼通易学、球经、概率论，方能预测球运之一二。运非无中生有，今日之果多缘昨日之因。概率论认为掷一枚硬币的次数越多，正反面出现的次数越趋近。如果扔了10次均呈正面，照易经的思想，第11次时反面的可能就变得极大，所谓“否极泰来”；若甲乙两队确乎实力相仿，甲队近年连胜乙队多场，再赛时反倒是乙队的胜率上涨，因风水不会光照一家。本届杯赛七雄当为：阿根廷、意大利、西德、巴西、荷兰、英格兰、苏联。最近四届杯赛上阿、意、德运气奇佳，阿意两队靠着肯佩斯、罗西的神来之脚夺冠，西德近年实力下跌犹蝉联亚军也赖运气。而荷、巴、英近年晦气重重。荷兰两次与东道国争冠，巴西第十一届未败出局，十二、十三届上毁于罗西和点球。英格兰第十二届未败出局，十三届遭遇“上帝之手”。所以笔者预计，今届大赛上荷兰、巴西、英格兰走运的概率会回升上涨。某位看官会问：篮、排球中不是屡见常胜将军吗？答曰：此等小戏岂可与“球中王”相比，足球更像人生，才与运气结缘，才有如此之魅力。

神秘的黑珍珠

挟非洲冠军之神勇，喀麦隆队似一股黑色的狂飙冲击着本届世界杯大赛。不错，一部足球史早就留下了黑人球星的耀眼光彩：昔日的贝利、加林查，今天的古力特、巴恩斯；但是作为整体——一支黑色人种组成的球队震惊了世界，则首推本届的喀麦隆队。没有一个民族是毫无才华的，但黑色人种的才华最为神秘。几乎每一种测试尺度（如智商标准）都总是低估他们。他们过于率真、本色，不长于自控，而才情一旦焕发又总是闪电般耀眼。当西方流行歌曲变得单调时，源自黑人歌曲的爵士乐、摇滚乐唤起了人们的激情；当西方舞蹈日趋僵化时，黑人的霹雳舞另辟蹊径。终于，世界杯首场之沉闷，也由禀赋独特的黑人球队打破。

黑色人种特异智慧之奥秘根植在非洲的莽林巨川和漫长神秘的历史中。是非洲严酷的生存竞争造就了他们疾如猎豹、猛似雄狮的体魄和无拘无束、即兴发挥的心态。你信吗？万千非洲、北美的黑人运动员踏上足坛之日，将是白色人种在绿茵场上全面溃败之时。

安魂曲

5 月 24 日的巴西利亚和阿姆斯特丹一定是泪飞似雨、歌哭如潮了，远隔重洋的中国球迷们都在为他们的球星黯然神伤。从济科、苏格拉底到卡雷卡，每届杯赛上来自咖啡之国的英雄都以他们精湛绝伦的球技为人们捧上一杯醇香的“足球咖啡”，然而一次次他们留给人们的都是长久难忘的回味和惋惜。从克鲁伊夫、伦森布林克到古力特、巴斯滕，来自尼德兰的天才少年们的光辉像闪电般耀眼，却也竟如彗星般迅忽。

我们说，没有留下惋惜、遗憾和眼泪的不是历史和人生，在亿万次搏杀中获得了灵性的足球竟也如是。正所谓“滚滚长江东逝水，浪花淘尽英雄”，正所谓“出师未捷身先死，长使英雄泪满襟”。当历史和足球捧出了其一代代王者的时候，在善良的人们的心中总是保留着对那些才华盖世而无缘问鼎的艺术大师们的珍贵回忆。

静气与火气

荷兰与埃及之战，演至64分钟巴斯滕左翼传中，里杰卡尔德迎球跃起，他面前的卫将们如闻惊弓急忙挡上，那球却在里氏一记佯射中从两腿间漏过，后面的基夫特轻松地将球打入。千钧一发之际的潇洒从容、动中有静，被里杰卡尔德淋漓尽致地表现出来。

然12天之后在与西德的世纪大战中，战至20分钟，双方动作粗野发生争执。里氏怒火中烧，几记口水吐在对方头上，被红牌逐出，使荷兰队失去了前后场的枢纽，顿失生机，惨遭败绩。全世界球迷翘首以待的西欧骄子竟毁在他们自己球星如此鲁莽无礼的行径中。

武林人有言“喜打怒练”，意指习练时尽可怒气冲冲，真刀真枪地厮杀时却必须心神宁静，喜气盈盈。这也如古时圣人所云“每临大事有静气”，非如此才能游刃有余、举重若轻。里杰卡尔德虽在很多场合显得颇有静气，却在最关键时犯了兵家大忌，遂一败至此，饮恨终身。

观球之美学

有球迷问我：“是否世界杯的比赛从小组赛到复赛、决赛愈演愈烈，愈踢愈精彩？”我说不见得。原因有二：一是有些强队因抽签关系早早便发生了火并，如本届赛事中的阿苏之战、荷英之战、巴阿之战、德荷之战，都是难得一遇的幸会。二是有些最初被小瞧的比赛竟打出了超水平，如本届的阿喀之战、荷埃之战。回首历届杯赛最精彩的比赛发生在哪一阶段的都有。第十届的德荷冠军战，第十一届的阿荷冠军战都在最精彩之列。而第十二届的巴西意大利之战实为真正的冠军战。第十三届最精彩的一战中竟无冠亚军队，而是由两支表演大师巴西与法国上演的。正是足球大赛精彩纷呈、幸会不期而至的特征，使其全过程都潜藏着美感和戏剧性。因此，一流球迷场场不漏，深恐失之交臂。正像一队人远足名山胜水，只有浅薄的审美者才把兴趣只押在终点上，而真正的旅游家一路上都谈笑风生，忘情于山水之中。

南美风格的意大利人

意大利与捷克之战，意国新秀巴乔在禁区左前方接队友传球，左盘右带巧过对方两员悍将，虽因脚下磕碰踉跄两步，却迅速找回了平衡，在面对第三名卫将时，巴乔出神入化地晃动肩头，引那厮自左向右陀螺般地转了一周，脚跟未定，巴乔已弯弓劲射破了城池。观此球见到的是一派纯正的南美味道。难怪贝利将之誉为本届最佳入球。

自上届杯赛落幕，意大利联赛几乎成了“小世界杯”。意大利球迷慷慨地把他们每月三分之一，甚至二分之一的收入投向足球场，造就了全球最高的票房价值，遂引来八方淘金者，特别是一代南美明星。因此可以说是意大利球迷的慷慨带来了一个令人艳羡的众星云集。今年 23 岁的巴乔四年前初出茅庐，他的足球发育期可谓躬逢盛会，而找到这样良好的土壤堪称前无古人。也正是因百家精华熔于一炉，可以说巴乔和斯基拉奇代表的一代意大利新人是前途无量的。

裁判·黄牌·点球

苏联队的四年心血毁于裁判的两次误判，荷兰队因一次不该罚的点球过早地与西德相逢——这一切使人们痛感裁判的误判是本届杯赛的最大问题。其实没有理由认为历史上的裁判就更明察和公正。并且因为过去没有电视、录像使真相见诸大众，很多争执永难辨清，很多冤屈永难昭雪了。往昔人类的历史便是如此，足球如何能幸免？所以今日裁决虽不能更改，真相很快被承认，已经要算是受害者不幸中的幸运了。但是人类当然不会满足于此，足球的生命也在于它能否日益增长它的公正性，因此裁判工作的改进已经是提到日程上的事情了。而这种改进不外循着两个方向：一是借助电子设备和更多人力（如增加一名裁判）提高明察力；二是对每个裁判的工作进行裁判，备案入档，以作奖惩任免之根据，使每个裁判感到监督者也要受监督，自己的权威也不是至高无上的。

本届杯赛中实力上前所未有的均衡，裁判尺度前所未有之严格使得足球制度中的一些小隙明显地暴露出来。积两张黄牌要在下场自动停赛。罗马尼亚的勒克图什、阿根廷的卡尼吉亚都因此而在对爱尔兰和西德的比赛中缺阵。但他们并未因犯规而使爱、德两队受损，这两队为何无缘受益？相反勒克图什与卡尼吉亚曾对喀麦隆、意大利，并相互有所犯规，受害队却未得到补偿。为什么犯规的赔偿不马上兑现，比如采用冰球的小罚几分钟的方式，而要积累、延缓、落在不相关的一队头上，不是很有几分滑稽吗？

本届杯赛大演点球战，败方痛心疾首，高呼“不公道”，甚至胜方教头也赞同这种呼声。其实当初点球的制定者也未必以为这是上佳选择，不过他们大约不会想到，仅几年后世界杯大赛的两场半决赛便都由点球决断，甚至某位教头放言：“我们将一场不胜而获冠军。”足球以其胜负难卜带来的悬念吸引了亿万球迷，但其胜负毕竟须与实力有较大的相关，唯此才不是嘲讽世人。如果在其发展中胜负完全被命运吞噬掉，就不仅失去魅力，而且背离了一切游戏的初衷——以更公平的竞争慰藉不够公正的人生。

点球功夫和日耳曼人

观西德与英格兰的半决赛，你实在看不到这支三天后的冠军得主有什么优势可言。120 分钟激战，双方攻势对等。德国那记被防守队员改变了方向的进球实属走运，而莱因克还以颜色的入球则令人击节赞叹。固然德国还有两个门柱球，但英格兰也有一双。直到点球射毕，在替英格兰懊悔之余，你却不得不承认德国队的点球没的说。布雷默、马特乌斯、里德勒尔、托恩四人个个把球射得生猛无比又刁钻异常，难怪老将希尔顿连个毛儿也未摸到。纵观本届四场点球大战，实在是日耳曼人训练有素。在本届的比赛中，德国人令人陶醉赞叹之处并不很多。大约首场迎战南斯拉夫（4:1）该算其最盛期。以后冠军对末座（阿联酋）无足道哉；被哥伦比亚逼平颇失颜面；与荷兰之战因对方第一主力里杰卡尔德的“自杀”行为而使胜利大为贬值；对捷克在奥地利裁判的多方“帮助”下仍乏建树；以致夺冠战无任何精彩可言。只是在回味德国人的点球时候才醒悟，一支如此善始善终、刻意求精、将细节准备到末梢的球队是难以战胜的。

其实日耳曼人令人难解之伟力不自今日始。平淡无奇的贝肯鲍尔硬是扳倒了光彩四溢的克鲁伊夫，落入低谷时的德国队在战绩上也竟凌驾济科、苏格拉底、普拉蒂尼之上，蝉联亚军。你可以说这是战车，这是机器，不够精彩，缺少魅力，但它的伟力却正在于它的严整风纪、高昂士气、善始善终、百密无疏。伟哉，日耳曼性格。

再会，意大利仲夏夜

炎炎夏日，世界杯如一股清冽的甘泉洗涤着人们的烦恼；昏昏长夜，它又似一曲美妙的乐章驱散人们的睡意。德阿之战将乐曲推向高峰，而布雷默的一记劲射为 30 天辉煌的演奏落下帷幕。曲尽人散，遥望星空，似觉余音袅袅，回味无穷，感受万千：巴西的命运仿佛在教诲“谋事在人，成事在天”；意大利的结局令人醒悟，不可把命运给你的诸种优越视同上苍对你的最后恩宠；荷兰人令人叹息的命运说明了才华毕竟不等于成功；英国人凭坚强实力步步为营击碎了新潮儿对老派的蔑视；阿根廷的成就昭示着，机运属于坚韧不拔、知其不可为而为之的人们；德国人隆隆的步伐展现着集体的伟力、意志的凯旋；更有俄国人的早夭使人慨叹命运不公，喀麦隆的崛起令人震惊非洲雄狮的觉醒。

别了，罗马、米兰，你醇酒一般深厚的文化，你万种风情的地中海名城，你给了我们如醉如痴的九〇仲夏夜。别了，古老的意大利，前方将是崭新的美利坚。那黑白相间的精灵将引我们把目光投向地球的另一端。

杯赛概观——今不如昔吗

52 场杯赛战罢，盖棺定论，专家、记者、球迷多云本届杯赛水平逊色于前两届。笔者不敢苟同，而是以为，就整体水平而论，本届杯赛大大高于以往。两场半决赛龙争虎斗、旗鼓相当，打满 120

分钟不仅比分相等，场面上也是地道的平分秋色，只好以点球定夺，这是史无前例的。四分之一赛应说是在四支老牌一流队（阿根廷、意大利、西德、英格兰）与四支二流队（南斯拉夫、爱尔兰、捷克、喀麦隆）间展开的。虽前者均胜，但场场是涉险过关。南斯拉夫 10 人顶住阿根廷 11 人，打满延长期毫无逊色；爱尔兰不惧东道国地利、天时，只因运气一球小败；捷克和斯洛伐克要同时对付西德队和裁判，减员一人仍令对方禁区风声鹤唳；喀麦隆缺阵四名主力却与“力量型”盟主英格兰杀得天昏地暗，不仅赢得了各队、甚至赢得了敌手英格兰教练的盛赞——可见一流队与二流队之间的差别只在毫厘之间。更令全世界球迷惊叹的是本届杯赛初战即决战，首战就是惊心动魄，而直到第一阶段最后一场打毕，积结 12 天的“十六强归属之悬念”方才水落石出。两个死亡之组的雌雄争、生死劫更是惨烈空前。如果不是在裁判的“帮助”下使苏联队早早出局，苏阿之战、阿罗之战、喀苏之战的火药味都将更为浓烈。如果不是英格兰乘埃及队体力未复之机小下一城，荷兰、英格兰的问题将是起码的“名誉和人权”了。而如果不是墨西哥被取缔了资格，如果桑切斯领衔的队伍取代了美国队，本届杯赛又将演成第三个死亡之组，那又将增添多少不可预卜的戏剧性。所以笔者以为这届杯赛是够味的，它所反映的当今世界的足球水平大大高于以往。特别是更多黑人球星的崛起预示着：一个崭新的足球时代呼之欲出了。

那么为什么众多球迷认为本届杯赛水平欠佳呢？笔者以为原因有三。当今世界大众媒介（电视、报刊）空前发达，明星被渲染到无以复加的程度，水涨船高，观众的期望值也被抬得过高——此其原因之一。上届世界杯大赛后，在欧洲，特别是意大利，形成了一个令人炫目的黄金期，产生了无数耀眼的明星，本届杯赛虽不逊色于上届杯赛，但在技艺上确未焕发出一两年前意大利甲级联赛的光彩——此令人失望原因之二。而在观众心理的失落中最突出的是古力特、巴斯滕，甚至包括马拉多纳，这些超级球星的不尽人意，这是原因之三，也是我们下面着重探讨的问题。

巨星减色——小世界杯的干扰

第十三届与十四届世界杯赛之间，意大利招揽荟萃了众多的世界级球星：马拉多纳、古力特、巴斯滕、里杰卡尔德、卡雷卡、马特乌斯、克林斯曼，等等。大赛迭起，精彩纷呈，一时颇有“小世界杯”之称。而笔者以为正是小世界杯冲击干扰了大世界杯。四年间，这些大明星为重金驱策不仅要为意大利甲级联赛披肝沥胆，还要代表其俱乐部为欧洲三大杯赛南征北战。直到本届杯赛前 20 余天，欧洲三大杯赛的战火才告熄灭。这期间是五日一小战，十日一大战，鞍马劳顿，喘息难得，真可谓“春蚕到死丝方尽，蜡炬成灰泪始干”。可以毫不夸张地说，这几位外域超级巨星为意大利吐尽了心血，四大天王（马拉多纳、古力特、巴斯滕、里杰卡尔德）在世界杯赛前夕均未复原。古力特重创初愈勉强复出；马拉多纳伤痕累累，成强弩之末；巴斯滕心力交瘁，难得兴奋起来；里杰卡尔德心弦紧绷，导致场上失态。

除了巨星球员因意大利联赛而伤神动骨外，明星球队也为之付出了高昂的代价。最突出的是巴西、阿根廷、荷兰三支球队，他们都因多数主力队员在意大利及其他欧洲国家踢球而迟迟不能组队。以马拉多纳为核心的阿根廷队，甚至不能在赛前同马拉多纳共打一场热身赛。巴西、荷兰的情形也大致相仿。巨星的心力交瘁，国家队的仓促组建，使他们面对国内父老的殷殷嘱托和报界的过高期待，内心怀有难言的苦衷。巴西、荷兰终于过早地陨落，阿根廷实在是以罕见的幸运赖赖巴巴挤进了决赛。巴斯滕踏上阿姆斯特丹赴意大利的飞机时曾挥臂高喊：“离去时我们唱着高歌，归来时我们捧着金杯！”当他赤手归来时，想起四年征战及其结局一定心潮难干。意大利联赛造就了他，也毁掉了他。

当然，我们也同时看到实力最强的两支球队意大利、西德也一直深深地卷入世界杯前意大利和欧洲的大赛，却仍以饱满的状态、完美的配合出现在杯赛上。原因何在？我以为，小世界杯位于意大利，意大利恰恰是得益者，它不仅吸收了八面来风而且不影响它去挑选物色国家队队员，并周期地作配合练习。巴乔细腻球技的出现正是意大利沐浴南美球风的产物。西德是与意大利最近的足球大国，因而球星在外也未影响它选人组队切磋练兵。同时意德两队较少受到小世界杯的干扰还在于一方面，他们的球星巴雷西、维亚利、斯基拉奇、马特乌斯、克林斯曼，在小世界杯赛上不是最顶尖的人，不是众矢之的，身心的压力创伤都小一些。而另一方面，意德两国兵多将广，球队不像荷兰、阿根廷那样把重心完全押在几位大明星身上。

如上所述，意大利的观众以其最大的热忱及其导致的巨额票房价值，吸引了全球的巨星，带给世人一个炫目的小世界杯，但它同时也干扰了巴西、荷兰、阿根廷这些明星产出国的及时组队，并因频繁的赛事摧毁了这些巨星的最佳竞技状态。这是本届杯赛的最大遗憾。

据悉，国际足联已拟定规章，每届大赛前 60 天，任何俱乐部不得以任何理由阻碍球星归国。这实在是亿万球迷的福音。本届杯赛上巨星们为我们留下的遗憾只好写入历史，让我们期待着美利坚的盛会更美满。

俱乐部与国家队——相生还是相克

世间的道理是复杂错综的，小小足球也不例外。我们上面说到俱乐部的大赛演至极端，干扰了一些国家及时组建国家队，因而影响了杯赛的水准。那么是不是走到另一极端——常设国家队就最为理想了呢？令人遗憾的是我们看到本届杯赛的四强中没有一支不是临时组建的，甚至二十四强的各自国家中绝大多数不常设国家队。

乍一看，人们似乎觉得国家队囊括了精英，日月操练，加以不断吐故纳新，必能练就成一个国家的最强阵容，克敌制胜。但实际上俱乐部及其联赛的制度造就的是一个国家足球的土壤、氛围、磁场和摇篮。有了它才有球星的不断涌现，没了它国家队将成无源之水、无本之木。常设国家队将极大地打击俱乐部制，而俱乐部制健全的国家从根本上不会允许抽调各队尖子常设国家队。

主张常设国家队的理由中最有力的一条应属强调“配合之默契”。但我们看到本届杯赛上，国家队组建时间最久的苏联队的配合恰恰是刻板的、缺乏创造力的，西德、意大利的国家队均非常设，其配合却显然更具活力。巴西、阿根廷显然吃了组队时间过短的亏，但其配合决不逊色于苏队。究其根源，笔者以为，配合的质量不仅在于共同练习比赛的时间长短，而更在于每个队员的“配合能力”。一个曾在很多球队中与很多球员配合过的人的“配合能力”必然远远超越只在一个球队与少数球员配合过的人。前者懂得创造性的配合，懂得相互调动伙伴的潜能；后者只懂得刻板的配合，他没有见过更多的配合，他没有想象力，他是井底之蛙。世界杯赛上的一流球星成为职业球员后（不算青少年时）至少在三个球队中踢过球：本国某俱乐部、国外某俱乐部、国家队。因国外俱乐部队球员流动性大，他在每队中都大约与近 30 人合作过，共计与近百人合作过。

据说，马特乌斯曾在七个球队中踢过球，与之配合过的人将近二百。他的“配合能力”怎么能不高于终生只在某一队中效力的人。而这种丰富的配合经验恰恰是常设国家队所不能提供的。

在这一点上足球其实不过是社会生活的投影。在西方社会求学、求职时都要由推荐人评价被推荐者的各种能力，其中重要一条是“合作能力”。而在我们国家任用人员时大约只问业务能力。流动的西方社会更重视合作的质量。静止固定的东方社会反倒轻视了合作，他们以为固守在一起就有了默契的合作，因而狭隘地看待着合作。这番辩证关系是发人深省的。

俱乐部（及地方队）足球的繁荣，是一个国家足球繁荣的基础，也是它得以组建起一支强大国家队的保障。相反，常设国家队会冲击俱乐部（及地方队），影响社会足球的繁荣。但上节我们还说到俱乐部赛演至极端会干扰及时组建国家队，破坏明星的竞技状态，那么在世界杯赛之前多长时间组建国家队是最佳选择呢？——既不影响俱乐部的积极性，又保证国家队的默契配合。笔者以为，一个季度的时间足够了。只有蹩脚的指挥者才希望队员上场像是演员上台念出背好的台词一样重复出操练过的套路。而天才的指挥者只满足于在练习中为他的球员打下配合的基础，把更多的即兴发挥的余地留给比赛，这样球员才有更充沛的创造激情。这也正是人们更喜爱克鲁伊夫、马拉多纳，意大利联赛上的古力特、巴斯滕的原因。他们献给观众的不是演习过千遍的套路，而是才华、天分、伟大的即兴发挥。即使他们输了，人们仍然称颂他们，是他们伟大的表演使人们狂热无悔地扑向绿茵场。

以上写于 1990 年 8 月

美利坚世界杯断想

大赛概观

历时31个日夜，经过52场大赛，消磨了80个时辰，令亿万球迷魂不守舍、朝夕相随的美利坚世界杯大赛，在空前的决赛120分钟零比零后，天遂人愿命运终于光顾24年慷慨悲歌一无所获的艺术大师巴西人后，骤然落幕。大赛已走入书册与心灵的双重历史中了。它留下的是大战后突然的沉寂，是不尽的回味、诱人的思索和永恒的记忆。

近 20 余年的商业化大潮将每一场世界大赛变成了一个可以生财的聚宝盆，因而体育大赛的规模届届升级，扶摇直上。而世界第一大赛与世界第一强国难得一遇，更使大赛在规模上无与伦比。52场比赛转战九大城市。其中芝加哥（开幕式城市）、纽约、华盛顿、旧金山、波士顿、洛杉矶（决赛城市），均为世界级都市。能有此壮举的只有美利坚。52场比赛共有现场观众3567415人，平均每场6.8万人，决赛9.4万人（上届52场观众共251万，平均每场4.8万）。只有美利坚有如此多巨型的场地，故只有美利坚能有此盛况。

虽然美利坚与足球素昧平生，但此次大赛热情投入，令人称道。且因美国人嗜好体育，热情而不疯狂，故此次大赛是世界杯历史上最平安无事的一次。倒是美利坚之外凶杀加狂欢致使多人丧生。此一对照，颇有意味，令人深思。

本届大赛 52 场比赛进球总数 141 个（不算 120 分钟之外的点球），平均每场 2.71 个，远高于上届共 115 个，平均每场 2.21 个。这说明国际足联努力运用规则杠杆，推动攻势增加进球的初衷已获丰收。本届杯赛正挽防守足球之颓势，尼日利亚 4:0 狂胜保加利亚，萨连科一人连下五城之壮举令人何等振奋。只要继续改革（如推行脚踢代替手发界外球），贝利—加林查时代之赏心悦目的艺术可望回归。而本届决赛令人震惊的 0:0 相信会加速点球决胜负的改革。命运已经决定了很多，应该在游戏中约束它。

星移斗转

球星的光彩永远是大赛魅力的核心，球星的发挥也就永远是大赛精彩与否的标志。概括起来，本届杯赛可称闪耀过 10 位球星。容一一道来。

杯赛落幕，盖棺定论，罗马里奥被评为第一号球星。他是名副其实的“禁区之王”。他能在小空间中玩出大把戏。在禁区外他本领不大，既不长于中场组织，也无长途奔袭的体能。但禁区要地，本领出众也就够了。他出脚极快，隐蔽性好，脚能击球部位甚多，在这一点上，几乎仅逊色马拉多纳一人。本届大赛罗马里奥前 6 场比赛场场有上乘发挥，然而使他减色的是决赛中毫无建树。第十届世界杯是贝肯鲍尔—克鲁伊夫的时代，十一届的明星是肯佩斯，十二届罗西，十三届马拉多纳，十四届马特乌斯。与这些历史上的杯赛之王相比，罗马里奥在才华上逊色于克鲁伊夫，在领军上没有贝肯鲍尔的本领，在技艺上让位于马拉多纳，在疯狂上不敌肯佩斯，在运气上死活赶不上罗西。在上五届的明星中他只能压住上届的那个平庸的德国人马特乌斯。年龄 28 岁的罗马里奥不会有下一届的光辉了，他本来可能在足球上写下光彩的一笔，可惜在决赛中他没有入戏。

二号球星是巴乔。巴乔有点难琢磨。去年他被评为世界足球先生。我心中曾暗自不平。他有什么业绩？没拿过世界杯、丰田杯、欧洲杯冠军，甚至在意大利联赛上都拿不到冠军。但巴乔确实有实力，自第四场比赛开始，在巨大的压力下，他能有如此上乘的发挥，且一个球比一个球进得好。他没有罗西的运气和灵感，但技艺高过罗西。他几乎是意大利近二十年来最好的球员。但意大利毕竟只是意大利。

三号球星贝贝托是可以谱写神话的人。他瘦小枯干，却蕴藏着无穷的活力，他 30 岁了却像孩子一样矫健活泼充满童心。他晃过荷兰的后卫与守门员将球打入空门的表演是本届大赛的第一精彩进球，并将永远写入世界杯的入球谱系中。

第四号球星是斯托伊奇科夫。他以七个进球高居榜首。但他在本届杯赛中最大的业绩是以一个高高飘起后急速下沉的任意球阻挡住日耳曼战车。斯托伊奇科夫不是小人得志的暴发户。在上届杯赛他已令专家瞩目。以后他浪迹欧洲球坛，他的球风给人一种久经沧桑的老辣之感。如果说他与斯基拉奇同属硬汉的话，他的实力更强，他是货真价实的一流球星。

第五号球星是哈吉。哈吉是小马拉多纳。当本届比赛失去了马拉多纳之后，哈吉，只有哈吉，能够显出一个中场统帅的姿态。哈吉是全才，能传、能射、能防守、能罚任意球。哈吉与斯托伊奇科夫一道显示出斯拉夫人的体育才华。并且他们并不处在一个一流强队中，没有别人造就他们，几乎就是他们造就了一支强队。他们的风格显示出没有沦入模式化的清新。

第六号是达林。这位瑞典射手是本届射手中体能最强，也最为骁勇的。他身高 1.85 米，冲刺能力好，能射善顶。号称金色轰炸机的克林斯曼其实没有达林更具威胁。在力量型的射手中王者是古力特，本届有耶基尼，可惜古力特本届缺席，而耶基尼 30 岁高龄，跑动不如达林。

第七号是博格坎普。尼德兰是一个神奇的盛产足球天才的国度。人口才 1500 万，却接连产生克鲁伊夫、伦森布林克、古力特、巴斯滕、里杰卡尔德，一代又一代超级明星。在这种氛围下产生博格坎普不是怪事。博格坎普出道甚早，在上届欧洲杯赛他居然在三剑客的光芒下崛起。然而他的问题是能否跨越一流球星到超一流球星间的这段距离。

第八号球星是尼日利亚的耶基尼。足球队内部的资金问题、团结问题，以及意大利惊人的运气阻挡了这支非洲球队的步伐。不然耶基尼将令世界震惊的。他的体能、意识、在欧洲踢球的经验，都使他卓然高超于当年的米拉。可惜我们在下届杯赛上难得见到耶基尼了，因为那时他 34 岁。但别忘了他曾以 4:0 击败本届第四名保加利亚。

第九名球星是萨连科。进一个球可以是运气，进两个球也可以是运气。而一场进五个绝不仅仅是运气。俄罗斯那场比赛的对手喀麦隆如果获胜即可出线，因此绝无让球、松懈的道理。虽然本届杯赛萨连科匆匆地走了，但我们说四年后再见，萨连科。

萨连科今年 24 岁，博格坎普 24 岁，达林 25 岁，在下届杯赛上他们将与拉杜乔尤（24 岁）、阿斯普里拉（25 岁），再度聚首。而罗马里奥（28 岁）、贝贝托（30 岁）、斯托伊奇科夫（28 岁）、哈吉（29 岁）都将廉颇老矣。巴乔今年 27 岁，下届亦入金色的黄昏了。

读者诸君会说，十个球星才点了九个。对，这最后一位在本届杯赛中只惊鸿一瞥，但他永远是不可企及的。这就是马拉多纳。

悲剧、不幸与佳作

本届杯赛第一悲剧就是马拉多纳走了，他永远走了。带着几脚妙传、一记入球和浑身绝技，这位不世之才走了。我希望国际足联再不要说宽大马拉多纳，那将显得虚伪，因为老马不会再回来了。对一个天才的不解情结使我们不忍，也无法在一个时刻、一篇文章里兼谈法律的公正与天才的悲剧。因此这里我们只说，对马拉多纳的处置是残酷的。马拉多纳是个坏孩子，不是坏人，他永远也不懂得这个貌似文明的世界。第二个悲剧是埃斯科巴，它使我们黯然神伤，为什么社会上的邪恶连一个游戏场也不放过。

阿根廷队的悲剧与马拉多纳同在。如果不发生这一悲剧，即使马拉多纳没来，这个队也有极强实力的。而另外两支悲剧球队是俄罗斯与尼日利亚。俄国人与非洲人一向是最高的体育天才。愿前者早日走出低谷，愿后者在绿茵世界发挥出他的潜能。

本届杯赛最美妙的一场比赛是巴西对荷兰，其次的一场是阿根廷对罗马尼亚。虽然它不是决赛，但它将永远刻写在球迷们的心碑上。

《中国农民》1994 年 9 月

法兰西世界杯断想

起动吧，球儿

圆，是简单的，也是神秘的。沿着圆周可以永远走下去，没有固定的起点和终端。有了圆，也就有了轮——车轮、纺轮、齿轮、涡轮。轮，或者说圆，把人类推上了文明的历程。

球是圆的极致。球的任意一个剖面都是圆。球只有一个点触接着地面。它可以向着任意一个方向滚动和飞奔，行止不定，去向莫测。

球的不可思议的灵性，使得游戏的王国选中了它：玻璃球、乒乓球、网球、台球、曲棍球、排球、篮球、保龄球。两脚比双手笨拙。当精美融于拙朴之时，将是艺术的高峰。让笨拙的脚去驾驭和驱策最不驯服的球，便是游戏王国中最大的挑战。

脚所玩耍的球一定就是足球了。如是，足球的历史久远得没有尽头。19 世纪初叶，在英格兰著名学府牛津大学的草坪上，足球渐次具备了它的现代的规则，并渐渐地滚向欧陆。1908 年它进入了奥运会。1930 年它有了自己独立的国际性盛会——世界杯。

一晃十五届世界杯已是前尘。岁月悠忽，今夕何年。从嘈杂的俗务中睁开醉眼，世纪末的最后一次绿茵盛会竟在面前了。

比我们愚钝些的动物，四年一次被这游戏打扰，困惑它是什么。比我们智慧的外星生物，眺望我们足下的玩意儿，嬉笑：“玩得不错。”至于我们，人类中的芸芸众生，将毫无选择地被吸引，被牵挂，哭着笑着，叫着跳着，度过那疯狂和疲惫的 34 天，不舍昼夜。

没了马拉多纳

本届杯赛与以往的杯赛将有若干不同。我以为其中一大不同是没了马拉多纳。自 1982 年至 1994 年整整四届世界杯都笼罩在马拉多纳的光环下。1982 年这位大名鼎鼎的天才少年初涉疆场，折戟沉沙，但其球技已令世界震惊。1986 年天遂人愿，终成盟主。1990 年出场便屡遭杀伤，而蹒跚中的一记妙传竟击碎桑巴之梦，挟超人的意志又令东道主出局。1994 年他只惊鸿一瞥，却仍显示着他的不可企及。

本届杯赛锣鼓未鸣，明星竟已纷纷出局：罗马里奥，加斯科因，等等。不错，罗马里奥腿伤了，加斯科因发福了。但想当初，马拉多纳就是脚脖子肿成馒头，腰围胖成小水缸，也照样是阿根廷队不容商量的台柱。我们在为罗马里奥与加斯科因黯然神伤之际，不得不说，他们毕竟不是马拉多纳，他们尚未在世界足坛与本国球队获得那种近乎“法定”的地位。

还有一位无伤无病却无缘出席本届杯赛的优秀球员，他便是佐拉。佐拉因当年在那不勒斯队陪伴马拉多纳多年，深受马氏球技的熏陶，是当今世界上几乎唯一的与马拉多纳风格酷肖（虽稍逊一筹）的球员。他的本领无疑在末路英雄巴乔之上。据说在今天的世界上若论“关系学”之深厚，能与中国匹敌的大国当算意大利了。又听说，巴乔是凭借他在国脚中人缘极佳，无数国脚为之求情而入选的。于是马拉多纳的余韵和他的传人均不会出现在本届杯赛了。这是球迷们的不幸，意大利队也极可能为此付出代价。

本届杯赛上会不会有马拉多纳这样的风格和水准的球员呢？所

有的老将们在全盛期尚且不能望马拉多纳之项背，更遑论其衰年了。新生代呢？其佼佼者罗纳尔多和皮耶罗似乎只能摧城拔寨，不善穿针引线；还只是专家，不是全才。

但毕竟江山代有才人出，毕竟杯赛是崭露头角的最大的舞台。我们希望又一个马拉多纳这样的不世之才尽快问世。在现实生活中人们已厌倦伟人，但在游戏的世界中却如此企盼英雄。不过我们却不敢奢望他就诞生在本届杯赛。

且拭目以待。

六点小预测

笔者从不预测谁是冠军及某一场球的胜负。不是不能预测——说错了既不罚款又不上税，而是觉得这种预测大而无当，并没有什么意思，相反有很多小的预测更有趣且能给人启发。因此避大就小，预测如下。

第一，功利主义笼罩着今日世界的一切领域，足球也不能幸免，因此本届杯赛中盛行的仍旧是功利足球——轻艺术重胜负。强队与强队的比赛尤其贯穿这一哲学，因此大多乏味。而强队与弱队的比赛，因弱队豁出来了，强队也松弛了一点，所以反倒更有生气、趣味和艺术性。

第二，非洲队参加的比赛大多有趣，因为非洲人重表现，轻胜负，受功利思想影响最小；并且非洲人动作较少模式化，更自然、即兴，富于创意和多样性。虽然非洲队不像欧亚球队那样功利，但非洲人身体条件优越，非洲球队进步长足，笔者预测会有一支非洲球队打入四强。

第三，第一轮中最拼命的将是亚洲球队，因为他们不必有保留，能进十六强就是最大胜利，就完成了任务。尽管如此，因实力有限，笔者预测仅有一支亚洲球队能够进入十六强。

第四，本届杯赛上很多老将——贝贝托、斯托伊奇科夫、哈吉、马特乌斯、克林斯曼——的精彩表现，将再次向人们证明运动生命的有效延长。不错，一位年龄超过32岁的球员很难保持超一流球星的水准，但他完全可能在世界杯赛的强队中称职地占据主力队员的位置。这对国内球员将是重要的启示。

第五，本届杯赛上裁判出示红牌之多将创纪录。因此，十人对十一人的比赛在本届杯赛上将成家常便饭。

第六，本届杯赛上围绕错判的争论将空前激烈。越位与点球将是争论的焦点。将有一位以上裁判因被证实错判，而受到国际足联的处罚，提前打道回府。围绕误判的争论将持续下去，直接导致比赛规则和裁判手段改革的大讨论。这是社会行动透明度的增加与社会公正需求的高涨之大势所趋。而本届杯赛极可能成为促进公正的历史转折点。

你看我看，考生别看

从中国球迷的利益出发，我希望更多的世界杯在亚洲和美洲举办。但希望不等于现实，由于欧洲足球与经济的强大，他们必然会争得更多次主办权。欧洲一主办，中国球迷就只好点灯熬油，从上半夜看到下半夜。不看或少看成么？一位70多岁老人拒绝儿女的劝告，说：“我这辈子还能看几次啊？”这是万千球迷盛大的节日，所以最好随他们的便，这疯劲不过去他们是不罢休不消停的。

但是晚上看球，白天还要上班、打工，岂能蜡烛两头着。我给您出几招。第一，见缝插针，得空就打个盹。中午在班上争取打一个小时的盹。不能坚守每一场，就加强选择性，以场次质量而不是时间方便为标准。所以一定预备个闹钟，得歇就歇，该看就看。第二，您得预备些提神的东西，不然是长夜难守的，比如瓜子、口香糖、白薯干、啤酒、饮料，既可以拉开睡眼，又增加了看球的乐子。

节日来了该闹腾的都得闹腾起来，但也有例外。我力主，愿看的都看，但考生别看，考大学和考高中的都别看。为什么？因为一个月与一辈子是不能相比的。看上几天球，一时开了心，能上榜的落了榜，能考上清华的变成了师范，因小失大，且无可挽回。你看球的日子长着呢，你一生中很可能只有这届杯赛不能看，以后永远是绿灯。今年考高中的，下届看球不成问题，那时你可能是大学一年级学生。今年考大学的，上届没耽误看球，只此一遭不能看。一个人一生中如果一次牺牲都做不出，他几乎注定一事无成。不看就干脆一场也不看，干脆在这个月内与电视和报刊绝缘，免得欲罢不能，心猿意马，身在曹营心在汉。我反对禁欲主义，但我力主，每个人在青春期有一小段禁欲期，远离美食和异性。这是对意志力的极大锻炼。毫无自控力的人必是稀泥软蛋。考生本人不看，考生的家庭也就不能再看，不然就太残酷了。

考生们其实是“有期徒刑”。考高中六月下旬结束，到时就可以大看特看。考大学的则有最后两场决赛留给你们。考生中的一流球迷可以托付家人、亲友买好报纸，录好球赛录像，先藏起来，考试结束后挽回损失，看个天昏地暗。

怪诞的仪式

这开幕式的表演实在不敢恭维。我不明白法国人为什么不在全世界面前展示自己的传统：敲起高卢勇士的战鼓，穿上查理曼大帝时代骑士的戎装。偏偏要拿出现代的玩意。绝大多数举办者在开幕式上都要拿出自己传统和民间的文化。为什么？因为那是千余年的积淀，自然胜过几个月的炮制。法国人偏要追求现代，于是搞出了滑稽、怪诞、苍白、乏味的一幕。开幕式显得如此无文化，无传统。中央台的解说员说："开幕式充分显示了法国人的想象力。"我以为，充分显示了法国人的无想象力。尤其令一流球迷吃惊的是，竟在堂堂开幕式上用屏幕播放历届世界杯决赛，这不是在搞足球普及教育么？这既暴露了法国缺少足球传统，又显示出文化上一向高傲的法国人竟已拿不出像样的东西献给世界。

广告商胜利了没有

大会的会歌历来是开幕式的点睛之笔。而我们的电视台却以剃刀、电器、饮料、酒类的广告占据了开幕式的一个段落，刚好使观众无缘听到那歌曲。难怪，人人都要搭世界杯的便车。电视台更有理由：没有广告收入，拿什么去买转播权。这实在是两难，是无奈，是理所当然。于是我们只好心安理得地听凭商人们用他们的广告阉割掉一场盛会的中心，一颗王冠上的明珠。西方学者说，商人已成为这个星球上意识形态的盟主了，可信斯言不谬。其实这种事情也是见多不怪了。我只想传递一个信息。泰森和霍利菲尔德拳击比赛后，我听到不止一个朋友愤怒地说，他要动员他的所有亲朋抵制那种饮料。因为它的广告太烦人了。

巴西人打开锣戏

人们说，世界杯首场比赛常常是平局。我说，那是因为巴西队没来。只要巴西队拿了冠军，下一届自然是他们打第一场。只要巴西队打首场就难成平局。因为巴西队喜欢进攻，因为巴西队善于进攻。虽然在弥漫于全世界的功利哲学的侵蚀下，巴西队也不敢像昔日一样执著于艺术足球，但他们毕竟是桑巴舞的传人，是贝利和加林查的传人。而苏格兰的硬汉极其珍重自己的荣誉，于是我们看到了一场赏心悦目的对攻。巴西队太强了，所以虽有小挫折还是赢了。其实对一支企图夺冠的队伍，一帆风顺没有好处。道理很简单：胜七场的概率很小；胜六和一，胜六负一，概率都大多了。而和与负绝不可出现在后面。世上的事情都是这样。所以才有了无数俗话：先胖不算胖，行百里者半九十。赛事还长。

过年看邻居

上届世界杯决赛前，同几个学者、作家在中央电视台侃球。主持人问大家看球时注意什么。刘心武先生说，他特别爱看转播镜头中的观众席，看观众的衣着、举止。我发现我也越来越爱看足球场外的东西。感谢中央电视台不仅让我们看到了更多的比赛，也让我们全面地看到了这个球迷的节日，看到了球迷们是如何过节。实在是让人开眼，让人感到世界真大、世界真奇妙。

中国已经走进世界。我们的球迷也在过节，但是方式如此不同。至少还没有很多普通的中国球迷来到本次节日的中心地——巴黎。第一，可能是因为我们还没有那么富有。第二，也可能是更实质的原因，中国没有获得参赛权。但我想，这些迟早会实现的，将来中国的普通百姓也会到国外旅行，中国的足球也会有冲出亚洲的那一天。不妨假设今天中国的球迷来到巴黎，他们会与国外的球迷有什么差别呢？我想，我们的衣着大概没有人家有特点。记得在美国留学时过万圣节，其他国家的留学生问我们为什么不穿上自己的民族服装，中国同学无言以对。在世界杯赛场上，中国球迷有自己的民族服装么？看到苏格兰球迷（男士）穿着裙子，头上插着羽毛，腰间系着兽皮的荷包，真让人羡慕他们所拥有的不雷同于任何民族的特色。这大概是第一个差别。第二个差别其实是服装的继续，即国外的球迷特别喜欢使用“形体语言”，比如在脸上画上自己的国旗，获胜后跳起民族舞蹈。因种种原因，长期以来中国人变得含蓄，已经忘记了使用形体语言。或许只有在这样疯狂的节日，我们才忽然感到这也应该算是一种短缺——我们在表达兴奋时如此缺少手段。第三，或许也是最重要的，我们还没有完全把世界杯当成节日，把足球当成游戏。不错，那也是国家的荣誉，但绝不是什么了不得的荣誉。那首先是乐子，其后还是乐子，是自己的乐子，是大家的乐子，是全世界的乐子。寻找乐子永远要比战争、比工作、比赚钱、比狭隘的民族主义，都有趣和可爱得多。

有句俗话，傻子过年看邻居。其实真正的傻子未必看，聪明人倒应该看看，看看人家的娱乐方式和生活方式，择其善者而从之嘛。

印第安传人

从智利的著名歌曲《红色的戈比叶》中我知道印第安人曾在智利战斗。但我没有很丰富的人文地理知识，不知道智利人口中是不是有很多印第安人的后裔。看到萨莫拉诺和萨拉斯后，我几乎断定，他们是印第安人的后代。黑人与印第安人的动作是欧亚人不能企及的。欧亚人的动作过于僵硬和模式化。前者则是随意、即兴和高度自然的。“双萨”即是证明。

波查图该回家了

意大利对智利的比赛无疑是裁判帮了意大利忙。任何一个业余爱好者都能立即判断，那个球是被动手球，不可以判点球的，但裁判就是这么判了。我曾预言，本届杯赛上将有不止一位裁判因严重误判提前打道回府。我觉得本场裁判波查图应该回家了。

色彩的魅力

喀麦隆队的队服真是好看——鲜红碧绿衬托着黝黑的皮肤。看着他们在绿茵场上奔跑，我好像觉得这不是人间，人间哪有这样鲜艳的颜色，哪有这样鲜艳的人。我觉得他们就是西游记里龙王水晶宫中的巡海夜叉。请注意，我绝无贬义，我从来都觉得那夜叉要比凡人美丽得多。其实参加世界杯的每个队的颜色都好看极了。观看世界杯，宛若置身在万紫千红的世界，这世界几乎已经不属于日常的都市。人们有一千个理由喜欢世界杯，世界杯美妙的色彩也应该是其中一个。

百红千绿是大自然的天赋，自然的启示公平地作用于每个民族、每个人。我就不明白，为什么我们自己的联赛的色彩总是惨不忍睹。体育是国家的面子，足球俱乐部是公司的面子，服装是球队的面子。在今天这样一个如此重视面子的时代，足球俱乐部应该请美术大师为他们设计服装，特别是服装的色彩。要让观众“赏心”，必须球技精湛，那不太容易。而要“悦目”，关键是色彩，这一点儿都不难，何乐而不为呢？

保加利亚的启示

从对巴拉圭的比赛看，保加利亚队不可能续写上届的辉煌：打败德国，晋身四强。遭遇西班牙和尼日利亚都将是极其艰难的，也就是说小组出线的前景是暗淡的。战将依旧在，无奈马齿增——老化是该队一眼即可看到的问题。而老化下面的一系列问题——为什么补充不到新血，为什么老将能保持对新人的优势，该国足球体制之结构——才是关键，并值得中国足球界反省和借鉴。为保加利亚夺得上届第四名的球员们四年来统统在国外著名俱乐部效力。国内联赛因失去了自己的一流球员而水准下跌，低水准的联赛难以培育和产生优秀的新人。一切都是有代价的。国外俱乐部曾经锻炼了保加利亚的球星，反过来，它也削弱了保加利亚国内的联赛。中国目前还处在渴望将自己的优秀球员送到国外的阶段。随着中国球员水平的提高，有一天，可能国内球星会大面积外流。收获是无疑的，但保加利亚的得失也是耐人寻味的。

冈波斯——换算的尺码

冈波斯在世界杯上的表现对中国足球界和球迷们具有感情和理性双重意义。在理性的意义上，冈波斯构成了一种换算的尺码。从中国优秀球员与冈波斯的差距，到冈波斯与世界级球员的差距，我们可以间接地了解中国球员与世界级球员的差距。这种真正大赛中的间接的换算要比以往友谊比赛中的直接对比更可信。冈波斯未有建树，说明了中国球员即使来到了世界杯，打进一个球都将是艰难的。

沙特的风格

沙特队 0∶1 惜败于丹麦，但他们输球不输人。在身材与体能上，他们远远逊色于丹麦，但他们靠着秀丽的脚法、细腻的球技和流畅的传接，同丹麦长时间周旋，毫无惧色，甚至衬照出丹麦人技术的粗糙。沙特虽败犹荣。

这一人口稀少、体质无优势的小国，能够长期占据着世界杯的一席位置，在于他们以难得的定力，坚守自己的风格，绝不朝三暮四，朝秦暮楚，即使在人高马大的强人前也不怀疑技术足球的潜力。

百川归海，每一种风格都有自身的优势，关键在于要坚守一种风格。心诚则灵，心诚和坚守才能彻悟一种风格的全部潜力和奥妙。相反，早晨是桑巴舞的崇拜者，中午追慕日耳曼人的纪律与法度，晚上又心仪英吉利的彪悍雄强，如此神不守舍，必定一事无成。

尼日利亚对世界的奉献

说是“对世界的奉献”，自然已经超越了“对世界杯的贡献”。所以这么说，在于我认为，不仅尼日利亚对西班牙这场比赛极其精彩，为本届世界杯作出了贡献，而且从这场比赛可以看出，尼日利亚的足球已经不是某一场比赛的出色发挥，而是大手笔、大气候、大面积人才的产生，一种伟大风格的形成。他们的球技已经超越了诸侯，直逼王者巴西，这是世界足球的骄傲，这是亿万球迷的福音。

这场比赛之前，无数预言家预测西班牙将击败尼日利亚，其根据是尼日利亚在热身赛中战绩不佳。这种常规性判断是如此的不适合尼日利亚，以及其他黑人球队。黑人球员对待热身赛，以至对待练习，都远没有白种人、黄种人那样重视。甚至可以说，黑人球员对输赢远没有白种人、黄种人那么重视。在这些表象的深层，还有更大的差距，黑人的球队似乎缺少凝聚力，他们在踢球时似乎不像白种人、黄种人那样执著地承担着民族主义、爱国主义等功利目标。当这些目标之负荷减轻的时候，表演就成了最自然的、最重要的目标。于是你会看到他们踢得如此潇洒和从容，这差距在球技，在身体，更在心灵。

黑种人身体的潜力深不可测，无与伦比。与此同时，他们不屈从于任何刻板的训练模式，因此他们的动作具有极大的任意、即兴、震撼力和不确定性。

我这样称赞尼日利亚队，不是说我预言他们将夺取冠亚军。如果尼日利亚获得冠军，我并不惊奇，但同时，如果尼日利亚没有进入八强，甚至没有小组出线，我仍不惊奇。缺少功利目标是他们的优势，因此他们的比赛富于表演性和观赏性；但同时这枚硬币也有它的负面，他们因此过于轻率，忽视纪律性，过于将比赛看成游戏而非战斗。没有人能预言尼日利亚队在本届杯赛上能走多远，因为没有一支球队有把握打败他们，但是他们却极可能因为缺乏团结，缺乏斗志，缺乏纪律性，缺乏认真制定和严格执行的战术，而自己打败自己。

但这正是他们奉献给世界的。在这个功利滔滔的世界上，尼日利亚人的轻松与即兴，潇洒与奔放，游戏心和表演欲，已成稀缺。他们的伟大表演是对这种可贵精神的最好的赞颂和证明。

完负，小负和大负

日本队虽然 0∶1 输给阿根廷，但综观全局，应该说他们为这场比赛制定的战略和战术是现实和明智的。

日本队需要作出的第一个选择是，踢好看的球还是踢实惠的球。显然，日本队没有踢好看的足球的本钱。日本队不是尼日利亚队，它如果坚持踢好看的足球，坚持对攻，比赛结果多半很不“好看”；而一次次被对方洞穿球门，必将影响球员心理，使他们方寸大乱，过程也不会好看。

棋类和球类中有一句行话“完胜”，指一个人或一个队在从头到尾占据优势中获胜。反过来说，这种情形对败的一方可以叫“完负”了。与实力大大高于自己的球队交锋，“完负”的可能很大。拒绝“完负”，破釜沉舟，虽也有一线胜机，但败下来必是大比分。相反，采取保守主义的打法，就是不要砸锅卖铁，以防守为主，宁可“完负”，也不能大比分败阵。如果是淘汰赛，可以采取破釜沉舟的打法，反正输多输少一个样；如果是小组赛，则须审时度势。

组内情况如何呢？论实力，阿根廷第一，克罗地亚第二，日本和牙买加接近。要想小组出线，最少也要拿四分，即胜一场，平一场，负一场。在这一小组中，比较现实的战略选择就是，力克牙买加，逼平克罗地亚。但要出线，这还不够。这样很可能与克罗地亚积分相等，如是，就要算净胜球。若要净胜球超出，就须大胜牙买加，并且小负阿根廷。

如此分析后，即可看出，日本队对阿根廷一战，输了不要紧，甚至输球属意料之中，但绝不能大输。一旦过分追求胜利，大比分失败的可能性就将激增。日本队整场都是贯穿这一逻辑。这一选择是明智的：仅丢失一球，为以后的战斗留下了不错的基础。关键是下一战能否如愿以偿逼平克罗地亚。亚洲兄弟的实力决定了他们必须靠算计制胜，愿他们：愚者千虑，必有一得。

为亚洲兄弟预卜前途

小组赛第一轮战罢，亚洲四兄弟盘盘皆输。虽然输得不同：伊朗队输得体面，日本队输得明智，沙特队输得无奈，韩国队输得悲哀；但毕竟是孔夫子搬家——都是输（书）。

第一轮已成定论，覆水难收，只好筹划二、三轮了。在二、三轮开战之前，且为亚洲兄弟们把把脉。

日本队形势正常，比起亚洲其他三位难兄难弟，也可以说形势最好。输给了小组中的种子队阿根廷的这场球，实际上早在日本赛前的预算当中。这丝毫不改变日本最初的战略：胜一场，平一场，负一场。对阿根廷输得不多，日后算净胜球不会吃亏。也就是说日本队还没输掉不该输的球。真正关系命运的战斗还未开始。其如意算盘仍然是：第二场平克罗地亚，第三场力克牙买加。

韩国队形势最糟，输给了小组中实力居于第三的墨西哥，只好在二、三场比赛中鱼死网破，“硬磕”荷兰与比利时。“屋漏偏逢连夜雨”，不幸之中又遭不幸的是，上一轮荷兰偏偏与比利时战平。这样荷兰与比利时为了自身的利益，以后既不能输球，也不能平球。对手的实力与形势加在一起，可以说韩国队出局的命运大体已注定。韩国队只剩下一招：死马当作活马医。东道国法国队，就是老虎想打个盹，狂热的观众们都不会允许。南非队首次进入世界大家庭，且声誉颇高，不想遭遇战让东道国打了三闷棍，就是不为出线，也要为自己的荣誉和“球籍”战斗。所以沙特队实际上也出了局。

伊朗队的形势在亚洲兄弟中比上不足比下有余。第一场与南斯拉夫场面上几乎是五五球。第二场与宿敌美国冤家路窄，必会碰撞得火花四溅。这将是一场不用动员，“不蒸馒头争口气”的比赛。我认为两队实力相当，战术合理与心态平静是取胜的关键。若能涉险过关，出线还须取决于德国队是否已稳获小组第一，从而保存主力或开始打盹。这概率自然是极小。

我认为，为亚洲捍卫“球籍”的重任已落到日本身上。其他三国在更大程度上只是为名誉而战了。当然运气和奇迹也可能会光照亚细亚。总而言之，我预测，亚洲能有一支球队进入十六强。

小组赛第一轮回首

本届杯赛小组阶段第一轮24场比赛已打完。本届首场比赛比以往精彩，小组第一轮的平均水平也高于过去。万事开头难，因而预见本届杯赛前景看好。为什么本届开了好头？首先，因为国际足联鉴于以往各国联赛对国家队训练的干扰，作出了保证国家队训练时间的规定。第二，作出了制裁粗野动作的规定，保证了优秀球员水准的发挥。第三，足球“发展中国家”的水平大大提高，已对发达国家构成威胁。第一轮比赛中的最佳球队当属尼日利亚队。在我们所熟悉的足球历史中巴西始终是足球艺术中的王者。近十年来禀赋特异的马拉多纳牢牢地占据着世界第一球星的位置，但作为球队整体的魅力，阿根廷威胁不了巴西的地位。德国、英国、意大利不过是靠意志、纪律、力量和计划性来填补他们并不具备的顶尖艺术。几十年来足球艺术世界的格局不曾变化。看到本届杯赛上尼日利亚的表演，我们不得不惊呼，他们在足球艺术境界上已超越诸侯，直逼王者。

这24场比赛中的最佳球星当推智利人萨拉斯。他干净利落地包揽了两只入球。在印第安人及其伟大的行为艺术已被白色人种吞噬掉的今天，我觉得在印第安人曾经战斗过的土地上所推选出的这位足球选手酷似印第安的传人。他独具的球技和面容，使我们必须在以后的每一场比赛中跟随他的身影。

媒体大多认为这24场比赛中最精彩的瞬间，是罗纳尔多左敲右击连过三人的时刻。不错，那些入球的瞬间并没有这一未入球的瞬间更具魅力。但是，还有一个未入球的瞬间要胜过罗纳尔多。那就是尼日利亚34岁的老将耶基尼，在尼日利亚3∶2领先后，全队气势如虹之时，接到队友的传中球，将其1.88米的伟岸身躯跃起、摆平、凌空怒射。那种勇气，那种力量，那种横空出世的气魄，那种不可遏制的表现欲，已经完全超越了功利足球。那绝不是占有欲，不是要占有得分和冠军，而是伟大的表演，是以一个人健美的身躯向着全人类作出伟大的表演。它是人类一切体育的精髓。

本届杯赛第一个被驱逐回家的裁判是执法意大利对智利比赛的尼日利亚人波查图。那显然是一个被动手球，他竟判了点球。巴乔是不是故意踢在对方手上，可能永远搞不清楚，但我不明白大家为什么要恭维巴乔。我在大赛开始前撰文预言："本届杯赛上将有不止一位裁判因严重错判提前打道回府。"我仍然相信自己的预言，并为正义的迅速伸张而欣慰。在观看该场比赛后，我立即撰文指出："这是严重误判，波查图应该回家了。"但在第二天的报纸上看到不止一位评论家盛赞巴乔，并称赞裁判裁决正确。有人说，有高明的美食家，才能有高明的厨子。我想，我们的观众和评论家大约都要提高水平，有他们敏锐的判断和严厉的批评，才会有高明公正的裁判的出世。

樱桃好吃树难栽

当足球主教练肯定是天下第一难。但是这话要由旁观者说，而不是主教练自己说。因为这是你自己求之不得的位置，并且因此名利双收。我们旁观者可以说，主教练确实难干。因为每个观众都认为自己是专家，是最优秀的评论家。从积极的方面看，对主教练施加压力是必要的，若社会其他领域都有足球中的直率批评就好了。但是，另一方面，铺天盖地的评论，绝大多数是在两个极端上跳跃：

或一俊遮百丑，或破鼓万人捶。这对主教练改进工作未必有好处。在这种情绪化的评论下，赢了球问题掩盖住了，输了球孩子和脏水一起泼掉。我觉得对一个好的批评家来说，在观球时，首先要吃透主教练的意图，批评要建立在对其意图理解的基础上。因为世界杯赛没有中国人的事，倒是锻炼中国评论家重视理性摆脱情绪的好机会。

韩国队血战墨西哥，反胜为败，评论家几乎是一棒子打死。我觉得，批评前首先要看懂车范根的战术意图。韩国队以弱战强，车范根未必不知道，胜不了这场球意味着什么——下面的对手是荷兰、比利时——他更清楚。以最高昂的士气，最猛烈的冲击，一上来就将对方打蒙，显然是以弱胜强的不多的战术之一。车范根显然对之操练已久，并且一上来就打出了成效。应该说，开局可圈可点。如果局势正常发展，墨西哥在群狼围抢比分落后下可能乱了方寸的。可惜韩国球员大喜过望，逼抢失了分寸，乐极生悲。车范根肯定想过很多，只是没想到，这么快得手，并这么快被罚。他有其问题，但不在开局，而在于：第一，警告球员适应新规则不够；第二，在经历了超强度训练后，车范根对自己队员的体力过分自信，竟然相信十人可以拖垮十一人，因而坚持原战术，这才大错特错。如果十一人对十一人，我愿意相信韩国队的体力占上风，在比分领先的心理优势下，有可能拖垮对手。历史学是可以假设的，不然就只是僵硬的事实，而不是可以讨论和分析的理论。

球票风波与全球化趋势

球票风波在上层导致了国家间、国际组织间的激烈争吵，在下层演变为假票、黑票大规模流行，这在世界杯历史上是空前的。为什么以前没有的事情现在发生了？从表面看，似乎与举办地相关。上届世界杯在美国举办，这次移到了欧洲，欧洲人对足球的狂热大大高于美国，因此球票供不应求。同时，欧洲比北美之外的其他洲富有，加上路途较近，因此在其他洲举办大约不会有球票风波。这种解释并非没有一点道理，但它仅从空间出发，忘记了时间。仅仅八年前，世界杯同样是在欧洲（1990 年的意大利）举办，却并没有这种问题。我们显然需要考虑，在短短的八年间，世界发生了什么变化。

自 1990 年至今的八年间，每年客运飞机的人公里数，在欧美增长了一倍，在日本增长了两倍，在有些发展中国家增长得更多。在这八年间，世界每年旅游人数增长了 50%，已达 7 亿人次，世界每年旅游收入增长了一倍，已达 5000 亿美元以上。在这些数据后面所发生的，正是社会学家们喋喋不休地论述着的“全球化”趋势。随着航空、卫星、电视、电脑网络、合资公司、外资公司、跨国公司、欧共体——新的交通、交流手段的发展和新的全球经济组织形式的出现，国界不再封闭，世界变得更小，全球日益成为一个整体。球票不过是全球化大潮的一支风标。

法国世界杯组委会和法国政府，拒绝把更多的球票分给外人。不错，在反垄断的新规则建立之前，任何一个国家的政府，如果首先不照顾本国公民的利益，而去关心外国人的利益，把炙手可热的球票拱手送给外国人，那才是怪事。

但全球化的大潮不可阻挡。尽管本国公民在全球化中仍需本国政府保护，但世界历史是各民族合力驱动的，新规则是在冲突和协商中产生的。在一项世界性的活动中，主办国垄断若干权力的历史即将改变。笔者预见，主办国垄断世界杯球票的分配，法兰西将是最后一次。尽管日本因受假票坑害，提出将在下届杯赛惩罚法国，但日本与韩国很可能没有那么幸运，不再能大权独揽。最具可能性的是国际足联在与各国的协商中制定出一种球票额度，主办国遵照这一额度去分配销售。笔者以为，世界杯赛中每一场比赛的理想分配方案是“三分天下”：主办国的观众，参赛两国的观众，其他国家的观众。

下届世界杯赛近水楼台，愿中国足球队和中国观众一同奔赴现场。

纪律，蹴鞠和哥伦比亚队

本届乃至上届世界杯上，我们所看到的风纪和斗志最差的球队就是哥伦比亚队。说一盘散沙不够准确，因该队中确有些闪光而非泥沙类的人物，比如阿斯普里拉和林孔。准确地说，该队是无法整合到一起的一只只孤狼。我喜欢足球中的艺术和个性，讨厌球技不够靠斗志和纪律来弥补。但物极必反，从哥伦比亚队可以看到问题的另一面：一支毫无风纪和斗志的球队，有再好的技术也无济于事。我总是不由自主地从这支球队联想到那个充斥着游侠和毒枭的国家，那里的山川人物蛮有意思，但休想从那里搞出现代社会中的效率。

该队中还有一个我一贯讨厌的球星瓦尔德拉马。我从来没有看见过他飞奔，从来没有看见过他向前场踢出威胁极大的直传。我觉得，他更合适的角色是玩蹴鞠。

普拉蒂尼的偏见与裁判的偏心

对意大利人的足球，我喜欢，但说不上最喜欢。近来，总感到有一种势力在关照世界杯上的意大利队，觉得破坏了公正，乃至恨屋及乌，对意大利队顿生厌恶。第一件事是普拉蒂尼在意大利战胜俄罗斯获得世界杯参赛权后说："我当然希望意大利获胜，因为我不叫普拉诺夫。"不错，法国和意大利是天主教传统，一直实行资本主义，俄国是东正教传统，半个世纪来实行共产主义。但政治、文化与足球有什么相干。特别是普氏已经不是普通人，此话也不是私下说，这就太过分了。第二件事就是本届杯赛上意大利对智利比赛中误判的那个点球。如果这场球意大利输了，在积分上它将面临智利的巨大压力。因为获小组第二，八分之一赛时要迎战巴西。第三件事则是法国对喀麦隆比赛时，裁判处罚过重，将喀麦隆一队员红牌逐出，使法国队占了大便宜。如果这两场比赛均无"关照"，意大利的命运岌岌可危。

普拉蒂尼的问题是使足球屈从于意识形态。而后两者则可能是时下并不少见的对足球强国的献媚。势利是人类的如此普遍的一种劣根性。所以马克思在他的自白中说："我最讨厌的性格是奴颜婢膝。"让我们看看受到关照的意大利队究竟能走多远。

亚洲人的斯大林格勒保卫战

周六和下周一的两场比赛一定要看。那就是日本对克罗地亚，伊朗对美国。伊朗和美国的比赛一定会打出火星。我认为伊朗和美国旗鼓相当，伊朗至少不低于美国。同时两队身体都很强悍，这是硬汉的对话。其实两队出线前景都不看好，这是捍卫荣誉的战斗。日本对克罗地亚比赛的实际意义更大。日本至少要打平，阻击克罗地亚人长驱直入，而后腰斩牙买加，为亚洲拿下十六强的最后一席。可以说，对克罗地亚一战是亚洲人的"斯大林格勒保卫战"。

学学冰球

根据足球规则，累积两张黄牌，停赛一场；红牌立即下场，并酌情停赛一两场。比如，某队员在对A队的比赛中吃了一张黄牌，在对B队的比赛中又吃了一张黄牌，虽然这两场比赛他照踢不误，却要在下一场对C队的比赛中停赛一场；又比如法国球星齐达内在对沙特比赛中吃了一张红牌，当即被罚下场，并将在下一场对丹麦的比赛中停赛。这一规则在公正性上远非完善。齐达内没有对丹麦队犯规，丹麦队凭什么捡便宜？某队员对A队与B队犯规，未付赔偿，C队却凭空得了便宜。这是什么逻辑？细想想，很有点佛教中三世因果的味道，即此生造的孽将在来世中报应。佛教中兼有三世因果和现世报。作为能够帮助社会提供秩序的宗教必须兼备两者。虽然现世报更现实，更能唬住凡人，但若只讲现世报，现世偏偏不报应（现世分明屡屡对恶人不报应），岂不意味着教义虚妄，公理不存？于是还必须板起面孔讲三世因果，吓唬存心作恶的人。但法律不同于宗教。法律绝对讲现世报，要立即兑现。现在国际足联三令五申：严格执法。如此将意味着场上红黄牌的增加，这一增加将增长上述规则中已经存在的不公平：被侵犯和伤害的人没得到充分补偿，未受侵犯的人捡了便宜。规则不是孤立的条款，而是一个系统。要完善规则，必须从上到下，使之配套。我觉得上述黄牌的逻辑是荒诞的。其实完全可以学习冰球，小罚三分钟，大罚五分钟。学习的当然是这一逻辑，惩罚时间应该长些。如果犯规是在比赛将近结束时，罚出场外的时间就不能如数兑现。还可以再补充一个惩罚手段：在比赛的最后20或30分钟，领受黄牌的一方在禁区前被罚一个直接任意球，红牌除了将犯规者罚出场外，还加罚一个直接任意球。

惩罚手段尽可以切磋，重要的是应贯彻当场兑现的原则。

珍视小组赛

入道不深的球迷，在场次太多需要选择时，往往认为小组赛水平不高，进入十六强后再大看特看。

这绝对是不懂世界杯，照此办理会误了很多最好的比赛。小组赛绝不比出线后的淘汰赛差。原因如下。第一，过了这个村就没这个店。因为世界杯参赛队太多——32 支，有些强队在小组中遭遇，以后不会再相遇，很多场次将是只此一回。比如小组赛中的德国对南斯拉夫，美国对伊朗，阿根廷对克罗地亚，荷兰对墨西哥，死亡之组中西班牙、尼日利亚与保加利亚三国相互间的比赛。第二，小组赛初期，因为尚有回旋余地，可望看到一些更精彩的比赛，比如本届杯赛小组赛中的西班牙对尼日利亚。第三，很多人认为，淘汰赛没有退路，所以更激烈；小组赛有回旋余地，所以激烈性不够。不错，设置淘汰赛是为了增加激烈性，但是人们总会充分利用规则的。比如弱队在淘汰赛中仍可能贯彻死守反击的战术，企图逼平对方后靠点球大战取胜——至少有一半机会。甚至强队之间在比赛将近结束时也会放弃进攻谨防失守，准备打延长期，或准备点球大战。而小组赛在先输了一二场后，为了出线会比淘汰赛更拼命，因为平就是输，就是回家，并且没有延长期和点球大战等候你，所以不仅要拼命，而且要抓紧。有时，如果是平局，甚至两队都不能出线。所以说，恰恰是因为规则的原因，小组赛的某些场次，因双方或一方处于绝境求生，其激烈性高过淘汰赛。

千万别漏掉小组赛中那些最精彩、最激烈的比赛。

走出死亡之组

D组争斗之惨烈，冠绝于八个小组。上届世界杯赛的第四名保加利亚队目前在这一区区小组中竟也是第四名，巴拉圭接连逼平保加利亚和西班牙，小组第三轮还有西班牙对保加利亚这一重头戏——都说明了这里是百慕大和罗布泊。

保加利亚0：1败给尼日利亚后，很多记者说，这支球队老了。这话比白开水还要乏味。有哪个一流球迷不知道这一点，不知道上届杯赛的第一射手斯托伊奇科夫已经32岁。但是我们看到了这场比赛，看到了在比赛中他们宝刀不老。斯托伊奇科夫一个人就包办了五六次射门，每一次都是紧逼之下，从容完成，势大力沉，特别是那一记铲射，只要运气稍好一点，就改写战果了。他们这场比赛水平的发挥绝不逊色于西班牙对尼日利亚队的表现。这两支球队在25日凌晨的火并绝对是小组赛中最激烈和残酷的比赛。他们中的一支，甚至两队双双，将在十六强的门外，与法兰西道别，对于他们中的很多人来说，还将是与世界杯永远道别。当然更大的可能性是他们中的一支，浴血杀入十六强，随即昂首挑战东道国法兰西队。

其实组内的劫争还不是这一小组与死亡结伴的全部含义。

尼日利亚从死亡小组中脱颖而出，说明了他们非同寻常的技艺。小组出线后的第一个对手——丹麦或南非，可称一道甜点心，大概算是对他们小组赛非凡战绩的酬劳。接下来，将是令人遗憾的一幕，他们将与巴西相遇。本届杯赛最具艺术性的两支球队，在与金杯还远隔着道道山壑的八强的门槛前，就将两丁择一。我们确实等待着观赏这位最具实力的血气方刚的新人对王者的挑战，却没料定，这番世纪之战几乎近在眼前了。

韩国足球，宁为玉碎

亚洲盟主韩国队0∶5败给荷兰，令众多记者惊呼：想到韩国输球了，但无论如何没想到输这么多。我以为，这是你自己的幼稚，全然不通球经。韩国队这场球不能输：打平还有一线生机，输了则笃定小组出不了线。输了一个球后，韩国人不可能顾全面子小输即安，肯定是破釜沉舟，变本加厉，坚持对攻，输一个也是输，输十个也是输。车范根，他的队伍，多数韩国人，都固持宁为玉碎不为瓦全的价值观。所以这场球落得这个局面一点不奇怪。即使是0∶1的结果，韩国举国上下同样不能容忍，甚至会说主教练没有壮士断腕的气魄。这是韩国人的性格，也是韩国人的命运，性格即命运。

找替罪羊易，更上层楼难

获悉，沙特队0∶4败给法国队（6月19日）的第二天，沙特足协解除了曾执教上届世界冠军队的沙特现任主教练巴西人佩雷拉的职务。紧接着，韩国队0∶5败给荷兰队（6月21日凌晨），几个小时后，车范根被解职。韩国足协官员表示：“必须有人来承担责任。”

以亚洲足球的现有水平，在世界杯上输球，输给荷兰、法国，也有责任？或者说，小组出不了线也一定有责任？我觉得，没有什么大责任。亚洲足球与世界足球的差距决定了，除了吹牛没有人能真正负担起这个不合实际的重任。车范根自己不是口口声声打进四强么？为鼓舞士气，主教练这么说，可以视为一种手段。但足球官员要他承担什么责任应该是另一个标准。世界杯亚洲选拔赛出不了线要负责任，世界杯小组赛出线应受奖励，出不了线也不必负什么责任——这是符合实际的标准。主教练为了“上岗”，也不应对足协夸下海口。另一方面，就像商业招标，不是吹牛的人就该中标的。标准是客观的存在和大家的共识。

沙特和韩国的足协统统地不去顾及小组赛的第三场比赛，那是捍卫球队名誉的最后一次机会，而那一场比赛肯定是由佩雷拉和车范根带领最好。由此我们可以为他们匆忙解除主教练的行为定性：寻找替罪羊。有时这么做是为了平息球迷怒火，有时则是为了摆脱足协的压力。负责任的足协是不应该把过重的责任推给主教练的。事实上寻找替罪羊容易，真正从失败中获得教训难，全面深刻细致地分析大战中的得失进而更上一层楼尤其难。

这是人家的事情，我们插什么嘴？事情是人家的，其中的道理却是普遍和通用的。那就是，公正的奖惩才是最好的激励机制。

超越政治的伊美之战

伊朗与美国的比赛，双方运动员都显示了真正体育家的风度和胸怀。开赛前大家都预计并担心：政治与意识形态上的长期对峙，会导致双方运动员带着敌对的心情进入赛场，会使赛场成为政治斗争的延伸。看后极其钦佩。这是一场非常激烈，但又相当文明的比赛。整场没有红牌，黄牌也很少，鲜见相互推搡、辱骂的现象。唯一的一次推搡，是美国队扳回一球后，为抓紧时间，推开伊朗队员，从球门里捡起足球——完全是从足球的逻辑出发的。这场比赛也堪称旗鼓相当，双方均有上乘的发挥。伊朗队自不待言。美国队三次击中门柱或门楣，足以说明他们的能力和运气究竟如何。从任何意义上说，这都是本届杯赛上可圈可点的一场比赛，它将长久地引起人们的回味。自然，对亚洲人来说，这场比赛的结果还有特殊的稀缺为贵的意味。伊朗队还未出局，对德国队的比赛还毕竟不是表演赛。

足球化与全球化

世界变得越来越小，生活在地球上的各个国家、民族日益不可分离，此为全球化。足球吸引着世界上越来越多的人们，此为人的足球化，或曰足球的全球化。足球化与全球化是互动的。首先，促进了宏观全球化的那些因素——交通、交流、媒体、电视，也促进着足球的全球化。反过来，足球的普及，足球与电视的结合，也促进着各国家、各民族趣味的认同，进而促进宏观意义上的全球化。今天世界上知道罗纳尔多的人可能比知道联合国秘书长的人还多，可见足球的同化力量。但也有例外。

6 月 22 日本届世界杯赛上伊朗与美国的比赛令全世界瞩目，赛后伊朗举国欢庆。美国人无所谓，国内冷冷清清。岂止一次败绩，整个世界杯赛在美国也是冷冷清清。这几乎是无法找到同级别之类比物的巨大反差：全世界都为一事物狂热，世界第一超级大国独不以为然。细想想，应该说，有利有弊。

美国的冷淡，对足球是个遗憾。美国是世界第一经济大国，也是世界第一体育大国。美国是奥运金牌第一大户。美国的篮球、棒球、橄榄球都独领风骚，他国几乎无法与之对话。美国黑人是全世界伟大丰富的体育人才库。如果美国人对足球着了迷，如果乔丹和伊赛亚·托马斯这样的体育天才进入了足球领域，只需十年，足坛将有异军突起。这事偏偏是烧火棍子——一头热，国际足联不惜把世界杯主办权拱手送给美国，却只是风过马耳，美国人千呼万唤不出来。

美国人凭什么一定要喜欢足球，他们喜欢的东西多了。如果美国的体育天才争先进入足球领域，它的篮球、橄榄球、棒球将人才流失，减少今天的光彩。而今天的美国篮球，在世界体育迷心中几乎是仅次于足球的项目。它的橄榄球和棒球也将在全世界日益赢得观众。足球是体育王国中最耀眼的明珠，却不会也不该是唯一的明珠。足球够猖狂的了。美国的不介入，使足球收敛一点它的狂妄——嘿嘿，偏偏有人不买你的账。

几年前，同一位美国外交官吃饭谈天，说及伊斯兰问题。我说：“我知道美国人仇恨一些伊斯兰国家，我也知道多数东亚知识界人士对伊斯兰国家的反现代情绪不抱好感。我独不以为然。”因为我们在很多问题上认识接近，他听了这话非常惊讶，问我原因。我说，以美国为代表的现代生活方式，几乎要以“卷地毯”的方式，收编全世界，这样世界将变得极其单一；伊斯兰世界以其信仰的力量成为抵抗“收编”的中坚。他听后与我碰杯，说：“我最愿意同观点不同的人交朋友。”以后我们成了很好的朋友。

谁告诉我：什么是足球流氓

去年世界杯亚洲选拔赛后，在中央电视台“五环夜话”节目与刘心武、赵忠祥等几人谈中国队的失利。进演播室前，大家喝茶砍山。说到赛后足协刚刚召开的发布会，赵先生怒不可遏：“他们输了球怎么还这么神气，还能作报告、教训人？这帮记者怎么这么窝囊，为什么不能联合起来，组织一些问题，逼迫足协说出一个所以然？”特别是说到自己的同行——记者时，老赵怒其不争。我们——观众和读者，褒贬记者是家常便饭了，看来连老赵这样的资深记者，对他的小兄弟——足球记者们也不乏微词。

其实足球记者们不尽如人意处多了。就说本届杯赛吧。全世界神魂颠倒，亿万人点灯熬油，百万人荟萃法国，里面的热闹、名堂、事件层出不穷，虽说都源自足球，但又岂是一本球经、几场球赛可以囊括和了结。据说中国的大小媒体奔赴法国共 60 余人，在未参赛的国家中肯定是阵容最庞大的，参赛的国家也有不少自叹弗如的。60 名现代“包打听”，该能打探和报道多少事情？至于球赛，有电视转播，国人看到了，不劳各位再啰嗦了。大家渴望知道球场外边的西洋景、好玩的事，希望看到更丰富更深入的报道。

比如“足球流氓”。表面上的事件，我们知道了：他们砸了酒吧，打了警察，他们争着比较谁更“流氓”。但说到根本，我们不明白他们是怎样的一伙人，有怎样的想法，以怎样的方式生活。他们是彻头彻尾的流氓，还是双重角色——只在球场发泄，在家庭和公司里都是好人。如果是前者，他们是否同时也抢劫银行、强奸妇女，在球场内外有什么利益可图，他们在这里的动机是什么。正因为足球流氓已经是世界性大事，早晚传染中国人，中国的观众和读者应该也愿意去了解。正因为足球流氓产生于西方现代社会，只有在那里才能真正搞明白，而我们的记者与他们幸会了，不要失之交臂啊。

我怀疑我们的体育记者能够胜任对球场内外的事情的全方位报道。我怀疑我们的报业首领忽视了球场外的全方位，不然该派出“小而全”的队伍——不光是足球记者，还应有报道社会和文化问题的老手。不然真是辜负了昂贵的旅宿费和那丰富多彩的新闻源。

安全阀还是导火索

早有社会学家说，像球迷闹事这样的骚动是社会的安全阀。人们在社会生活中积累了很多怨恨，需要发泄。在小的地方发泄掉，便不会在大的场合，在意想不到的时间以意想不到的方式发作，那样极易酿成大的社会动乱。球场上的闹事不是意想不到的，而在相当程度上是可以预期的；并且其后果是有限的，往往不会蔓延。所以说球场闹事是社会的安全阀。

这种说法或许有其道理。但作实际工作的人们，比如亲自应付球场闹事的警察局和维护社会安定的政府部门，恐怕会觉得这说法太理想化了。很多时候，天下原本无事，是对立的球迷凑到一起，才生了事，造成了冲突。它哪里是安全阀，分明是导火索。

我觉得这两种说法所以靠不拢，是因为视角不一样。前者的视角极其宏观，直指人性。它认为，积怨需要发泄，如果找不到安全阀，要么乱子更大，要么人在压抑中变态。后者的视角是微观的，重视骚乱的直接后果。已经流血和死人了，如此恶性事件，哪里还是什么安全阀，不是太浪漫了么？

认识统一不了，才说明这事情复杂。要深入透视球迷闹事的社会后果，必须认真解剖一些球迷个案，从安分的到狂热的，从球场骂人的到作乱的，直到地道的足球流氓，对比他们在球场的表现和工作生活中的表现。此外还可比较一个地区世界杯期间的犯罪率和其他时间的犯罪率。这些都肯定对我们有启发。

不忍看他们的脸

6 月 23 日至 25 日的比赛惨不忍睹。喀麦隆、摩洛哥、西班牙，三支实力与活力兼备、球技与战绩俱佳的球队被极不公正地阻挡在十六强的门槛外。

喀麦隆队在比赛接近尾声，十人迎战十一人，仍与智利 1∶1 成僵持状态时，比耶克接队友头球，突破射门得分。此球既未犯规也未越位，却被莫名其妙地否决。三个小时后，A组摩洛哥3∶0狂胜苏格兰，积四分。却不料，本组同时进行的另一场比赛中，已经出线的巴西队漫不经心。尽管如此，似乎1∶1的平局已定。孰料，终场前，美国裁判巴哈马斯特判给挪威人一个不成立的点球，致使挪威队积五分，从而逼迫摩洛哥出局，保驾挪威进入十六强。

翌日是全世界球迷翘首以待的西班牙与保加利亚的晋级大战。尽管至此两队均积一分，但人们几乎断定，积二分的巴拉圭绝不是尼日利亚的对手。是役，疯狂的西班牙人以6∶1摧垮上届第四名保加利亚队。但他们攻入第五、第六球时，已是一脸哀容。因为他们已获知，在同时进行的另一场比赛中，已经出线的尼日利亚不思进取，以1∶3不可思议地宴客巴拉圭。

在这一不公正的程序中，巴拉圭取代西班牙迎战法国，智利取代喀麦隆迎战巴西，挪威取代摩洛哥迎战意大利。最富血性和激情的西班牙人与非洲人出局，平庸之辈不名誉地出线，将使八场十六强之战失色近半。这是球迷的悲哀——我们看不到本来笃定会发生的法国与西班牙的大战。这是国际足联的耻辱——不公平竞争接二连三地上演。

世纪末之人性

上述的不公正不断复制，以致我们可以说这是一种“程序”。使该程序运转的软件是什么？是世纪末道德的败坏，它无所不在，球队与裁判均未幸免。当然小组赛赛制中的巨大漏洞也是这软件中的成分。先说前者。

看到已经出线的巴西队，特别是尼日利亚队，无视小组整体公正性，不思进取，逢场作戏，球迷们感到的是偶像的幻灭：这个世界上哪还有什么足球艺术、唯美主义、体育精神，统统是狭隘的、自私的功利之徒。球迷们感到的是被假冒伪劣商品欺骗后的愤怒。对这样的比赛，大家应该起哄、咒骂、喝倒彩。对这样的球队，大家应该抵制，不去观看，晒他一把，管你什么世界冠军还是天王巨星。所谓职业球迷应该牵头去做的事情，我以为，正是这些。

裁判问题已空前严峻地呈现在全世界面前。说到底，它是国际足联管理水准的试金石。本届杯赛误判不断，波查图被打发回家竟是误传，迄今国际足联尚未认真处理一例误判。非洲人，这些足球与经济上的小国、弱国的抗议和发难，能否震动国际足联，我们当拭目以待。

赛制改革——寻找稳定的三角形

我们强调道德，没有道德，人是动物，社会是丛林。但我们不是唯道德主义者。我们认为，制度与道德同样重要。

世界杯小组赛的赛制有巨大漏洞——已出线者极可能对第三轮比赛漫不经心，从而改变小组整体态势，使第三者吃亏。因此必须作出大的改革。

欧基里得几何学告诉我们，四边形不稳定，它在矩形与平行四边形中任意变幻。而三角形永远是稳定的。笔者的方案就是改变现在的四个队一小组为三个队一小组。方案如下。三支球队一个小组，共 12 个小组，36 支球队。这样球队扩大了，也可缓解各大洲要求国际足联增加名额的压力。各小组第一名，以及成绩最好的四支小组第二名球队出线，共16支。小组赛仍然分三轮进行。第二轮由小组第一轮的败者对第三支球队，使得第三轮不是在两个败队间进行，从而保证第三轮的竞争和悬念。如是，哪一支球队，在哪一场比赛中，都不敢掉以轻心。12支小组第二名球队间成绩的比较也与过去不同。首先比较“积分差”，即各第二名球队与各自小组第一名积分的差距。积分差为零最高（比如同为四分，或同为二分），积分差为一其次（比如第一名四分，第二名三分）。积分差相等的各支“第二名球队”，依次比较小组赛的积分、净胜球数、进球数。按照这种设想，小组赛阶段每轮12场，比现在少4场。但因为第三轮不必两场同时进行，因此电视观众在第一时间看到的比赛并不少。

三角形的稳定性是无可争议的。但有些人，甚至国际足联的负责人会说，我们就是要安排四边形，以增加比赛的复杂性和戏剧性。我们的反驳如下。第一，不要抬高自己。这种复杂性和戏剧性是狡诈的参赛者博弈的结果，不是组织者预计和设计出来的。第二，这种复杂性和戏剧性是以不公正为代价的。不能说在足球场上没有以公正为基础的复杂性和戏剧性，只有以不公正为基础的复杂性和戏剧性。第三，要求公正是当今世界的最强音。利用规则的漏洞戏弄其他球队，并以此种戏剧性为乐趣，已为多数现代人不齿。我承认四边形变幻中的美感。但如果我们要利用它，必须有比使用“三角形”更高的智力去设计制度，保证第三轮的比赛不是假冒伪劣，戏弄观众。至少，已经到了重新考虑原赛制的时候了。

我们的方案会被国际足联考虑么？我相信自己的思考能力。但我更知道我是地处足球世界的边陲国度中的文化人。中心绝不会倾听边陲的声音。那么说这些干什么？在个人喜爱的游戏中磨砺一下智力，讲一个怪味的故事，或许还会博得知音们会心一笑。仅此而已。

跑了气的啤酒

当事情缠身看不成好球时，自然恼火。不懂球的朋友会说，有重播，还可看录像。他们不知道，看过了时的足球赛，同喝跑了气的啤酒一样，索然无味。虽然我还算艺术派的球迷，并不以胜负论英雄。但我深信，对任何球迷而言，悬念都是球赛之魂魄与精神。过了时的球赛只能看几眼，很难看全程，因为已经没有了与真实过程相始终的那种期待。期待岂是无足轻重？足球不过是以游戏的方式凸显了它。人生若没了期待，也是同跑了气的啤酒一样的。

所以我觉得，世界杯小组赛第三轮两场比赛同时打，是笨拙的设计。设计者一厢情愿地认为，这可避免假球和投机。其实没有任何效果，因为人心不是这样，而大家的脑子都很灵光。这种设计的全部收获是使球迷丧失了一场比赛。因为这是非常要紧的事。所以也是我的“三角形”方案的坚实论据。

喀麦隆人的粗野球风

粗犷，或者说粗野，是喀麦隆人的球风，也是喀麦隆足球留给大家的印象。但不能因此在处罚时就从重从严，甚至误判；当然也不能因为声讨误判，伸张公正，就放弃了对粗野球风的批评。如果以红黄牌作指标的话，本届杯赛上喀麦隆队没有丹麦队粗野。同时，今天的喀麦隆队也比自己过去有很大改观。喀麦隆队给世界留下的最粗野的印象，是他们第一次进入世界杯时写下的第一笔——第十四届世界杯首场比赛迎战阿根廷。那场比赛中的表现说明这支球队原本就粗野，而对手马拉多纳的巨大威力也促使他们把粗野发挥到极致以图遏制。如果按照现在对背后铲人的处罚标准，那场比赛中喀麦隆人最少要领受五张红牌，甚至可能全部队员都被罚下。那一场比赛下来，马拉多纳的踝部就肿成了馒头。喀麦隆人提供了成功而恶劣的示范，从此马拉多纳成了各队杀伤的对象。马拉多纳几乎从不与对其施暴者纠缠，他的自负使他认命——对我这样的天才他们只能这么办。而以足球为生命的他——说职业道德已远远不够，顽强地挺立在球场上。这位不世之才，瘸着拐着，击败了东道国意大利队，率领阿根廷队夺得亚军。如果有今天的规则的保护，马拉多纳的威力将是不可思议的。可以说，喀麦隆人带头，封杀了马拉多纳。

说到全世界后卫对马拉多纳的施暴和封杀，不由想起他的北京之行。我们的球员能和马拉多纳同场该是三生有幸的，应该好好见识见识，认真学习学习。但在与北京队的比赛中，马拉多纳一旦得球，便是北京队员的一记飞铲。翘首以待的球迷无缘见到马拉多纳的球技。北京队球员仅仅满足于向观众显示：我们也能铲倒马拉多纳。他们今生再也没有机会亲身试试，天王巨星的过人能力究竟如何。可怜的金志扬和他的弟子们，在一场友谊和学习性的比赛中，也要以喀麦隆的作风同马拉多纳对话。

喀麦隆人开启了粗野之风，如果说他们为此付出了什么代价的话，就是给世人深深地留下了粗野的印象。这种印象难免影响以后的裁判对他们的关照。

无眼杀有眼——说韩国士气

韩国队的士气感天动地。一般说来，两支球队交战，有机会出线的球队的士气要大大高于丧失了出线机会的球队，戏用一句围棋术语——有眼杀无眼。但韩国人使人们大跌眼镜。韩国队在第一、第二场受到重创，出线已彻底无望，对手又处在非赢球不能出线的状况。比利时队绝对没有料到，一支出线无望的球队竟有如此士气，拼死拼活要把自己拉下马。这种为荣誉而战、可杀不可辱的士气，令全世界肃然起敬。

韩国队的球技、身材、力量，都不如比利时，只有火中取栗，乱中求胜。但要搞乱一支训练有素、章法井然的球队谈何容易。韩国队硬是把对手拖垮了，当然与此同时他们自己也累垮了。于是双方开始打烂仗，趟浑水。韩国队在胡打烂缠中扳回一球，打平了比赛，赢得了一分，捍卫了尊严。

大家常说韩国队的体力好。要我看，韩国队的体力未必好过比利时队，这么多球员抽筋、负伤就是证明。他们高过对方的不是体力，而是士气和意志力。这士气与意志力是从哪里来的？除了精神因素外，训练水平高也是极其紧要的。搞过训练的人都知道，锻炼的收获不仅是体力，而且是意志力，缺乏锻炼时不仅是体力削弱，而且意志力下降，咬不住牙关。因为先天因素的局限，训练中体力的增长是有限的，而意志力的提高几乎无限。要想在关键时刻拖垮对手，绝不是领导一鼓励、举手一宣誓、现场一冲动，就能奏效的，它依赖于长期磨炼出的意志力。

我们多年来一直畏惧韩国人的体能，其实真正的差距是意志力。

为伊朗队定位

定位不能凭主观印象，要看大赛中的战绩。但伊朗队在两个大赛中的战绩呈现出很大的反差：世界杯亚洲选拔赛中伊朗队名列第四，勉强搭上末班车；而在本届杯赛上，伊朗队为亚洲赢了唯一的一场胜利，积分居亚洲四队之首。以上反差的原因是什么？伊朗队的真实定位又是什么？原因有两个。其一，亚洲选拔赛时，伊朗队头几场战绩极佳，骄傲情绪滋长；在世界杯上自然是谨慎小心，兢兢业业。其二，伊朗队整体实力与亚洲顶尖的几支球队极其接近，平常比赛中的士气未必高过日本、韩国；但是伊朗队的尖子队员的能力，居亚洲各队之首，在与一流强队交战时仍能正常发挥且颇具威力。阿齐兹、阿里·戴伊、巴盖里、马达维基亚，伊朗的四大球星在身高、力量、速度、作用上风格各异，相得益彰，这是亚洲其他队伍断然不具备的。所以在场面和战绩上伊朗都好于亚洲诸兄弟。世界杯无疑是最严格的检验，因此可以定论，伊朗居亚洲第一。

伊朗队与世界强队的差距有多大呢？伊朗 0∶1 输给南斯拉夫，0∶2 负于德国，分差不大。而日本以 0∶1 的相同比分负于阿根廷和克罗地亚，差距似乎更小。实际上，实力差距大小不在比分。有时强队间的交锋，可能是大比分的落差；有时弱队迎战强队，比分差距却不大。那么怎么判断实力上的差距？我以为，第一要看强队对对手的重视程度。第二要看强队与之交战中的紧张程度，它对强队构成威胁的程度。德国队对伊朗队高度重视，赛前克林斯曼异乎寻常地召集所有队员，可见一斑。比赛结果虽然是二球差距，但伊朗队的反击极其流畅，且极具威胁，上半场双方相互造成的威胁几乎持平。笔者认为，伊朗队是目前唯一使世界强队重视的亚洲球队，在世界上位置可居二十余名。

不信录像信什么

关于美国裁判巴哈马斯特判给挪威队一个点球，使摩洛哥出局的争吵，妙趣横生，峰回路转。先是挪威的主教练奥尔森说："我亲眼看到巴西队员拉人。大家不要相信电视镜头。"自然这话是苍白无力的。不想没多久，挪威人拿出了自己人从另一角度拍摄的镜头，从中清楚地看到巴西球员拉扯挪威球员的衣服。看来关于巴哈马斯特的点球，需要重新认识。

但是，奥尔森的说法显然站不住。球场上真实发生的事情一下子就消失了。我们能够相信某人所说么？如是，该相信谁呢？为什么就该相信你？事实上，不是奥尔森的信誓旦旦，而是挪威人的电视镜头，使人们重新认识和判断这一事件。国际足联的裁判委员会显然惧怕电视录像，其发言人屡屡表示，不能以电视为准。如果他的意思是，裁判现场判定的结果是不能更改的，这是废话。加入了国际足联领导的足球大家庭，自然就要接受其规章。大家并没有要求更改判决，只是要求保持议论和褒贬裁判的权利，判决虽不更改，公正却应伸张。如果他的意思是，委员会以及公众检查裁判的判决正确与否，也不以录像为准，那该凭借什么呢？那不就是听任权威说了算么？权威的权力在球场上，在那里一切决定于他的一双眼睛。但在场下，他也要接受评价，在这里人们不相信也不允许自我证实，必须依赖旁证，而录像是最客观的旁证。

裁判委员会发言人的语无伦次，是掌权人在权威受到批评时的通病，他们害怕权威失落，企图遮盖自己的尴尬。这实在是掌权人的过分的敏感。大家在看了新的录像资料后，愿意比较各录像资料，重新认识这一问题，不会固执己见的。事情就是这么简单。如果裁判委员会主动调阅各种录像，并公诸于世，不是明快多了么？当然，说到未来，我相信电子设备必然取代人力。因为大家对社会公正的期待越来越高，因为围绕这种分歧的争论愈演愈烈，还因为当事者和掌权人益发无力承受旷日持久、激烈异常的批评和争吵。

瓜分大饼

本届杯赛共32支球队。其中欧洲15支，南美洲5支，中北美洲3支，非洲5支，亚洲4支。现在十六强已产生，按对阵次序，排列如下：巴西、智利、尼日利亚、丹麦、荷兰、南斯拉夫、阿根廷、英格兰；意大利、挪威、法国、巴拉圭、德国、墨西哥、罗马尼亚、克罗地亚。其中欧洲10支，南美洲4支，中北美洲1支，非洲1支，亚洲为0。各洲参赛队与其在十六强中所占席位的比值如下：欧洲10/15，南美洲4/5，中北美洲1/3，非洲1/5，亚洲0/4。绝对份额自然是欧洲瓜分到的最多。而效益最高的是南美洲。这一瓜分并不能完全忠实客观地反映各大洲的实力。如果不是赛制的弊病（已出线的球队放弃努力，如巴西和尼日利亚）和裁判的误判，摩洛哥可能取代挪威，西班牙可望取代巴拉圭，喀麦隆理应取代智利。如是，欧洲比值不变，南美洲2/5，非洲3/5。非洲人显然倒了霉，虽实力日渐增长，却在瓜分十六强的战斗中处于下风，仅比亚洲人略强。

这一场瓜分大饼之战刚刚结束，下一场瓜分大饼之战就要开始。下十场便是各大洲对下届世界杯参赛额度的争夺。非洲人的野心虽然随着其实力的增长而膨胀，无奈因种种主客观原因，本届杯赛成绩不佳，预计他们只能原地踏步，保持原额度。亚洲人原来也是心怀叵测，企图利用国际足联主席更换之际，靠玩弄选票的把戏增加名额。成绩打成这样，估计已没了原来的心气。树欲静而风不止。即使亚洲人不闹腾，可能国际足联还要与它理论的。按亚洲现在的实力，名额当有减无增。偏偏下届世界杯由亚洲主办，且两家合办，东道国已占去两个名额。国际足联在主办者之外，大约不会同意亚洲保持四个名额，如能给亚洲三个名额，就要谢天谢地了。这样共五个名额，十年之内这将是亚洲人享有的最高额度，大约也只此一次，过后将还原为四个名额。平心而论，亚洲人该知足了。

当然，亚洲的名额也不宜再少。虽然论实力，可能亚洲连四个名额也摊不到，但各洲都该有其最低名额，不然世界杯就失去世界性，即多样性了。如果欧洲人、南美人想在全世界而不是本洲内“牛”一把，还得把亚洲人吸引过来，吸引的方法不外是给个最低额度。亚洲人口多、国家多，再孬也得吃掉四个名额。不看僧面看佛面，实力再弱，毕竟是这么大个洲，这么多的人，在这儿搁着呢。

倾斜的十六强对阵图

十六强对阵图已排出（其顺序参见上文）。仔细推敲会发现，上下半区不平衡。第一，从地域上说，上半区四个欧洲国家，三个美洲国家，一个非洲国家；下半区六个欧洲国家，两个美洲国家。这样同地域的国家将早早相遇，不如异地国家交战看着生动。第二，从实力上说，上半区除智利和丹麦，均为强队；下半区则除意大利、法国、德国，均不是强队。也就是说，上半区六支强队，下半区仅三支强队。第三，艺术派球队集中在上半区：巴西、尼日利亚、荷兰、南斯拉夫、阿根廷。人们只能看到艺术派自相残杀，无法看到艺术派与体能派捉对厮杀。但这不是谁故意捣乱，而是在种子队的基础上的小组赛的名次所决定了的。不能说种子队的序列的制定没有一点人为因素，但小组赛的名次所交织成的现状在很大程度上是无法预计的，故可以说是命运使然。

假球的“后效益”

巴西对智利、意大利对挪威的比赛，都与球迷们的期待相距甚远。我们预料下一场：法国对巴拉圭的比赛，也将索然无味。原因是强弱差距过大。为什么弱队闯进了十六强？不是因为他们爆了冷门，成了黑马，如是他们就不是弱队。而是因为强队为保存实力，或居心叵测，为弱队放了水；或是裁判的误判扰乱了正常的竞争。如果没有这些干扰，巴西对喀麦隆、意大利对摩洛哥、法国对西班牙，这三场比赛将是何等精彩。

小组赛第三轮的三场不正常的比赛，本身是乏味的。不仅其本身如此，这种肮脏的比赛还将释放其“后效益”，导致另外三场强弱悬殊的比赛。共计六场比赛掺水贬值。好在小组赛第三轮只有这三场假冒伪劣的比赛，对十六强的比赛也只干扰了三场。其余五场比赛将是货真价实的。

在社会生活中，人们常常呼吁公平竞争，人才到位。但在全世界几十亿人的众目睽睽下，还能导演这样的假冒伪劣。可以想象，在那些曝光较小的领域，竞争不够公正，“强手”无缘进入“十六强”的现象，将是数不胜数的。我想说，本届杯赛货真价实的淘汰赛是从尼日利亚对丹麦这一仗开始的。

中国足球解说员的新生代

冷不丁发现有个足球解说员叫黄健翔。最初的印象不深，当然他那种娓娓道来的风格也不是一上来就能给人非常深刻的印象的。回想起来，最初的印象是觉得他不烦人，词汇显然比别的解说员丰富和宽阔。这次看世界杯，听也得听，不听也得听，这才发现，他在中国足球解说员中已卓然不群。他应该是符合接班人的条件的。年轻化，不成问题；听说他是学外语的大学毕业生，符合知识化；赶巧他走进体育解说员的行当时，足球不再与其他项目混同在一起，可称专业化。这是官方语言。如此选接班人很有些道理，但我不太喜欢使用这套语言。用另一种语言来说，我觉得他是解说员中的新生代。其实在他之前，体育解说员，以至足球解说员中就有了年轻人。但这里的新生代，是指文化风格，而非生理年龄。为什么上一茬年轻人不算新生代？这要多啰嗦几句。

宋士雄说当年他是模仿张之的。其实他在做着双重的模仿。一方面，是他自己明确意识到的——模仿张之；另一方面，是他自己未明确意识到的，他在模仿自50年代初叶渐渐形成的中国新闻界所使用的体育语言；前者不过是语调，后者则是整整一套话语。不管宋士雄之后的年轻解说员们是否着意学习“张之—宋士雄”的语调和风格，他们几乎统统在模仿着我国几十年来一以贯之的体育话语。于是形成了千人一面的“自相似”风格。岂止体育，那时我们社会的每个子系统，以至整个社会大系统，都是“自相似”的。

我们说“新生代”出现，就是说终于有些年轻人走出了这种风格。他们形成了自己的一套话语。这套话语，一方面是以更为良好的文化素养为基础，另一方面回归到体育自身的纯正内容和意义上，而不是重复上一代人的意识形态话语。黄健翔的风格是自然、流畅，娓娓道来，有文化气息，信息量大。如果说有什么欠缺的话，就是不够兴奋和疯狂。当然讲外国人的球，如同作壁上观，与我们本无大关系，太兴奋了也滑稽。在解说与我们关系密切的球赛时，他似乎还应该兴奋些。兴奋的变文静似乎更难，但文静的变兴奋也不易。要学后者似乎应交些高阳酒徒类的朋友。能娓娓道来又能慷慨激昂，才可称文武昆乱不挡。

博彩能否登堂入室

赌博说到底，是一种投机行为。在一个开放的市场社会，“投机”是中性词汇，本身并不带贬义。多数商业行为都带有一定程度的风险和投机性。当然，它与赌博还不同。一个社会允不允许，以及在什么程度上允许赌博的合法存在，是个颇可议论的问题。

我国早已允许并发行体育彩票（或曰奖券）——购买该奖券并猜中结局者中，经抽签产生的幸运者，可获某种大奖。这种彩票也是一种投机性的游戏，它是一种赌博，但是它是赌博中最低级的形式。为什么说它低级？因为它的参与性小，猜中后还要经抽签，故成功的概率太小。而很多其他类型的赌博，只要下赌注并猜中即获胜赢钱，故具有更大的诱惑力。也就是说，我们已经允许了参与性小、诱惑力小的赌博，还不允许参与性大、诱惑力大的赌博。

不是一切东西都可以用货币来计算和交换，但大部分可以，稀缺是交换中的算计尺度。不是一切事情都能赌博，有风险和不确定性才能赌博，事物的风险和不确定性是不一样大的，但是“赌值”使得赌徒可以对大部分事物进行赌博。什么是赌值？比如世界杯八强中巴西对丹麦的比赛，巴西更强大，如果赌注是 1:1，就没人赌了。如果赌注是 5:1，即赌巴西胜者押五元，胜了赢一元；赌丹麦胜者押一元，胜了赢五元，赌博就可能成立。如果赌博不是在两个赌徒个体间进行，而是有东家，则由东家开出赌值，赌徒们任选一方去下注。现实中东家不是每一次都赢钱，但逻辑上东家每一次都要有赢钱的可能性。丹麦一赔五，巴西五赔一，若为双方所下的赌注一样多，东家一分不赚，他不干。若丹麦一赔四，巴西六赔一，逻辑上东家是有赚的。东家若想平稳，就要制定恰当的赌值，使两边的赌注相差不多，这样他可避免风险，稳操胜券。

足球的风险性使它成为赌徒热衷的目标，成为赌博公司的热门项目——他们称之为博彩。彩票在我国已经合法，而博彩还无合法地位。但树欲静而风不止，足球博彩已在私下悄悄地进行。是不是应该制止？是不是能够制止？如若不然，是不是使之合法化，加强管理，严格税收？这些都是迫在眉睫亟待讨论的事情了。

试解尼日利亚

尼日利亚队以1：4的大比分败给丹麦队，令每一个欣赏其高超球技的球迷哀叹，而其大起大落也颇耐人寻味。他们何以如此起伏不定？我们尝试着分析一二。这是由骄兵悍将组成的一支球队，很多球员是欧洲俱乐部的大牌球星，凑到一起，难免各行其是，注定极难调教。据说，很多球星进入国家队有附加条件，不仅要求高额奖金，而且要求他的某朋友也入选国家队。主教练权力很小，很多矛盾最终要由总统摆平。总统也果真是屡屡过问国家队的事。而我以为总统的这些举动恰恰适得其反。一言蔽之，就是好心爷爷惯坏了孙子。

尼日利亚球员在一招一式上的表现欲过强。通向球门的道路是漫长的。在这漫长的道路上，尼日利亚球员总能找到若干小乐子，总能通过一些小零碎去表现自己。表现来表现去，最终削弱了大目标。尼日利亚人带球过人的本领显然高过欧洲人，而其射门功夫却要略逊一筹。带球过人是球技中难度最大的，而射门却是最关键的。为什么尼日利亚人能在最难的项目上超群，却再次难的项目上平平？我猜测，前者更可用来卖弄，卖弄需要过程，卖弄是过程美。说到根本，这是非洲人的性格所使然。有表现欲，重视过程美，常常忘记了大目标，这些本来没有什么不好。但是，足球是西方人的游戏，它贯彻着西方人的功利哲学，它同非洲丛林中的即兴舞蹈是如此不同。当非洲人走进西方人的游戏中时，仍带着自己传统中浓厚得化不开的游戏心和表现欲，便成为地道的不适者。他的表演深得人心，因为他无拘无束；但他不得不提前退场，因为胜负场恰恰需要对自身有拘有束。

艺术派球队的通病是进攻强防守弱。进攻和防守，当然都是既依赖个体的才能，又依赖于群体的配合。但是如果深入比较，应该说，进攻更靠个体，靠才能，靠即兴发挥；而防守更靠群体，靠以设计为基础的配合，靠纪律和士气去保证一个意志的贯彻。中国近代历史上的湘军首领曾国藩，是个理学造诣深厚的文人，他缺乏军事才华，因此不擅进攻；但是他的阵地没有人能攻克，因为他计划周密，不存侥幸，主张扎深寨打硬仗，还因为他纪律严明，临阵退却严惩不贷。巴西、荷兰、尼日利亚善于进攻，德国、意大利、英国强于防守，两种流派和风格几乎都能从民族性格上找到根源。任何一个球队攻守不会同样擅长，但不可差距过大，不可失衡。尼日利亚人的性格，其散漫、即兴、缺乏纪律，使得其防守在艺术派球队中都是较弱的。不解决这些，不改善防守，将难以走出大起大落的怪圈。

衰老的日耳曼战车

对大名鼎鼎的德国队，除了一句“老骥伏枥，志在千里”外，真是老善可陈。这几乎是参加上一届美利坚世界杯赛的原本人马，只是马齿徒增 4 岁。而这是要命的 4 岁。如今，我们的老马——马特乌斯已经 37 岁。超期服役的远不止一个老马：双前锋中克林斯曼 34 岁，比埃尔霍夫 30 岁；超级替补基尔斯滕 30 岁，穆勒 31 岁，中场核心人物哈斯勒32岁。这整整一茬人的超期服役说明德国队人才断档，青黄不接。在本届杯赛上，迄今为止，德国队是幸运的。小组赛初遇少不更事的美国队，2：0轻松过关。第二战在0：2落后时，靠着百折不回的士气和长久不衰的武运，扳平对手。但此战过后，其家底为世人尽知——日耳曼战车老了，人们纷纷预料：下一战说不定是德国人滑铁卢。无奈与世界杯久违的伊朗人终究在信心和经验上差了一点，日耳曼人如履薄冰，再次闯关。此役对墨西哥，只要墨西哥人的运气稍好一点，日耳曼战车定翻无疑，但它踉踉跄跄又涉险过关。日耳曼人的运气不仅在比赛中，更在对阵分布上。F组几乎是实力最弱的小组，德国队只要运气稍稍差一点，变成小组第二，出线后将先后迎战荷兰、阿根廷或英格兰。但它是幸运的，它出线后，处在“偏安一隅”——下半区的下半部：首战墨西哥，胜利后迎战罗马尼亚与克罗地亚中的胜方——都不是一流强队。这驾老马破车，仍有可能进入四强，当然也随时可能败给下面的任何一支球队。它身上绝无冠亚军相。

日耳曼球队耐人思考的问题是，何以走到这步田地。众所周知，德国足球的普及程度雄居欧洲之首，为什么它会出现青黄不接的现象？我的看法是，它欠缺的不是一般意义上的人才，而是国家队这个层次上的新老交替。再有潜力的人才也离不开在关键位置上的锻炼。说你行你未必就行，但说你不行你就真的不行了。因为在最有发展潜力的年龄，不能进入国家队打一流的比赛，有些素质几乎永远开发不出来了。和其他领域一样，能否进入关键位置，不仅是技术能力问题，更是权力争夺，即政治问题。一个国家队中的资深队员大多不仅具备足球技能，而且具备占据这一位置的活动能力。他越是盘踞这一位置，下一代人就越是不能发展；反过来，下一代人越是发展不起来，他就越能盘踞这一位置。于是恶性循环开始了。为什么追随一代强人的往往是一代弱者，社会竟像波浪一样峰谷相随。我总怀疑这里面有人为的因素，即对新老交替过程的人为干扰。

积小失成大负

阿根廷与英格兰的比赛是本届杯赛中的第 56 场比赛，也是 56 场中最精彩的比赛。这场比赛双方旗鼓相当，惨烈异常：打了近 60 分钟的对攻（直到英格兰队球员贝克汉姆被红牌罚出，英队改打防守反击），90 分钟内打成二平，延长期内均无建树，最后以点球决出胜负。英格兰虽败犹荣，但再光荣也是失败了。失败固然有偶然的因素，但也是自身一个又一个小的失误积累和铺垫成的。

第一个小的失误，就是小组赛 0∶1 败给罗马尼亚。英格兰队在那场比赛中显然不在状态，其原因是英国人对那场比赛还未给予足够的重视，如是，以英格兰的实力，胜面是比较大的，至少不该打成那个样子。这场球的输赢虽不影响出线，却决定淘汰赛中的对阵位置，各位置优劣悬殊。如果战胜罗马尼亚，它要想获得决赛权，依次遇到的对手将是：克罗地亚、德国、法国与意大利间的胜者。败给罗马尼亚后，若想获决赛权，依次遇到的对手将是：阿根廷、荷兰、巴西。上半区的激战远比下半区惨烈。英国队目前的实力高于克罗地亚，与德国应该是六四开，与法国和意大利应该是五五开。如果击败克罗地亚，获得决赛权的概率是 30%（对德国的 60%乘以对法国或意大利的 50%），德国只有 20%，法国、意大利也不过只有 28%。落到了上半区，迎战阿根廷极其艰难，即使涉险过关，同荷兰是五五球，同巴西是四六球，获决赛权的概率只有 20%，若加上对阿根廷一战，获决赛权的概率只有 10%。上半区比下半区险恶得多。

即使是一个强队，它的目标也不能只定位在夺取冠军上面，这目标太艰难以致失于飘渺了。更现实的目标应该是：首先尽量争取更好的名次，而后才可择机问鼎。要争取好名次，就要力争小组第一，以期在淘汰赛中占据一席好位置。德国和巴西为什么在历届杯赛中长期保持稳定而优异的成绩，就在于它们对小组赛兢兢业业，总能以小组第一的名次占据淘汰赛中的较好位置。英格兰对小组赛的怠懈，使它在淘汰赛尚未开战时，就失了先机。

英格兰队的第二个小的失误是，贝克汉姆的失态和犯规。这既是个人经验不足，也是教练提醒不够。马特乌斯绝对不会犯这种错误，甚至德国队的所有球员都不会在如此大赛中犯如此低级的错误。虽然我认为裁判的处罚过重了一些。

一个小错误加上又一个小错误，距离失败就不远了。

传统的思想方法总是在偶然与必然两个极端上跳跃。世间哪有必然，我们通常所说的人世竞争中的“必然”，大多是事后的追认，要么是事后诸葛亮，要么是借用科学术语对成功者的吹捧。世间的人物、事件虽都处在偶然之中，因实力、位置、战术选择和努力程度的不同，胜率是大为不同的。概率才是现代的思维方式。一支聪明的球队总是作出一切努力，利用一切机会，占据有利的位置，虽不能说胜券在握，却提高了获胜的概率。

金球点球都不好

金球战，就是延长期内，一旦进球，比赛即告结束，进球方为胜者。金球不是好的制度。只有在双方实力不等的比赛中，在金球规则下，才能保持攻势，因为实力强的一方不愿被对手逼平，最终靠点球定胜负。法国队对巴拉圭的比赛是此种情况的例证。而在实力相当的比赛中，双方都要加强防守，因为已经没有了回旋余地。这时候的进攻均是有保留的进攻，在严密防守前提下的进攻。愈近尾声，愈变得保守，谁也不敢玩火。阿根廷对英格兰的比赛就是证明。虽然有以上两种情况，因为实行金球制的淘汰赛中双方实力大多接近，因此这一制度会使多数延长期变得沉闷。点球战更荒诞。点球几乎不反映实力，它是99%的偶然，或许有1%的实力和技艺。它几乎遭受到一切足球强国和超级球星的嘲讽和揶揄。令人惊讶的是，它可以在咒骂中被推行，被接受。

修正以上制度的建议早就产生了。一种建议说，90分钟打平，先罚点球，罚后打延长期。若延长期分出了胜负，以此为准，点球无效；若延长期未分胜负，则以事先完成的点球成绩决定胜负。这样，延长期内必然有一方会玩命，另一方的心理也变得复杂了，它未必敢于一味死守。这建议有其积极的一面，但在罚点球问题上无建树。

我建议把上述场合中的罚点球（俗称十二码球，因罚球点与球门距离为十二码）改为罚十八码球。罚球距离虽然只扩大了六码，凭能力与撞大运的天平却大大改变。首先，它将比较罚球队员射门的力量和角度。在此，射门能手与平庸之辈立见高下。其次，它比较守门员的扑救和判断能力。因十二码球太快，守门员大多不作判断，而是押宝一般扑向一方。十八码球有了判断的时间，比较的将是守门员的能力了。

当然，先罚十八码球，后打延长期，也是一种选择。

制度的完善是有无穷的余地可以挖掘的，也不愁一些人才和怪物去想出好点子，关键在于掌权者有强烈改革和完善制度的愿望和动力。

好个“后现代”

当代社会科学中有个非常时髦的词汇“后现代”。字面的意思自然指超越了现代。人世间的事情都是有个由来的，极少横空出世，更没有孙悟空那般从石头里蹦出的。因此在更多的场合，后现代是指，“现代”在与“传统”的结合过程中（前者最初是持有批评后者的立场的）超越了现代。比如工业和环境污染是现代，清洁产业为后现代。中国离现代尚远，故笔者对人家说的后现代只是知个囫囵，不能了然。

看到世界杯赛场外的种种动人的景观：各国家、民族的人们，身着五彩缤纷的传统服饰，从五湖四海、天涯海角来到巴黎、马赛、南特、圣埃蒂安，以没有任何策划、编导、排练的即兴率真的方式舞乐狂欢，并随着赛事戏剧性的进展，迸发出巨大的欢喜和悲痛。即使只是从电视上目睹这些，我们也目瞪口呆，身心震撼，无以名状。该怎样理解和概括此景此情？一个我原本就不甚了然的词汇“后现代”一下子涌到了心头和口头，几乎没有哪种概括比它更准确、恰当和精练了。

当工业化彻头彻尾地决定了我们的生产生活方式后，它的策划、设计、流程、监控、组织纪律性，以及包装、宣传、广告，都全面地、无所不在地渗透到我们的生活中。舞蹈已从民间的自发性宣泄和自娱性表达，变成舞者与看客彻底割裂，前者精心排练后拿到舞台上供后者观赏的表演。歌咏已从遍及民间的传情媒介变成音乐厅里的专业歌手的专利。服饰也已从民间艺术变成对服装模特的时髦的效仿。曾拥有打拳卖药、杂耍魔术等民间艺人的集市、庙会，已被豪华然而单调的展销会取代。一言蔽之，现代社会以设计、排练和专业化，取代了民间原生的自娱活动。一方面，看到世界杯赛场外显然不是设计、导演和排练的狂欢，我们说，这是传统的、民间自发活动的复活。而另一方面，各民族人们靠着现代交通工具和通讯方式造就的超大型狂欢显然不是传统的复制。所以我们说这是真正的后现代。任何一个有生命力的事物必然会造就一个超越自身的大场。球场外的活动证明足球是这样的事物。美国 NBA 也带有这种味道，但是 NBA 只属于美国，无法走向世界。篮球的特征决定了大多数国家找不到这么多巨人与美国篮球抗衡，因此围绕篮球无法形成世界球迷的大聚会。足球的特征决定了它对巨无霸、矮脚虎、各种族，统统开放，于是造就了这样一个大场。

足球所反射出的后现代性，从本质上说，就是一种游戏性。自有人类起，就有了游戏。但是，是现代的生产方式使北部世界变得富足，帮南部世界解决了温饱，游戏才成就了前所未有的铺天盖地之势。古代社会中，人们没有解决温饱，无力尽情游戏。现代社会中，人们陷入功利，无暇尽情游戏。但这一个月里，全世界的人们尽情游戏，忘乎所以，说明世界真的接近“后现代”了。

法兰西与意大利之战

如果说 32 支球队构成的第一阶段是“春秋”时代的话，产生八强就是进入了“战国”时代。战国诸雄间的首战由东道国法兰西和它的邻居意大利揭开帷幕。对法意之战的内容和特征，有些是大家早已料定的：意大利钢筋混凝土式的防守，法国人风声大雨点小、心有余而力不足的进攻。还有些是大家始料不及的：意大利宁肯接受不体面的“下风球”，也决不打对攻战，死心塌地等待着对方久攻不下后的急躁和漏洞；法国队在大打攻势足球之余，竟能保持如此出色的防守，使反击大师皮耶罗几乎无处下刀，竟至被换下场，接替他的阴谋家巴乔在严防下将绝无仅有的一次机会糟蹋掉。法国队的银样蜡枪头和意大利几乎未出鞘的锈剑，碰上了二者双双具备的坚实盾牌，120 分钟内均无建树的结局就几乎是定论了。

本场比赛中唯一耀眼的球星是法国队中场核心齐达内。相形之下，双方锋线球员均无光彩。大名鼎鼎的皮耶罗在场上几乎看不到——竟一球未进就从世界杯赛上悄悄隐退了。维埃里十分勉强地顶出几记疲软的头球。巴乔有过一两次努力，但命运不再光顾他。法国队虽攻势不止，但锋线也乏善可陈。比较突出的亨利，似乎腿伤未愈，缺少捅破窗户纸的一点冲击力。

在点球大战的最后时刻，门框帮助了法国队。天道酬勤，这一结局是合理的。法国队迄今打过了五场比赛，场场尽力用命，虽能力有限，却生机勃勃，士气如虹，对得起本国和全世界的球迷。意大利不思进取，在这场比赛中他们根本未准备正面击败对方，一心等待对方漏洞的出现。在本届杯赛的前几场比赛中，他们屡屡受到裁判的关照，能进八强已属幸运。一支积极进取的球队晋身四强，一支消极等待的球队打道回府，可谓天遂人愿。我们在为法国队祝福之余，对意大利队百思不解：从全世界最高水平的联赛中磨砺和筛选出来的球队怎么会是这样的状态？意大利队没有资格埋怨点球，从上届杯赛到这届杯赛，其经验和狡诈有余、魄力和锐气不足，没落贵族的特征一以贯之。上届与本届的成绩都是多种幸运的结合，意大利人早就没有霸主的地位了，该深刻反省了。

巴西队的隐患

赛前我曾对朋友预言：这场比赛巴西队将大比分取胜。根据是，丹麦战胜尼日利亚已令巴西人百倍警惕，两队实力原本不是一个档次。看到场上的局面和结果，我认为，如果丹麦人不是先迎战尼日利亚而是挑战巴西，他们极可能爆出最大的冷门——将巴西拉下马。已经作了充分的准备，在对攻战而非对方老虎不出洞的情况下，只保有微弱的优势，作为昔日的王者，这几乎是危机的征兆。

巴西的问题在防守上。巴西人能撕开任何球队的防线，与此同时，他们的防线也可能在任何时间被任何球队攻克。似乎一切艺术型球队都未能避免这一痼疾，差别只在程度上。这一问题是深刻的。为什么是这样？有无避免的可能？是否在现存的足球规则下，防守反击比攻势足球更具优势？哪一种规则杠杆可以在战略上使后者不劣势于前者？

巴西队的第二个问题是，他们的配合在进攻中没有很大的效果，胜利在更大的程度上依赖与个人技术的优势。流畅的传接曾经是他们的专利，在这场比赛中他们并未靠着传接占据优势。

第三，作为头号杀手，罗纳尔多似乎被各队成功地看守住了，他只好求其次，为别人供球。可是他现在突前的位置使他不能充分扮演穿针引线的角色。他目前的位置与他目前勉强发挥出的作用，并不协调，似乎教练还未明确意识到这一变化。他还能充当第一杀手吗？不然是不是换个位置？变化是战术的精髓。有意换位毕竟比无心插柳的成功概率高一些。

背运，阿根廷人

阿根廷队与荷兰队，我都非常喜欢，因此看这种比赛，心情非常复杂。但在赛前，我的心里更倾向阿根廷队。两个队球技都很好，但从过去的历史看，阿根廷在球风上更有锐气和冲击力，在精神上更具士气和意志力。上届世界杯上若不是发生了马拉多纳服药事件，阿根廷是有望问鼎的。从本届杯赛的前四场比赛看，以奥特加、巴蒂斯图塔、贝隆为代表的又一代球员终于走出了马拉多纳的阴影。

近 20 多年来看阿根廷队比赛，从未见到过他们体力不支。1990 年意大利世界杯上那支残破的阿根廷队迎战强大的意大利和德国时，都是气力充沛，毫无惧色。本场比赛上半场临近结束时，阿根廷似乎已扭转了略居下风的局面。但下半场一开始，完全陷于挨打的境地。黄健翔说，他们体力不支了。最初我不相信——这是阿根廷队啊，且才打了半场球。但从以后的情况看，好像真是体力不好。根子自然在与英格兰那场比赛，死拼了 120 分钟后点球大战，这一极其艰苦的胜利一定使他们赛后迟迟不能从精神的亢奋中松弛下来。他们还比荷兰队少休息一天。这应该算是潜伏下的第一个不利因素。

奥特加的超人技艺，使他成为对方杀伤的对象。还在上半场时，荷兰一名已经领受过黄牌的队员在自己禁区前沿再次对奥特加严重犯规，裁判犹豫了一下，未掏黄牌。如果掏出了这张应掏的黄牌，便大局已定了，因为荷兰队半场未过就少了一名队员；并且，荷兰只好减轻对奥特加的犯规，这样奥特加将是看不住的。但公平的裁决来得稍晚了一点。

奥特加不是马拉多纳。马拉多纳盘带技术天下无敌，但他从不卖弄，从不因卖弄而粘球。奥特加本场比赛似有粘球之嫌。奥特加与巴蒂斯图塔这两位天才球星如果能珠联璧合，将是极难防御的，但他们的配合似乎远未达到马拉多纳和卡尼吉亚或卡雷卡的默契程度。奥特加在受到杀伤时也没有马拉多纳那样表面痛苦实则平静的心态。马拉多纳的平静不是天生就具备的，是在无数次被杀伤中练就的。在新的严判制度的保护下，24 岁的奥特加应该能够在日后更上一层楼。

最后应该说，这两位球星在本场比赛中也是不走运的。荷兰的两位球星克鲁伊维特、博格坎普各攻进一球，而阿根廷的两位球星各打中一次门柱。背运有时要比自身存在的问题更致命和无奈，这就是足球。

荷兰足球，卷土重来？

荷兰人是足球技艺上极有天分的民族，但因精神上缺少必胜的愿望和士气，球风上过于注重表演，加上内部长期不和，导致成绩起伏不定，是个很难寄予厚望的球队。有时候他们能打出最精彩的球，有时则溃败得不可思议。1990 年的意大利世界杯，荷兰队拥有四大天王：古力特、巴斯滕、里杰卡尔德、科曼，是夺标第一热门，却令人大失所望。1992 年哥德堡欧洲杯上击败德国，雪耻世界杯，似乎要夺得冠军，却又不可思议地败给丹麦。从长期的失望中，我不再对荷兰队寄予希望了。在 1994 年的世界杯上荷兰队已不具备昔日的威风了。

本届杯赛上，应该说在迎战阿根廷前，荷兰还未遇到强敌。即使如此，不是每场比赛都打得好。第一场对比利时队就毫无生气。本场比赛，对阿根廷队能打出如此上风的球，确实令人刮目相看。但从荷兰的传统看，打出一场非常好看的球，对他们不新鲜；问题是他们总是不能保持这一势头，善始善终。所以我不敢因这场比赛而认为荷兰可以问鼎。

眼下的这支荷兰队，就才华而言，肯定赶不上三剑客时代。同巴斯滕相比，博格坎普给人小鼻子小眼的感觉，但克鲁伊维特确实带有天才少年深不可测的神秘色彩。

荷兰战胜了阿根廷，或许对巴西是福音，因为阿根廷一定是难于对付的，而荷兰队在一场好球后接着的往往是一场臭球；但也可能是一场最严峻的挑战，因为荷兰的天才少年身上确实有神秘莫测的东西。

走了，德国老战士

德国队与英国队同样是在被红牌罚下一个人后被击败的。但德国队与英国队有两点不同。英国队在缺少一人的情况下，不仅在90分钟内，而且在延长期中，顶住了阿根廷的进攻；而德国队被罚下一人不久，就城池被破，竟至连吃三蛋。赛后，英国球队和舆论界纷纷批评本队的犯规队员——贝克汉姆，使贝克汉姆无地自容。而德国队在赛后，从教练、球员到舆论界，都认为裁判不公。但是有录像为证，我们清楚地看到，德国队沃恩斯对苏克粗野的犯规。福格兹说，沃恩斯后面还有一名德国的后卫——其意思是，苏克越过了沃恩斯也不是单刀球，不该罚红牌。但是规则上没有福格兹这种说辞。

英国队败后得到的是一片惋惜声，连阿根廷的球迷都说：“英格兰人不要灰心，你们有天才欧文。”世界三大歌唱家帕瓦罗蒂、多明戈和卡雷拉斯一同致信英格兰足协，表示惋惜之情，并献上他们的唱盘。

德国人会得到这些吗？我持怀疑态度。

德国足球江河日下，福格兹负有不可推卸的责任。他是日耳曼老战士军团的保护伞。即使福格兹赛后退役，他多年的执教也将为德国足球带来深远的“后效益”。本届杯赛的德国球队中最年轻的队员是24岁的杰雷米斯和25岁的哈曼。与欧文同龄的德国球员大约还没有闻过国际比赛的火药味。到下届日韩世界杯赛，德国队都未必能恢复元气。

老战士终于走了，可惜走得不够光彩。

美哉，绿茵戎装

色彩是神秘且有着无法言说的震撼力的。古代的图腾制造者们明白，并且充分利用了色彩。现代足球设计者几乎是图腾大师之后最善于使用色彩的人了，只消看看他以绿茵作其底色，你就能明白他的境界和气魄了。在这底色上他如何施展呢？在法兰西与意大利比赛中我们看到的是蓝白大战。法国将士球衣、球裤、球袜，三位一体，一色银白。尽管白色在绿茵场上从不缺少，但全身洁白，在本届杯赛中似乎还是第一次出现。也只是在这一次，我们看到了白色的魅力。世间的色彩争奇斗艳，不下万千，但白色从未自惭形“素”。梅花是何等高贵，宋代诗人却认为，它也要“让雪三分白”。白色虽好，但善用白色非常不易。佼佼者易污，白色最怕污染，一污染就完全没有了自己；白色喜欢纯粹，忌讳同其他颜色混杂，混杂后损失最大的是它。纯白极其美丽，因为它是纯粹之极致，但几乎不可求。球衣上必须有醒目的号码，号码也在破坏着白色。白色可望获得最大的成功，但在嘈杂的环境中白色极易失败。

无独有偶，那场比赛中意大利人一身湛蓝。白，一成不变。蓝，则有它宽阔的谱系——从天空的蔚蓝，海洋的深蓝，到蜡染的黑蓝，色调愈浅，愈显天真；色调愈深，愈形刚毅。意大利的服装趋近深蓝。蓝色是大自然的最基本的色彩之一。天空、河川、湖泊、海洋是蓝色最大的载体。人世间的蓝色和人们对蓝色的情感最直接地源于大自然的启示和作用。看到意大利人身披湛蓝，令人想起那首激荡人心的歌曲《深深的海洋》。不错，那歌曲属于南斯拉夫人。而南斯拉夫与意大利恰恰是亚得里亚海畔的近邻。或许那旋律和色彩，都是亚得里亚海万顷波涛的化身。巴西是自然色彩极其丰富的国家，他们在无数色彩中选中了芒果的黄色作自己国旗和球队的战袍。美学家和心理学家认为，黄色给人幸福、温和、宁静的感觉。而这感觉源自普照万物的太阳。巴西无疑是阳光最充沛的国家。芒果得阳光雨露之精华，是上苍赐予原始时代人类的珍品。选中黄色，或许是对幸福的沉浸，亦或许是最朴素的感恩心情的体现。

荷兰人的黄色则是另一派风光和气象了。据说，这是历史上荷兰皇室的专用色彩。能被皇家选中的东西必定高贵。且这色彩中透露出难于掩抑的霸气。有人说那是橘红。我说，错了，那是蟹黄，橘红哪有蟹黄的气派。在天地之间，区区螃蟹无疑是个小东西，但这小东西身上偏有大气度——桀骜不驯，我行我素。蟹黄这种颜色在大自然中是罕见的。这颜色与这傲慢生物的身躯，融于一体，相得益彰，实在是天造地设，可遇不可求。我不知荷兰，这个人口只有1500万的海洋民族，钟情于这奇异的黄色，是否受到螃蟹的鼓舞。而我对螃蟹素怀敬意。我甚至觉得，在足球的世界中，荷兰就是一支伟大的螃蟹——不惧列强，自尊自重，高视阔步，横行天下。

西班牙球队的紫色，极具感染力。本届杯赛上，不止一支球队在主客两套服装中有紫色一款。但紫色与西班牙人的传统和性格最为和谐贴切。有美学家说，紫色是帝王的标志。紫色折中了红色的热情、激昂和黑色的庄重、哀愁。它热情而不轻狂，厚重而不冷漠。

它可以令我们想到伟大斗牛士永远不甘平庸的血统。

讲到绿茵场上的服装与颜色，不能不说到非洲。我在前文“色彩的魅力”中说到喀麦隆队炫目的红黄绿三色服饰，身披这些色彩的喀麦隆球员简直就是美丽的巡海夜叉。而摩洛哥与尼日利亚的色彩丝毫不逊色于喀麦隆。摩洛哥的色彩骄阳一般火红，尼日利亚的色彩芭蕉一样翠绿。非洲人的色彩一概浓墨重彩，对人们的视觉产生了巨大的震撼力。它使我们联想到非洲红艳的骄阳，清冽的河水，晚间的篝火，浓绿而无比茂盛的热带植物，以及他们无与伦比的雄强的肤色。无疑，是非洲大陆自然环境中强烈的色彩反差和深深蕴藏的伟大自然力，构成了非洲人审美情趣的源头活水。

美哉，大自然的万般色彩；美哉，绿茵场上的绚丽戎装。

足球和女人

社会太大，不借助统计调查，我们很难认识“庐山真面目”。从一项调查结果中得知，京沪两地男人观看世界杯的比例是83.5%，女人是53.4%。女人看球的比例已经很高了，自然男女间的差距也还是不小。

传统观念一般认为足球是男人的游戏。这认识太简单化。首先要区分踢和看。踢球是游戏，看球也是游戏。可以又踢又看，也可以光看不踢。我们观看的东西多了——网球、台球、高尔夫球、体操、跳水、赛车，都亲自干过这些？不能因为踢球的主要是男人，就认为多数看球人也应该是男人。赛美是女人的事，为什么男人那么爱看？足球体现的是男性美，女人观看的愿望至少应该不低于男人的。参与不是非得踢球，到现场观看也是参与。现代大型足球比赛简直就是一个博览会。广大观众，包括大批电视观众，不仅愿看比赛，而且愿看看周围的观众——他（她）们的表情、风貌、服饰、道具，听听他们的歌唱声、呐喊声，以至咒骂声。观众席是赛场的重要风景线，而女性是这风景线中不可缺少的内容。

一般认为，女性没有男性懂得球经。其实这是无所谓的。踢球是一门学问，深了去了。因此球经是个由浅入深的系列谱。侃球就是图高兴，各有各的侃法。如果只有段位高的人有发言权，就只有专业搞足球的才能说话了。如是侃球将成为索然无味的专业课。侃球的乐趣和魅力，很大程度上正是在于热闹、多样化、仁者见山智者见水、醉翁之意不在酒。女人的加入只能增加侃球的乐子。

当然要看出味道来，总要了解足球的基本规则，具备基本知识。这不外靠两个办法解决。一是男人讲给女人听。但男人也未必都门清。二是电视台办个小讲座。把女人拉进来，是可以上纲上线的——它可以减少“足球寡妇”，利于安定团结。之所以最后说这点，是因为这是低限。这么好玩的游戏，何来性别之分？何愁女士不看？我相信，越向现代化发展，这界限就越不存在。举两个例子。你看西方社会中女士吸烟人数已超过了男人。你再看我们社会中男人的头发越来越长，女人的头发越来越短。

科学家也不甘寂寞了

英格兰点球大战败给阿根廷后，英国导弹专家、1994 年诺贝尔物理学奖金候选人费尔班克斯愤然提笔致信英格兰主教练霍德尔：“你们缺乏一些基本的科学概念。英格兰队是由于无知和缺乏教育（贝克汉姆）而被淘汰出局的，可我们实在是一个文化水平很高的传统国家。从物理学角度来看，成功率最高的点球应该是紧贴着地面滚入大门的。一个身体素质良好的守门员很容易向上或向左右两侧跳跃，以扑出来球。但是当他用手向下扑球时，他的重心必须急速下降，而手部向下移动的速度平均只有每秒钟 32 英尺，这一速度与皮球前冲的速度相差很远，所以贴着地面的点球是守门员最难扑出的点球。然而您选择了巴蒂，巴蒂又选择了一种成功率最低的半高球。或许您不相信，在巴蒂射门的那一瞬间，我已经感觉到了英格兰的失败——这是一种基本科学知识缺乏的失败。”

我愿意为他的观点补充。足球与篮球有很大不同。篮球中的投篮往往是向篮圈的最中心投，这样最容易命中。而足球因为有守门员的存在，必须朝球门的边缘射，即射得刁钻才易射入。追求刁钻，就增加了风险。球门的四个边之中，只有射地滚球，既中边缘又无射失的风险。当然也不能绝对了。因为在博弈中变化莫测才易制胜。

讲述费氏的观点，不仅是因为我赞同他的点球观，更是因为我看到了一流科学家终于开口侃球了。政治家、艺术家早就在喋喋不休地大谈球经。天晓得他们有何高见。我相信科学家中的球迷一定不少，但长时间以来，他们缄口不言，沉默是金。或许是艰苦的职业训练使科学家养成了严谨的作风，不轻谈其他领域的事情。于是在广泛的社会生活中我们只能听到“科盲”们滔滔不绝。而缺少了科学家，我们的社会话语将是狭窄和单调的。对于广大公众来说，科学家对社会生活的评论，不仅有意义，而且也是非常有趣的。

“76 人”大战

这场被称为“提前进行的决赛”，在巴西与荷兰间展开。两队各以一位天才的少年杀手作自己的箭头——罗纳尔多和克鲁伊维特。这两位天才少年恰好同庚，均是 1976 年生人，今年 22 岁。罗纳尔多动如脱兔，矫健异常；克鲁伊维特身躯伟岸，力拔千钧。这一对“76 人”间的抗衡将跨越十余个年头，一直迈向 21 世纪。本场比赛中，两人旗鼓相当，各有一球进账。下半场一分半钟，罗纳尔多单刀赴会，轻推皮球，穿对方门将胯下入网。终场前三分钟，克鲁伊维特面对对方四名后卫，高高跃起，头锤击球，砸地入网。罗纳尔多还有三次机会，均有望演成绝杀。克鲁伊维特则包办了荷兰队半数以上的射门，多次险过剃头。罗纳尔多的射门几乎都打在门框内。克鲁伊维特的射门几乎都是划门而出。有人以此断言，克鲁伊维特比起罗纳尔多还欠火候。此乃幼稚书生之浅见。职业杀手是宁可荆轲刺秦也不替人搔痒的。扎加洛比谁都清楚，克鲁伊维特射失的一个个球是什么水准，有多大威胁。论名气，罗纳尔多无人匹敌，若讲本场比赛中的威力，我以为，克鲁伊维特稍占上风。

秋色平分，抽签决胜

平心而论，在与荷当的比赛中巴西队没占到任何优势。双方射门各 18 次。巴西队 10 次打在门框内，8 次射偏。荷兰队 6 次打在门框内，12 次射偏。但射中的未必威胁大，射偏的未必威胁小。若论进攻的威胁程度，荷兰不弱于巴西。角球荷兰 6 次，巴西 5 次。越位双方各 5 次。总体而言，120 分钟内巴西没占到任何便宜。

巴西唯一得到的便宜是点球获胜了。大家都清楚，点球决胜，同抽签定胜负没什么差别。从根本上说，我不愿看到强队在点球决战中被淘汰。正因为如此，我希望本届杯赛上，有尽可能多的强队因点球决战而遭淘汰。只有列强纷纷不满，决心改变决胜方式，改革才可望进行。国际足球界中保守势力极其强大，不把这游戏玩到荒诞之极，天怒人怨，是不会有改革的。

裁判不助，天助自助

东道国法国队与世界杯的黑马、东欧的小国克罗地亚队的比赛中，最令人钦佩的是西班牙裁判阿兰德。在法国观众为主队震天动地的呐喊声中，他镇定自若，处罚公正，并凛然向法国队中卫布兰克掏出了全场唯一的一张红牌。被侵犯队员故作姿态是真，但布兰克有意击打对方也不假，判罚果断严厉，绝不离谱。以后亨利的肘部碰破了对方球员额头，阿兰德未予判罚，我认为也有其道理，并非见好就收，刀下留人。亨利在对方球员接近自己之前已经举起双臂，且在空中沿惯性运动，伤害对方是无意的。除了红牌，阿兰德其他的裁决也是不看任何人眼色，堪称德才兼备。

裁判未帮助法国人，无奈上天是帮助法国人的。法国队一向场面上热闹，进球能力欠缺。此役落后一球时，竟有神来之笔，即刻扳回，并继而超出。法国队一路走来，屡逢幸运之神。金球险胜巴拉圭，点球逼走意大利。虽嘴上说愿意遭遇德国，实则内心愿碰克罗地亚。无论如何，德国队是不好对付的。鬼使神差，果真就避开了德国，并无可争议地战胜克罗地亚，进入决赛。法国人，以及世界上多数观众，所期望的卫冕冠军与东道国的决战果真将上演，不是戏剧，胜似戏剧。

天助自助者。法国人能得天助的前提是自助。这支球队兢兢业业，不骄不躁，举轻若重，善始善终。再加上好运气，就有了好收获。此时，这支球队的士气一定极其高昂，决赛将有的打。

法国好运，巴西坏球

决赛令人大失所望，一点都不精彩，原因是巴西人的表现太失水准。法国人的运气好得不可思议，齐达内大赛至今还未进球，决赛却撞了头彩，连中两元，锁定胜局。

从决赛的表现看，这是五届世界杯赛以来，表现最差的一支巴西队。1994 年美利坚世界杯巴西队捧杯自不待言。1982 年拥有济科、苏格拉底、法尔考的那支巴西队，球技冠绝一时，因心高气傲，忽视了神奇小子罗西，折戟沉沙。1986 的墨西哥世界杯赛上法国人靠着普拉蒂尼的超常发挥与巴西打平，而后巴西人败于点球大战。1990 年的意大利世界杯赛上，巴西队在整场占据优势的形式下，惜败于超级巨星马拉多纳的一记妙传。那三届大赛后，失败的巴西队回国时仍享受到英雄归来般的待遇，因为巴西人懂得足球之真谛。本届杯赛中巴西队的成绩高于那三届，但我料定等待他们的绝不会是鲜花。巴西人可以容忍输球，但他们不会容忍这样的输球。扎加洛必须对他的国人交代清楚：在牺牲了桑巴艺术后，你为国人换来了什么？

攻势足球复活了吗

在本届杯赛中，攻势足球具有了前两届杯赛中所不具有的优势和活力。这可以从两方面体现出来。第一，出现了更多场次的精彩的对攻战。比如小组赛中的尼日利亚对西班牙，淘汰赛阶段中的阿根廷对英格兰，阿根廷对荷兰，巴西对丹麦，巴西对荷兰。这些比赛将长久地留在人们心中，它重现了足球的魅力，显示出攻势足球的复兴，也是本届杯赛成功的重要标志。第二，进入四强的球队——巴西、荷兰、法国、克罗地亚，统统是打攻势足球的球队，这至少显示出本届杯赛中攻势足球的优势；当然，它是方兴未艾之趋势，还是随时可能逆转的表象，还需深入认识。并且应该指出，本届杯赛的每场平均进球数（2.67 个）并未超过上届（2.71 个），这似乎说明，对攻势足球的复活程度不可估计过高。

重守轻攻与固守反击的战术起源于弱队。这不仅是可以理解的，是难于彻底扭转的，同时也是有其积极意义的——它增加了弱队与强队比赛的观赏性。弱队与强队打对攻（如果不是出奇兵），一下子拉开了比分，比赛就没得看了。因此这种固守反击并不是一种保守的、扼杀足球审美性的球风。从弱队打固守反击，到保守消极的防守球风弥漫足坛，以致攻势足球全面衰落，离不开两个因素的进入。其一，杀伤进攻球员的粗野战术的盛行。这是对进攻的致命打击。其二，越来越多的强队也以固守反击为主导战术。弱队打固守反击，天经地义。只有当强队也打固守反击时，才能说，这种球风占据了压倒优势，球赛不好看了。

本届杯赛促进攻势足球的手段是什么？成效又如何呢？我认为主要手段就是禁止背后铲球，已证明很有成效。背后铲球无疑扼杀进攻，利于防守，并且这种手段不利于球技的发展。你从正面施展任何球技战术，我都会针对它寻求应变的手段。而你从背后下手，我什么也看不到，我只能消极地忍受暗算，不能积极地与之博弈。因此禁止背后铲球应该坚持下去，更严格地执行。在此基础上，还应进一步遏制防守一方惯用的其他犯规手段。下一个打击对象应该是拽衣服。拽衣服非常不公正，且非常不文明。如果你在对抗中失去了重心，可以接触一下对方的身体，但不必拽衣服。即使你故意拽对方球员的手臂和肩膀，他可以挣脱和躲闪，双方仍然有博弈的余地。但当你拽住进攻球员的衣服时，他没有任何办法。拽衣服是找不到任何辩护理由的恶劣行为，在今日球场上已非常流行。每个球队有选择进攻和防守的权利，鼓励进攻绝不是口头上的说辞，而只有通过严惩防守方犯规的制度作保证。

固守反击蔚然成风的很大原因是一些强队也选择了这一战术，突出的代表是意大利，德国足球似乎也有这种倾向。应该说，要改变这种状况，只有靠坚持攻势足球的球队打出成绩来，显示其魅力。本届杯赛意大利和德国提前出局，带有偶然的成分，它不应使人们对攻势足球抱有过分乐观的态度。

唯一值得乐观的是国际足联开始利用规则杠杆去推动进攻。足球的美感在于攻守的相对平衡。如果有一天它的进攻变得像篮球一样容易，也就失去了魅力。但眼下的问题在另一个极端上，即进攻常常失去优势，防守反击每每获得便宜。必须利用制度去调整这一失衡和变态。实际上规则与制度的杠杆是大有作为的。足球是这样，其他的事物也是这样。

国际足联：改革还是守旧

本届杯赛上引起最大争议和不满的是两大问题：裁判问题，点球决胜以及金球问题。其实关于裁判与点球问题的争吵已经旷日持久了。国际足联明确表示，不想逐渐引进一些电子手段辅助裁判工作，亦不打算改变点球和金球的制度。一言蔽之，在这两个老大难问题前，它是不思改革的。它以一句口头禅为之辩解："这就是足球。"当西班牙 5∶1 大胜保加利亚，摩洛哥 3∶0 大胜苏格兰后却均遭淘汰时，它说："这就是足球。"当意大利与荷兰在点球战中淘汰出局时，它说："这就是足球。"当波查图误判智利队一个点球，帮助和挽救了意大利队时，它还是说："这就是足球。"当一些主教练在赛后的新闻发布会上批评裁判时，它甚至说："考虑以后不开赛后新闻发布会。"究竟什么是足球？

难道足球该尽量追求偶然，尽量宽容误判，尽量保持充满漏洞的制度。难道足球不该是公平竞争，不该是公正执法，不该让实力和表现而非运气占据更重要的地位吗？“这就是足球”，是否意味着足球规则一成不变。但是 100 年前的足球规则不是这样。究竟是“这就是”足球，还是“那就是”足球呢？100 年后的足球规则也必然要有所变化，大可不必以“这就是”来故步自封，来堵塞对现规则不满的人们的嘴巴。

老黑格尔曾说过一句名言：“凡是现实的都是合理的，凡是合理的都是现实的。”如果没有了后半句，单独的前半句将是极其荒诞的。现实中有的是不合理，怎么能说现实都是合理呢？那就不必有任何改变和改革了。黑格尔之所以吸引过一代革命者，正是因为那后半句话：凡是合理的都是现实的。

足球同人类所建立的一切事物一样，是不完美的。但这不是事物的全部。人类总是努力通过不断的改革，走向更完美。在这一过程中制度杠杆最为重要。而制度杠杆是由掌权者把持和操作的。因此他们的态度极其重要。从本届杯赛上国际足联的言论看，情况绝非乐观。

球星点评

本届杯赛的第一号球星是齐达内。齐达内是法兰西的英雄，他超越了方丹和普拉蒂尼，他率领法兰西队完成了历史性突破。齐达内视野开阔，有不可多得的大局观，他控球、分球的能力极好。这些久已为人称道，但人们感到美中不足的是，他极少亲自入球，至本届杯赛决赛前他还没有一球进账。但恰恰是在本届杯赛的决赛中，他打进了无可争议且至为关键的两枚入球。因此第一球星的桂冠非他莫属。他的球技未必超过普拉蒂尼，但他比普拉蒂尼幸运。他球艺的巅峰与法兰西的世界杯的举办刚好重合，使他成就了普拉蒂尼无法成就的伟业。很可能下届杯赛还能看到他的身影，不过他最高的成就在 1998 年。

本届杯赛的第二号球星是克罗地亚人苏克。苏克留给人们的外在印象是脚法秀丽，球风潇洒。他常常自觉掩盖的特征是，他极其狡诈，像狐狸一样善于捕捉猎物，并能为对手制造陷阱。由于兼备内外之优良素质，他发挥稳定，并且越是关键的场次，越从容不迫，越能牵住对手的鼻子。上届最佳射手是保加利亚人斯托伊奇科夫，本届是苏克。东欧人已蝉联此项殊荣。但苏克绝非超级球星，他更像四小名旦一流。他永远有其位置。但他摘取了最佳射手的桂冠，令人有世无英雄之感。

本届杯赛的第三号球星是奥特加。奥特加使阿根廷队在经历了巨星陨落后的真空和休克后，重新找到了自己的核心，并因此具备了信心与章法。奥特加的盘带与分球技术不逊色于巴西最好的球员。除此他还有上乘的射门能力，这使他在综合技能上超过了法国人齐达内。他的技术已臻完善，需要提高的是对时机更为敏感，从而不粘球；具备更好的心理素质，从而处乱不惊，并镇定全队。只有这样才能承担起带领阿根廷队东山再起的重任。他才 24 岁，有承担大任的可能。

罗纳尔多只好屈居第四。赛前呼声最高的就是罗纳尔多。名声往往为球星带来巨大的心理压力，又导致对手们对之超常的盯防。事实证明，很多球星为名声所累。赛前与罗纳尔多齐名的皮耶罗已经悄然引退，罗纳尔多大致上经受了大赛的洗礼，无奈在关键的比赛中毫无建树。与其他球星相比，罗纳尔多的优势是面面俱到：技艺、体能、抗伤病、心理。在技艺上，他已经不仅是一位专业杀手，而且屡屡为伙伴输送炮弹，日渐具备穿针引线的能力。在当代足球史上兼备摧城拔寨与穿针引线能力的一流球星似乎只有克鲁伊夫和马拉多纳。罗纳尔多有追赶他们的潜在素质，他应该重新认识自己在球场上的位置。在体能上，他不仅速度快，爆发力强，而且力量、耐力、对抗性都好，没有弱项。他屡屡受到攻击和伤害，却仍打满大赛中的七场比赛，说明他不仅具有抵抗伤病的结实身板，并且在对抗中善于保护自己。与他同龄的多数球员在对方在自己身上犯规而未受惩罚时，往往怒不可遏，情绪失衡，罗纳尔多则能漠然处之。尤其引人注目的是，他才 22 岁。人们曾经期望他成为又一代球王，现在的问题是，认清自己最缺少的是什么。

第五位球星是克鲁伊维特。他与罗纳尔多同庚，都是 1976 年生人，都将走过漫长的跨世纪的绿茵旅程，都有着不可限量的前程。克鲁伊维特相貌接近里杰卡尔德，而球风酷像古力特。在上个时代，能与马拉多纳分庭抗礼的几乎只有古力特。古力特没有马拉多纳的细腻球技，但他凭借着高大身躯和上乘意识而向对手施加的压力，几乎不次于马拉多纳。克鲁伊维特只要能将其注意力集中在绿茵场，几乎一定能成为古力特第二，他的头球是罗纳尔多无法企及的。对荷兰足球来说，克鲁伊维特将结束小鼻子小眼的博格坎普时代，重振三剑客的雄风。

第六位球星是英国人欧文。本届杯赛上少年欧文（18 岁）惊鸿一瞥，如闪电般耀眼，似彗星般迅乎。究竟是超常发挥，还是实力过人，还需拭目以待。但我们判断，他大概真的才华出众。从本届杯赛上他的表现看，他可望超越英格兰近年来的最佳射手莱因克。莱因克只擅长门前抢点，既无长途奔袭的跑动能力，又无出神入化的过人技巧。英格兰不是世界体坛上的超级大国，但总能产生一些奇才。欧文的清秀面孔使我们想起塞巴斯蒂安科和爱德华兹这些世界级的英国体育家。

第七位球星是巴蒂斯图塔。他是世界足坛上状态最稳定的射手。本届杯赛上偏偏他的状态不算太好，这甚至使我们疑惑，阿根廷队内部是否不够团结，至少是在进攻战术上不愿以他为中心。即使这样，他仍然入球五枚。上届杯赛遭遇马拉多纳服药事件，下届杯赛他将 34 岁了。命中注定，他只能成为意大利甲级联赛的最佳射手，在世界杯赛场上只是匆匆过客。

第八位是米歇尔·劳德鲁普。八年前的世界杯小组赛中，他率领的丹麦队就作出了令世界震惊的表演。或许是因为亢奋过度，在决赛中一蹶不振。人们都以为，劳德鲁普在世界杯赛上没有第二次辉煌了，不想 34 岁的劳德鲁普本届杯赛上能有如此上乘的发挥：击败风头正健的尼日利亚队，挑战巴西队。劳德鲁普的大局观，他对时机的洞察和捕捉，他传球的分寸与火候，都是绝对一流。他能够使一支二流球队陡然间成为一流。

第九位球星是博格坎普。我不像贝利那样看重他。他不是看不死的人物。在对巴西的比赛中除了刚开场射出一个划门而过的球，以后基本被盯死。但是他在本届杯赛上对阿根廷比赛中的关键入球，的确是精彩绝伦的。一接，一扣，一射，一气呵成。那一接，是超难度超水平的；一射，也是极有功力的。特别是这一入球是在最关键比赛的最关键时刻捕捉和完成的。博格坎普的全盛期，有点进球机器的架势。他没有三剑客的个人魅力。但荷兰球员的天分太高了。即使在荷兰足球的低谷时期，其产生的球星也是世界一流的。

第十位球星是尼日利亚人奥科查。国际足联技术委员会已将他列入本届杯赛最佳阵容的替补前卫的位置上，说明英雄所见略同，虽然他早早引退，仍给人们留下不可磨灭的印象。奥科查的盘带技术出神入化。巴西人丹尼尔森号称巴西的盘带大师，他在场上自负之极，但与奥科查的盘带相比，他显然略逊一筹。奥科查与他的队友是绿茵场上最大的游戏人。他们今后的路程能走多远，无人知晓。但如果绿茵场上没有了他们，将是遗憾，甚至悲哀。

本届杯赛前夕，笔者曾说：我们希望又一个马拉多纳这样的不世之才尽快问世。杯赛落幕了，我们不得不承认，马拉多纳留下的真空，仍无人填补。

美利坚世界杯赛后，笔者曾列出十位球星。他们当时的平均年龄是27.7岁，其中最小的两人24岁，仅有其中一人（博格坎普）来到了本届杯赛。本届杯赛中的上述十位球星目前的平均年龄是25.4岁，其中五人年龄在24岁以下，他们是奥特加、罗纳尔多、克鲁伊维特、欧文、奥科查。在他们之外还有众多的新秀：劳尔（21岁）、贝克汉姆（23岁）、亨利（21岁）、萨拉斯（23岁）、费隆（23岁）。他们中的多数将是日韩世界杯赛中的要角。

“今年花胜去年红，可惜明年花更好，知与谁同？”

亚细亚人对球儿说

这支绿茵魔球搅动着亿万亚细亚人度过了三十个不眠之夜。当大力神杯又被高高举起时，球儿止息了转动。在大力神杯留守法兰西之时，球儿开始了向着亚细亚的远征。在下一个世纪之初，亚细亚人将在太阳升起的地方，等待球儿的到来。

亚细亚有一个古老的大国，这国家中有一个卑微的侏儒，唯因深爱足球，他要悄悄地向球儿传递密语：这偌大的世界你已收复了许多，却有两个地方最难征服。一个是美利坚，那里的人们已皈依篮球和橄榄球。另一个地方是中国，那里的人们光看球，不踢球。你要动用你的法力让他们亲身去参与，去踢球，不然那里就永远也不会是你的属地。

《足球》1998 年 6 月 9 日 ~7 月 13 日

韩日世界杯断想

我的“告别赛”

体育大赛中我最爱看的是奥运会和世界杯。我可以不工作、不睡觉，不能不看它们。但我知道，就“发烧”程度来说，我是不够级别的。

我的一个朋友的父亲，80多岁了，脑栓塞。上次奥运的时候，儿子劝老爹：“少看些比赛吧。”老人脸一沉：“我还能看几届奥运啊？”话说得凄凉，儿子再不敢多语。老者的架势大有“牡丹花下死，做鬼亦风流”的气概。我自叹弗如。

我看过的第一场现场足球比赛的时间已经模糊了，应该是1960年左右，在北京工体。但比赛的对手和内容至今记忆犹新，是北京队（实为国家队）对几内亚国家队。距今已逾40年了。

我写的第一篇体育文章是在1987年，距今15年。1993年6月首次投稿《足球》报，占了整整一版，题为“醒世十言”。15年来，在体育评论上共涂抹40万字，足球大约占据大半。我最引以为荣的是，国内联赛打主客制与反对常设国家队的主张是鄙人最早提出，且连篇累牍，鼓吹再三。这有文为证，时在1990～1991年。15年来，共出版了三本体育著作：《中国足球的出路》（1991）、《游戏人生》（1997）、《世界杯断想》（1998）。《世界杯断想》一书的封面是我从外文原版的《足球百科全书》中选取的。那画面美妙绝伦，且出处非凡。谁能说出它的来历，笔者愿意赠送三部拙作。

岁月悠忽，新世纪球迷们的节日已在眉睫。而在它来临之际我几乎不想用我的刀笔迎接它。因为我觉得我已经写不出更好的体育文字，重复不是洁癖患者的习惯。在我即将打定主意的时候，《足球》报的电话来了。我毕竟为这家老资格的足球媒体撰稿十年，且主编与常联系的编辑对我颇为礼待。盛情难却，我只好抖擞疲惫之精神，不避江郎之才尽，再作冯妇。不是客气和虚伪，人该退场的时候是应该自觉退场的。所以这很可能是我撰写世界杯的最后一次。

其实原因除了个人江郎才尽外，还有另外一点，说出来不怕一流球迷骂我。我已经不觉得今天的足球仍像昔日那样美好。球迷们持久不衰的热情使得国际足联的首领们不思进取，而球员体能的增长与规则的一成不变，已使胜败屡屡同偶然联姻。悬念曾经是足球的特征与优势，而今天它已经走到了极端。四年一度的世界杯可以吊足球迷的胃口，这周期也一次次地降解人们对规则的不满、对革新的渴望。我料想，这届杯赛上人们对偶然性支配了结果的厌倦会达到新的高度，但能否推动国际足联的老爷们仍未可知。不管天下大势如何，处在足球世界的边陲的一个卑微的侏儒已经决心对足球开始他的批判。他对足球的赞歌已经唱过了十余年，如今知识分子的本色——怀疑一切的精神，终于在他身上陡然升起，使他开始挑剔足球。这种批判将贯穿他为这届杯赛撰写的专栏。

足球的最大好处是，什么狗都可以叫。我看不惯它就叫，您看不惯我也尽管叫。

庄家的声音

我从不预测足球比赛的结果，因为我讨厌这种狗咬蚊子的乱来方式。也从不看贝利一干人的预测。但是对于博彩公司的赔率，一向感兴趣。还记得1990年意大利世界杯时，国内报纸还不能刊登国外博彩公司的赔率，我每天都要注意香港《大公报》上的赔率。为什么厚此薄彼？很简单，评论家们不负责任，不是吹牛就是讨好人。贝利说中国队小组出线，你说咱们打个赌，说错了你赔钱，他肯定不干。博彩公司既不想出风头，也不想讨好谁，它在坐庄，不算计好胜负的概率非输个精光。我不信儿戏，不信空谈；信认真的，信投了钱的。哪个餐馆食客爆满，您进去错不了；哪个餐馆门可罗雀，千万别进去。人们掏自己腰包的时候是认真掂量的。所以有学者说，用钞票选择比用选票选择更上心。有时和朋友争论某项不太要紧的事情的结果，争执不下，大家会说打个赌吧。打赌的好处首先是可以剔除不认真者。通常一挂上赌就不再争论了，因为双方都认真执著到了极点，争论倒显得乏味了。

今天的中国在有些方面要比十年前开放。比如足球彩票上市了，国外博彩公司的赔率也见诸国内报刊了。近日从媒体上看到，国外博彩公司开出的夺冠赔率，阿根廷和法国并列第一：1赔5，沙特和中国并列倒数第一：1赔300。小组出线的赔率是，沙特倒数第二：1赔18，中国倒数第一：1赔20。澳门一家博彩公司专门为中国队开设了两项投注项目。第一项是小组得分赔率：得0分1赔2.8，得1分1赔2.3，得2分1赔8，得3分1赔4.5。就是说在小组得分方面，平1场的可能性最大，全输其次，胜1场再次，平2场的概率比胜一场还低。第二项是入球数赔率：进0球1赔2.5，进1球1赔2.3，进3球1赔5。综合二者，该公司认为：进1球平1场的可能性最大。

不管这赔率如何令您伤心，却必须承认，人家既没想贬低您，也没想抬举您，人家只想赚钱，是下了注的，绝对要比贝利严肃认真得多的。还有一点必须承认的是，这也是一种视角，一种冷冰冰的、高度理性的视角。我见识过一些非常可爱的爱国主义者。他们态度决绝：不管什么赔率我都赌中国胜。遇到这种情况，我只想提醒一句：您的行为中有个矛盾，您是爱国的，可是钱输给了一个公司，它同我们国家无关。归根结底，感情和理性是两回事。可以知其不可为而为之，可以力争创造奇迹，可以慷慨解囊支持国家队，或为其呐喊助威。理性的判断不是全部，但毕竟也不可丢失。

顺便说一句，国内的足球彩票我一注也没买过，我不喜欢这种方式。若有博彩我多半会买。因为我觉得博彩参与性强，胜负在自己手中。我知道博彩不好搞，如果社会环境不良，博彩甚至会刺激黑手操纵胜负。但是世界杯是很适合国内搞博彩的，放过这机会真是可惜。

弱者的乐趣与尊严

我和金志扬指导在一次讨论会上见过面，彼此客气了一下，未作实质的交流。金指导的才能大家有目共睹，无须我啰嗦。但有一桩事我对他积怨至今，从未披露，索性在这里说出来。那年马拉多纳来中国与北京队比赛，笔者兴冲冲到了现场，但所见到的是马拉多纳一拿球就被放倒，一个人不行就两个人夹击后放倒，如此战术居然得到一片喝彩。我不知道队员和球迷想得到的是什么，漂洋过海地把人家请来，就是为了看中国人能够摔倒球星。球迷畸形的民族主义情绪姑且不论，球员场上的战术我以为是和教练密切关联的。从以往的电视采访中得知金指导最佩服的球星是马拉多纳，与鄙人所见略同。但如此对待一场千载难逢的比赛却是令我大跌眼镜的。我们以自己低劣的行径扼杀了唯一的一次亲眼目睹超级巨星展示其惊世绝技的机会。为此我大概永远也不能原谅金指导和他的球员。

我记得我在收音机中听过这样一个段子。前乒乓球世界冠军郭跃华退役后到日本访问。一次主办者安排了他与日本一些业余爱好者过招，开赛前主办者对郭说：打他个21:0，让观众看看世界冠军的风采。郭说，没想到一交手挺别扭，比分一直落后，发转球吧对方还不吃，脱掉了长裤，正儿八经、一分分地死拼，才勉强获胜。那场比赛场下的气氛自然热烈到了极点。

我想说的正是观众面对国人与世界巨星过招时的心态。以我们现在的实力能获得入场券已经是大获全胜。能遇到巴西，决不意味着死亡——尽管输定了，而是意味着三生有幸。没有世界杯的舞台，没有亚洲这个大洲不看僧面看佛面，水平不够也得给你几个名额，没有千辛万苦加上鸿运高照好歹迈进了世界杯门槛，上哪里能和巴西大师们真刀真枪地过一把？如果没有世界杯，堆上金山银山，请来的也只能是旅游团。放对了心态，不管是球员还是球迷，遇上了马拉多纳，遇上了巴西，就是福分，就是乐子，输了赢了都好玩，双方都有上乘发挥，那才过瘾。放不对心态，怎么着都是“添堵”。赢巴西我是不敢想的，现实的最大可能性是一场都赢不了。但是我们应该做到的是“回也，不改其乐”。

国人的快乐不以赢球为必要条件。不对吗？如果一定以赢球为条件就遭殃了。但也毕竟不是无条件的。我同意老榕的观点，底线就是保住自己的尊严。输球还能有尊严吗？当然。因为我们输球的可能是极大的，输球不输人，输球而保持住尊严应该是国家队的重要课题。博大的心胸，高贵的气质，乃至不卑不亢，都可能成为尊严的基础。但是我们不能奢望我们的球员具备这些品质与素养。我想，国家队至少应该具备和向国人展现出的是高度敬业、团队精神、永不放弃、愚者千虑、笨鸟先飞、驴倒架不倒。我自知我的解答是不圆满的，但我认为我提出了一个好问题：弱势者如何保持自己的尊严。

换血之统计

预测貌似有理，其实接近胡说。本世纪最伟大的经济学家熊彼特说，预测绝非科学。但是该预测的尽管预测，因为那是个乐子。统计看似枯燥，实则信息量最大，最有价值，不可怠慢，关键看你如何归纳和分析。

我们先作一点统计。本届参赛球队不增不减，还是 32 支。本届配额仅作了微调：上届亚洲 3. 5 个名额，伊朗力克澳大利亚，抢来半个；本届亚洲加上东道国 4. 5 个名额，可惜伊朗将半个名额拱手还给了欧洲人。最终各大洲比例依旧：欧洲 15 支，南美 5 支，非洲 5 支，中北美 3 支，亚洲 4 支。但参赛队伍变化颇大，同上届相比，更换了 13 支球队，换血率高达 41%。这应该是令人兴奋的，说明王侯将相宁有种，江山代有才人出。细检各洲，亚非各换了一队（换血率 25%）：中国替代了伊朗，摩洛哥换成了塞内加尔，美洲换了 3 个队（达到 38%），欧洲换了 7 个队（达到 47%）。从换血率看，显然是欧美，特别是欧洲候选力量雄厚。欧美换血太大，恕不详述。值得提及的是：南美老牌强队乌拉圭终于雄起，欧洲狂士荷兰才子陨落，忍辱多年的俄罗斯浮出水面，两匹黑马葡萄牙、土耳其替代了脚法秀丽的二小名旦罗马尼亚、南斯拉夫。

更换了球队自然也就更换了一些球星，但球星的更换没有球队大。值得一提的是当今世界足坛的第一武士克鲁伊维特和印第安后裔萨拉斯无缘盛会。罗马里奥和巴乔的缺阵是队内的新陈代谢，又是一种性质了。因更换球队而光临了三位巨星：曾当选为世界足球先生的菲戈，意甲价值最高的球员乌拉圭的雷科巴，今年非洲足球先生塞内加尔的迪乌夫。我以为后两人在本届杯赛上很可能更耀眼。这三位巨星大可比过巴乔、萨拉斯、博格坎普。但刁钻诡秘的罗马里奥和雄强盖世的克鲁伊维特的缺席将成为永远的无可挽回的遗憾。

最后，也作一点宏观的预测，还是同上届对比。上届进入16强的球队中，欧洲占了10个席位，南美洲4席，中美洲1席，非洲1席，亚洲0席。本届杯赛是亚洲雪耻的最佳时机。我估计本届杯赛入围16强的格局是：亚洲2席，非洲2席，美洲4席，欧洲8席。但即使是16强的格局果真发生了变化，笔者预计也很难触动下届杯赛的入场券分割，因为欧洲的半壁江山毕竟还在。笔者颇为赞同的是固守基本名额的同时，保持欧亚两洲、澳美两洲争夺一个席位的方式。名额的争夺应该真刀真枪地从这里开始，这样公正，符合足球的风格与逻辑，且具戏剧性。而不要把名额的增加同国际足联主席候选人的推选与许诺拴在一起，这样的游戏是龌龊和肮脏的。

花絮其实是正餐

世界杯还未开张，媒体大战就以空前的规模打响了。国内多数报纸十多天以前就开始了每日一期的专号。《足球》和《体坛周报》每日竞相拿出二三十个版面，地方晚报每日也拿出了十个版面。不撑起这个架子，怎么与对手竞争，而要填满这些版面又绝非易事。于是读者们看到，球星的举手投足、饮食起居、插科打诨、闲言碎语乃至咳嗽喷嚏，统统被窥测、描述，端上版面。球队有了矛盾和冲突自然是天赐良机，一时间队内和睦反倒愁煞了办报人，为了招徕读者只好“制造新闻”、“编造矛盾”。谎言自然是泡沫，瞬间就会破灭。凡此种种，最终导致的是内容单一、苍白、琐碎。大赛打起来以后，报人的日子会好过一些，但架子拉的这么大，要避免泡沫还是不易。

我以为国内世界杯的报道目前进入了一个误区，该尽早走出才好。这个误区就是将球赛和球星看成了唯一的主角。不错，球星可能是球赛的主角，但他们决不是这台戏的全部，他们不可能垄断这个欢天喜地的节日。其实无论场内场外，这个节日中的各种角色、各个角落，都是读者愿意知道的。譬如说采访一下主办者，让读者们了解组织工作之巨细，很多情节可能是饶有趣味和令人惊叹的。以下事情也都值得报道。服务于世界杯的志愿者群体，其主体是什么人？他们承担哪些工作？从哪里搜罗到的小语种人才？经营世界杯旅游商品的商人和小贩，都有哪些小商品，价格如何？商人是如何运作的，小贩是如何贩卖的？能赚多少钱？总盘子能有多大？为游客提供的旅馆如何，价位怎样，高出平常多少？各比赛城市配置了多少警察，出了多少乱子？对形形色色的事件的通常处理方式如何？比赛城市公民的工作生活如何？受到打扰了么？脱离常轨了吗？如何度过这一非常时期？交通管理如何？当地公民可以自由驾车上路吗？出租车情况如何？好打吗？价格如何？以上罗列的事项似乎枯燥，实则每一事项中都会产生各种“段子”。它是有趣的，因为它发生在异国，发生在游人爆满、举世瞩目的盛大节日中。它不是花絮，不是琐事，是“正文”的组成部分，因为这个节日的现场当事者是置身于上述状况之中的，它是“正餐”中的一个品种，因为读者很可能关心这些。每个办报人都知道，世界杯期间报纸好卖了，甚至可以卖到一百万份以上。这些读者都是一流球迷吗？除了球经其他都不关心吗？不对，他们包括了三教九流，他们的兴趣是多样的。他们希望借助这一契机，认识异国，观看东洋景，了解世界性节日的每个方面。

但是还有一个问题。如果我们派到日韩的只是体育记者，他们能够胜任全方位的“包打听”工作吗？如果不行，是不是应该派些非体育记者？甚至为了避免题材单一、风格靠色，应该派一些根本不喜欢足球的记者，让他们专心一味地去捕捉球场外面的社会新闻和奇闻轶事。术有专攻，现代社会是分工的社会，如果派出的全是体育记者，很可能会辜负了这桌盛筵和众多的读者。

人家为什么松弛

当特写镜头照在开幕战中聆听国歌的一个个黑人球员（既有塞内加尔队的，也有法国队的）时，我几乎要为他们的面容而惊叹：这才叫赳赳武夫。白种人和未到场的黄种人要逊色太多了。难怪非洲的木雕世界第一，黑人的面孔与身躯的力度太强了。我想起我托付在非洲工作的友人购买的木雕，何日能到我手中？

高洪波在赛前说这场比赛无大悬念。他好像不懂非洲球队，非洲球队距离问鼎似乎还有较长的道路要走，但他们无与伦比的天赋决定了他们是爆冷的专业户。世界杯开幕赛的沉闷每每被他们打破，奇迹每每由他们创造。

张路在开场不久说，塞内加尔的球员好像不紧张，这话多余。黑人球员永远是最松弛的。我们甚至可以问：他们紧张过么？他们的字典中没有紧张。黄健翔告诉我们：塞内加尔球员好奇地看着开幕式不肯离开，是被劝说退场热身的。可见他们的随意和松弛。我们可不可以认为，世界上最紧张的是中国球员，最松弛的是非洲球员？为什么人家松弛？我们的紧张是哪儿来的？我以为是两种文化的差异所使然。前者是表演主义者，几乎每天都在舞蹈中表现着自己的身躯，在歌唱中表现着自己的声音，在狂欢中表现着自己的才华和激情。其特征是“我歌故我在”，“我舞故我在”，“我表演故我在”。后者是占有主义者，是功利主义者，永远为自己高悬着一个个目标：金钱、荣誉、锦标，或是个人的，或是国家的，或是二者兼有。其特征是“我成功故我在”，“我赚钱故我在”，“我夺冠故我在”，“我出线故我在”。当表现是为了表现时，才是最自由和松弛的。当表现是为了一个目的，一个极其重要的目的时，表现便极可能战战兢兢，如临深渊，如履薄冰。黑人是除了表现几乎无目标的，所以最松弛。多数国家的球员是个人为自己确定目标，所以要紧张一些。我们是从上级、家长到媒体、大众都为球员施加目标，所以我们的球员是最紧张的。米卢是唯一能为中国球员松绑的，所以成功了。

有人说法国队这场比赛打得不好。我觉得这太为法国人辩护了。我觉得他们打得不错，但还是输了，这才是事实。

有人说迪乌夫是塞内加尔的亨利，这是低估了迪乌夫。从现在起，迪乌夫就是迪乌夫，他不会被任何明星的阴影遮盖，他的风格是独特的，唯一的。他演了一场好戏，他很可能是个大演员。

不作沙特第二

热身赛上乌拉圭 2:0 完胜中国。当时看到他们精湛的技巧真的以为他们东山再起，已是世界强队了。而看到丹麦下半场依赖体能如此欺负乌拉圭，并最终取胜，立刻想到的就是乌拉圭尚且不行，我们如果遇到丹麦怎么办。其实英格兰、德国、瑞典乃至没有进入本届杯赛的荷兰，都具有丹麦这样的令人生畏的身体。本届我们幸运，没有遇到这类彪悍生猛的家伙。但日后如果仍能进入世界杯，早晚会遭遇到。

我们今天没遇到，但是沙特遇到了。沙特对德国是6月1日三场比赛中最难看的，但肯定是最轰动的比赛，因为打出了8:0的比分。这场比赛应当引起我们深刻地思考。

黄健翔在解说中说，水平这么大差距的球队似乎不应该在世界杯上见面。问题的严峻就在于已经见面了，还会见面的，并且处于最下风之列的也包括中国。有些比赛不会发生这种情况，比如冰球，世界杯赛是分等级进行的。足球没有这样做。我们猜想原因或许有以下这些。其一，国际足联与足球强国都愿意营造起足球世界大家庭的样子，足球弱洲和弱国不计面子上的风险愿意有更多的机会进入，还嫌名额不够呢。其二，足球是偶然性较大的项目，足球历史长短不等的国家都有获胜，至少是竞争一番的可能；多数种族都具有成为足球劲旅的潜力，白种人、黑种人、黄种人都有成功的纪录。不管还有什么理由，反正搞起了足球大家庭，世界杯决赛不搞等级制，只是各洲名额不等。问题是其他种族都成功地证明了自身，独缺黄种人的证明。不仅如此，黄种人甚至还面临一个避免过于出丑，捍卫自己尊严的问题。沙特与德国的比赛使我们无可回避地再次感受到这一问题的存在。

亚洲人这些年一直在国际足联力争更多的名额。我以为，在世界杯赛场上捍卫自己的尊严大概比争取名额更紧要。首先是因为尊严更要紧。如果球技上不去，更多的名额岂不意味着更多出丑的机会，那是何苦来呢？其次，名额的争取无疑依赖于两个指标，世界杯赛上的名次和表现。如果亚洲人还要尊严的话，就不该厚着脸皮再去争名额，当务之急是在世界杯赛场上打好名誉保卫战。沙特完了，这重任要靠东亚三国来承担了。本届杯赛上，笔者不敢奢望我们能怀抱日韩的雄心，唯愿中国不作沙特第二。

北欧人的位置

丹麦队后来居上，2:1 战胜乌拉圭。瑞典队后发制人，1:1 逼平英格兰。两队都是北欧人，且风格酷似，打的都是以身体为本钱的足球。

丹麦、瑞典、挪威、芬兰、冰岛，俗称北欧五国。后两国不大玩足球。挪威人上届与丹麦队一同打进了 16 强，本届未获入场券。这三队共同构成了北欧风格。北欧人在当今足坛令人生畏。就成绩而言，瑞典队得过世界杯季军。虽短期内三兄弟恐怕还难以问鼎，但是毫无疑问他们已经在世界足坛上占有了一席之地。一席之地的根据是什么？是风格与实力。

先谈风格。不错，北欧人的球技还嫌粗糙，但是他们代表了足球的一种本质特征。足球是身体发生碰撞的运动。这种原始和野性正是其最主要的魅力之一 。北欧人不是现代足球的先驱，在他们介入之前，欧洲的力量型（主要由英格兰队和德国队为代表）与南美的技术型在世界足坛已成分庭抗礼之势。一方水土养一方人，当北欧人带着他们海盗般的身坯子介入后，力量型便非他莫属了。

再说实力。俗话说，一力降十会。北欧人一俊遮百丑，就是靠着力量获得实力、声誉和成绩的。套句广告词："别说，还真管用。"要问鼎世界杯，要有十八般武艺，必须能应付足坛上的所有流派。北欧人无疑成了一种流派，不越过他们是休想问鼎的，而战胜他们殊为不易，必须扎深寨，打硬仗，拼死力。这就是北欧人在当今世界足坛上的风格、实力与位置。

要战胜他们靠两招。第一，走技巧道路。你一力降十会，我有十二分技巧，十八般武艺。比如贝贝托、罗马里奥，虽瘦小枯干，却不惧北方大汉。其二，我技巧高你一筹，体能可同你抗衡，比如全盛期的英国和德国。中国队长期惧怕力量型球队，怕新西兰，怕伊朗。这次幸运没遇到北欧人，否则非撞零碎了。如何应对这一流派，是中国队的重要课题。

说罢了北欧人在世界足坛的位置，再看看我们亚洲人的位置。亚洲人没有北欧人的伟岸身躯，没有非洲人的速度和柔韧，要建立风格必须另辟蹊径。韩国人多年来铸造的是“拼命精神”，虽狰狞毕露，但效果仅限于亚洲，在世界杯上成绩可怜。日本人正在以亚洲人的理性、纪律、团队精神为基础，尝试着造就一部传递行云流水般的“机器”，效果如何，且拭目以待。

总之，亚洲人必须扬己之长，建立风格，不然亚洲人在世界杯的位置，便永远是为了粉饰“全家福”而前来充数的末流角色。

叨陪世界杯之末座

我的性格和年龄都使我无法像一些朋友那样作浪漫的仲夏夜之梦，梦想中国队进入 16 强。我只希望我们进一个球，雪耻奥运的零蛋，告诉世界，中国人也能进球。因为我以为，能进球才说明你会踢球。但我和大家一样失望了，我们没能进球。我们还能进球么？我只想说，在接下来的两场比赛中，进球对中国球迷来说，将是最奢侈的礼物了。

杯赛残酷的战斗无时无刻不在提醒我们认识自己的位置。我们曾经编造了一个谎言来安慰自己：中国人不怕技术型球队，哥斯达黎加将以美洲末座的资格帮助我们匡正自己的认识。昨晚厄瓜多尔以他们精美的短传捍卫了南美足球的荣誉，他们在某些方面甚至超过意大利。不会也有球迷认为中国高于厄瓜多尔吧，我们在世界杯上的位置在哪里？在本届杯赛上，我们最可能压过的球队是沙特。而要实现这样卑微的寻找“垫背者”的目标，首先是6月8日抵抗巴西人在西归埔的屠城，其次还要看沙特在以后的比赛中是否能进球。因为即使我们在零积分的球队中“净负球”不是最多，如果1球未进，以另一个尺度看仍然是最大的失败者。甚至在世界杯的历史上这都将列在最可怜的纪录中，至少在近几届杯赛中还没有哪支球队1球未进。

世界杯真是中国人进退两难的鬼门关，40余年进不去是奇耻大辱，进去了又难免叨陪末座的命运，甚至时时恐惧在大赛中遭遇光蛋的耻辱。下一届杯赛我们遭遇的必将还是耻辱，差别只在于是门内的耻辱还是门外的耻辱，我甚至以为重遭门外耻辱的可能更大。因为本届进门的机会实乃30年一遇。

有没有办法躲避这耻辱呢？唯一的办法就是不在乎足球，像美国人一样不在乎它。实力不逮又过分重视，只能自取其辱。凉一点，其实才正常。与其他“足球发展中国家”相比，我们有先天后天三项不足。其一，我们没有非洲人猎豹一般的体质。其二，我们没有南美和中美洲深厚的足球文化，在他们的穷街陋巷里你都能看到精湛的世界级的盘带动作。其三，我们已经摧毁了自己中小学中的足球游戏，960 万平方公里的土地上只有少体校中的足球劳动，没有孩子们的足球游戏，请问在如此土壤中我们球员的想象力从何而来？好在足球不行实在无所谓，国运与球运关系的谎言已经不再有人相信。如果真爱足球，为什么你不上场踢？如果真爱足球，为什么我们不在每一所学校中为孩子们铺设足球场。如果只是为了虚荣心的满足，越是死抱着虚荣心就越是受辱，就越是会造就出一批批毫无足球才华和想象力却腰缠万贯的畸形儿。就这样一条道走下去吗？我们换个玩法吧，同胞们。

美丽的罂粟花

杯赛以来屡遭记者电话打扰。最常问的第一个问题是：大家为什么对足球如此狂热。这问题用常人的眼光看是多余的，就像问一个人为什么爱吃苹果，他会说："哪来的为什么？爱吃就是了，想不吃也做不到。"但用学究的眼光看这是个"元问题"，最基础的问题，不那么好回答。

我的回答是：足球就是鸦片，球迷都在吸毒。足球与鸦片的核心都是一个"瘾"字。瘾就是某种习惯对行为主体的控制，欲罢不能。瘾的典型是毒品，毒品的流行使专家开始了对瘾的研究，但瘾是绝不限于毒品的。吃喝、购物、工作、锻炼、赌博都可能成为瘾。瘾是现代生活中日益呈现出的最大特征，可以说，不理解瘾就是不理解时代的剧变与现代人。动物与跨入现代门槛前的人类的占压倒优势的行为是为生存挣扎，为温饱奔走。那是"生命不能承受之重"，但久而久之他对此已经高度适应。所以老话说，"生于忧患，死于安乐"。而现代社会中的最大变化是北部世界已经解决了温饱，南部世界也即将摆脱饥寒。这是人类几十万年未有之巨变。生存的重负猛然卸掉，几十万年的习惯骤然改变，将是非常不适应的，人类前所未有地遭遇到了"生命不能承受之轻"。离开了生存奋斗后他感到的是空虚，难于填补的空虚。靠物欲的满足是解决不了空虚的，因为空虚本来就是物质欲望解决后的产物，何况食性的能力极其有限，你能吃多少东西？解救空虚不能靠物质刺激，要靠另一种刺激，一种有强度的、有控制力的刺激，主体心甘情愿被它控制。这种上了瘾的刺激成为人们的安慰之源，人们在其中找到了高峰体验，陷入了自我沉醉。现代人几乎同时抓住了毒品和足球不是偶然的，二者或许有高下之分，但其“瘾”的特质是相似的。上瘾好不好？有点瘾要比空虚好。但是走到极端也很危险，瘾的极端就是不能自控。最好是有瘾，但尚能自控。然而天下哪有那么多中规中矩者呢？

记者们常问的第二个问题是：最喜欢哪个球队，哪个球星？我的回答是，在旧时代的瘾君子眼中烟土是有等级之分的：最好的是云土，其次是川土，其他就等而下之了，当然印度土最好也更稀有。但即使是最高等的瘾君子在找不到云土、川土的时候，爱谁谁，照样嗜毒如命。所以球星其实只是这游戏中的点缀，瘾是根本的。有马拉多纳当然好，但时下有点川土，就堪可慰藉了。

将足球比作鸦片，不是糟蹋足球吗？不对，鸦片本身是无罪的，且有巨大的药用价值。北岛告别民主墙的那首诗歌的结尾是：“路啊路，飘满红罂粟”，令人泪下。很多年轻人已经不能理解这诗句，因为其中有个典故。苏联英雄马特洛索夫少年时代听一个养蜂老人讲过罂粟的故事：一位反抗沙皇的勇士走向刑场时，鲜血一滴滴撒在草地上，以后那草地上就生长出了一束束火红洁白的罂粟花。罂粟是这个星球上最神秘而美丽的植物，将足球比作罂粟是最恰当不过的了。

全球化中的世界杯

时下，社会科学中一个炙手可热的词汇便是“全球化”。其实说起来也挺简单，就是认为，由于交通与交流的畅通，商品、信息、人才，这三种因素不再被民族国家所独占，而是日益被全球共享。换句话说，就是交通与交流的畅通使得民族国家间的边界不再那么清晰和森严，地球越来越像一个村子。学者们认为“全球化”是当今世界的一大趋势。

其实这个世界上还有另一个“球化”，就是“足球化”。足球化与全球化交织在一起，足球促进着全球化，足球也在经历着全球化。表面上发生的是，世界杯已经成为全球性的节日，大赛在同一时间被全球人共同观赏。深层中运作的是，球员和教练频繁地去国外打工，乃至没有一个国家的联赛是纯种的，因为联赛中的参赛单位是俱乐部，俱乐部忠实地贯彻商业全球化的逻辑，俱乐部中的球员哪来的都有。当然全球化风头虽盛，民族国家并非土崩瓦解。在足球领地也是这样。于是有了两种比赛：被全球化大潮渗透了的比赛和传统的民族国家间的比赛。前者即俱乐部间的比赛，包括各国的联赛，各洲的三大杯赛——冠军杯、联盟杯、优胜者杯，乃至洲际大赛——丰田杯。后者为首的当然是世界杯，除此还有奥运会的足球赛和洲内的锦标赛。从赛事多寡上看，“全球化”占了上风，多国部队组成的联赛年年月月都要打。从赛事的重要性上看，靠着世界杯的地位，民族国家间的比赛勉强保持着最高位置，但纯度已非百分百，足球发祥国大英帝国的教练宝座都拱手让给外邦，遑论他国。

全球化似乎腐蚀、瓦解着民族国家，却又不尽然。塞内加尔就是得益于全球化的。没有请“番将”打联赛的时代新风，塞内加尔人怎能进入法国联赛，更不可能凭借“法甲”打造出整支国家队，尤其不可能的是打败了上届冠军法国队。全球化肯定是最为微妙的和极难评价的。可以说它是“双刃剑”——你看法国人培养了塞内加尔少年，振兴了自己打联赛，最终一跟斗栽在天才学生手中。但也可以说它是“双赢”——塞内加尔人的获益是肯定的了，法国人就没获益吗？没有这些天才少年的加入，法国的联赛会这样精彩吗？法国人会着迷于足球吗？甚至没有了来自塞内加尔的维埃拉、来自阿尔及利亚的齐达内，法国队能拿世界冠军吗？全球化真有些说不清道不白，但不管喜欢不喜欢，今天我们这个星球上的每一个人都被裹挟到了全球化之中。但反过来说，虽然全球化无所不在，足球最高级别的比赛还必须是民族国家间的比赛，因为俱乐部间的只是游戏，民族国家间的赛事才更令球迷当真。世界杯是足球高度全球化的杂耍中，民族国家间争夺荣誉的最后的战争。

上帝按住了锅盖

5 日德国对爱尔兰的比赛，德国队几乎已经率先进入 16 强，在最后一分钟爱尔兰将他们拉回到小组内还将继续的死打烂缠中。如果此番德国队获胜，E 组积分如下：德国队 6 分，喀麦隆 4 分，爱尔兰 1 分，沙特 0 分；第三轮比赛的悬念将急剧下降：德国队已经出线，喀麦隆与爱尔兰将争夺另一个出线权。第三轮是德国对喀麦隆，爱尔兰对沙特。若如上所述，德国已经出线，其斗志必然不能与尚未出线的喀麦隆相比，而喀麦隆无论胜还是平，都会挤出爱尔兰。这种形势将使第三轮悬念锐减。而几乎就在这种形势已经注定的时候，爱尔兰进球了。于是该组目前的积分如下：德国 4 分，喀麦隆 4 分，爱尔兰 2 分，沙特 0 分。如果下一轮德国与喀麦隆战平，德国铁定出线；喀麦隆则有可能在净胜球上少于爱尔兰（如果爱尔兰胜沙特 2 球以上），所以喀麦隆将力争获胜；德国队也输不起，所以那将是一场殊死的战斗。爱尔兰目前积分第三，其实形势反倒最好，只要赢沙特2球以上就一定出线，当然若只赢1球将功败垂成。德国队一个大意，将使本组的两强在最后一轮争抢一个名额，使本来已经澄清的局面再度混沌。

A组的情况更是诡秘莫测。第二轮的首场比赛，塞内加尔在体能和技术上均大大高于丹麦，正在摧枯拉朽之际，塞内加尔一个球员故意犯规，红牌罚下，以少打多，闹得平局。如若塞内加尔本番胜出，便将成为本届杯赛第一个出线的队伍，这对非洲来说是何等荣耀，可惜入锅的鸭子飞了。第二场比赛几乎全世界都认定法国人能赢，偏偏法国人也被红牌罚下一个。两队都打红了眼，且都要进球的机会，但就是进不去，神了。若本轮塞内加尔胜丹麦，法国胜乌拉圭2球以上，则塞内加尔出线，法国第三轮只要战平丹麦就可出线。如是第三轮也将悬念荡然，趣味全无。偏偏这两场本来一边倒的比赛都着了魔。目前的积分是：丹麦4分，塞内加尔4分，法国1分，乌拉圭1分。第三轮是丹麦对法国，塞内加尔对乌拉圭。形势比E组更有意思。只要目前积分低的球队2球以上获胜，则将发生天地大逆转。至少我们认为法国完全有可能逆转，而乌拉圭人也一定在如此图谋，单纯天真的塞内加尔人很难说是乐观的。一句话，A组谁都可能出线。

以上两组的情况，就如同蒸了多时的两锅馒头，就要揭锅了，不是全熟，也起码熟一半。不期有人猛然按住了锅盖。两组都打满了两轮，竟然没有一支球队出线。一切都要在第三轮结束才许揭锅。保持住悬念，就像啤酒没有跑气，球迷们是高兴的。想来在如此时刻能按住锅盖的只有上帝了。上帝帮助我们维护了这场游戏的戏剧性。

衣扮戎装发作旗

很多游戏都是在模拟古代的战争，而足球是其中最肖、最酷、最全面、最形象的模拟。绿茵场是在模拟古战场。这不是太诗意化了吗？其实古战场在文人的笔下早就诗意化了——“葡萄美酒夜光杯，欲饮琵琶马上催，醉卧沙场君莫笑，古来征战几人回。”球衣是在模拟古代武士的戎装。在上届世界杯赛上我曾撰写《美哉，绿茵戎装》一文。我说，荷兰人的黄色是披挂着那个桀骜不驯、横行天下的螃蟹的神秘颜色；西班牙的紫色是帝王的颜色，它折中了红色的热情激昂与黑色的庄重哀愁；喀麦隆的红黄绿三色服饰加上他们漆黑的肤色，就像神话中美丽的巡海夜叉。

可惜，这模拟的战场上似乎少了一面面旗帜。而旗帜是标志，是象征，是指引，在古战场上不可或缺。唐代的边塞诗中，“旗”屡屡出现：“落日照大旗，马鸣风萧萧”；“雪暗凋旗画，风多杂鼓声，宁为百夫长，胜作一书生”；“燕台一去客心惊，笳鼓喧喧汉将营，万里寒光生积雪，三边曙色动危旌”；“大漠风尘日月昏，红旗半卷出辕门，前军夜战洮河北，已报生擒吐谷浑”。

看到本届杯赛上一些球员怪异的头发，我猛然想到，这些色彩奇特和形状怪诞的头发不就像一面面旗帜吗？不错，它不是队旗，但它很像是该队员的旗帜。它是个性的产物。其塑造者的初衷毫无疑问是为了令人瞩目，令队友更令观众瞩目，他们希望那特异的头发能成为他们的标签，使观众能在千军万马中一眼就认出他。而通常完成这一区分功能的是什么呢？是旗帜。所以说，那些怪异的头发正是旗帜，个性的旗帜。

贝克汉姆的发型像刺猬一样张狂，颜色像飞禽一样艳丽。德国队齐格留着典型的“潘克”式头发，这在历届世界杯中已经是独一无二的了，而齐格还将他的头发染成了德国国旗的三色。光头是卡洛斯的招牌。尼日利亚的奥克查和卡努留着难以描述的一种发型。而该队的韦斯特头顶上扎了两个鬏鬏，足以抢夺贝克汉姆和齐格的风头。好像还有哪位球员克隆了古力特的发型，可惜没能克隆古力特的球技，所以旗帜未能发挥功能让人记住其主人。总之，这些旗帜都挺好，增加了表演场上的韵味。

我不太能够接受的是日本球员的头发。他们的老星中田英寿、新星稻本润一和其他很多球员都将头发染成了西方人的颜色。日本人的球技和职业道德令我钦佩，但其做作的头发实在不敢恭维。中国老话说：体之发肤，受之父母，不敢毁伤。我觉得将头发搞出什么花样都行，搞成异类亦可，比如刺猬、潘克，就是不要改成外族人的色彩。因为你的头发就是你的父母给予你的有别于异族人的一面旗帜。难道你不满意你的血统，你的出身，你的由来？易帜无异于背叛。世界杯就是模拟的民族战争，你的发色是你的旗帜的基调。你可以玩笑地看待这些，变你的头发为刺猬、狮子，但不可以变成异族，为异族举旗。其实就是在生活中我也不喜欢效“发”（法）异族的举动，而在世界杯上这种举动就更别扭。

群狼凶猛

老实说，看日本队的比赛不觉得有太多的美感。首先是队中没有球星。我们习惯的足球审美中是不能缺少球星的，甚至我们认定了这个游戏就是属于英雄的。但是在日本队中没有雄狮，没有猎豹，没有北极熊，有的只是群狼。但每一只豺狼，甚至替补席上的，都是称职的。其次，他们的球看着累。因为比赛几乎失去了节奏，所谓节奏就是快慢相间，快慢变化有致。而这里没有慢，像鸡啄米一样，密不透风。

但是如果你是亚洲的一流球迷，如果你了解亚洲人半个世纪以来寻找自己足球风格的艰苦努力，你就会为日本人的建树深深的感动。应该说，在这条道路上高丽人率先作出了尝试。但是韩国队的尝试以失败告终，因为即使是最强悍的精神，如果找不到一种恰当的技战术作基础，也是无法结晶为风格的。40 年前朝鲜队为亚洲人获得了世界杯上的最好成绩，但是今天靠精神和身体在世界足坛争雄的情况在亚洲人身上再难重演，因为说到根本身体是亚洲人的弱项。伊朗人在上届世界杯上为亚洲人赢了唯一的一场球。但是即使以他们部分的欧洲血脉，今番也未能抵挡住强悍的爱尔兰。

日本人第一次使我们看到了亚洲人的真实可行的风格。毫无疑问，他们的精神是不弱于韩国的，那是他们神风敢死队的传统。而与韩国人不同的是，这种精神找到了一种扎实的技战术基础。这战术是什么？我觉得就是可敬的足球旁观者刘心武老师宣扬多年的“结网”战术。日本队的“网络”永远不乱，他们跟对手战斗在每一时间、每一空间，他们以细密的网眼围堵对方的球员，让对手无法流畅起来，让对手起急冒火，身心疲惫。技术是战术的基础。日本人技术的精髓是什么呢？就是精确的传接球。准确的传接球使日本队的控球时间不少于任何一个强队，更使他们在每一个瞬间处在有利的、“舒服”的位置上。敢死的精神与精确的传接球帮助日本人弥补了力量与速度的不足。追求整体性在足球强国中不乏其队，但是日本人追求的是最彻底的整体性，不仅因为他重视“网络”，还因为体质所限他的队中没有一流球星，他必须靠整体，他只有靠整体。

亚洲人因为体质的原因，很难产生古力特、巴蒂斯图塔、罗纳尔多、维埃里、奥科查、迪乌夫这样的雄狮、猎豹。因为功利哲学的盛行和民间足球文化的贫瘠，我们这里更不可能产生技艺大师贝利和马拉多纳。但是东方文化中包含着更严格的讲究纪律的传统，包含着无与伦比的刻苦耐劳的精神，我们可以组织“群狼”，编制“网络”。这样的足球即使美感上欠缺一些，却是足以令人生畏的。

准一流猴王的陨落

我一直不怎么喜欢法国足球，从不相信它能拿世界冠军。那么它怎么就拿了上届冠军呢？我以为简单地说，获胜要靠三个因素：球技、士气、运气。我认为法国队球风属于艺术派，但球技只达到了准一流；其士气从来都是一般，上比不了德国、英国、阿根廷，下比不了比利时、北欧人，乃至韩国、日本；准一流的球技加上平平的士气，构成了他们的“软性”足球。上届因为作了东道国，不由得不振作士气，于是球风猛然硬朗起来。但准一流的球技不是作了东道国就能提高的，所以在上届的表现是作风顽强，防守出色，进球艰难。而他们上届的运气好到极点。小组赛碰到一帮“软柿子”，于是 4:0 胜沙特，3:0 胜南非，勉强 2:1 胜丹麦（上届的丹麦实力很弱，仅 1:0 胜沙特，1:1 平南非）。争八强时 120 分钟无建树，靠着世界杯赛历史上的第一枚“金球”打败了巴拉圭。争进四强时又是 120 分钟无建树，靠着点球气走意大利。半决赛 2:1 胜克罗地亚，迎来了与巴西的决赛。您算算，6 场比赛总共就遇上一个世界级强队，还是凭点球过的关。

而决赛中法国人还有更好的运气，那就是赛前罗纳尔多的昏厥。事实究竟如何很可能永远是一个黑箱。即使没有阴谋，多半也有难于启齿之事。巴西队兵多将广，即使罗纳尔多不来法国世界杯，巴西队实力依旧。但是这位“外星人”以第一主力的身份来了，整个巴西队决赛前的 6 场比赛的战术都是围绕着他展开的，而决赛前的晚上他偏偏昏厥了。巴西队承受不了核心缺阵的真空，于是医治后罗还是上阵了。梦游的罗纳尔多和心理休克的巴西队一同，将金杯送给了法国人。

说准一流的球队凭超一流的运气拿了世界冠军，那么为什么世界杯赛后法国队没有骤然衰落呢？这很好解释。金杯为法国队的信心注入了激素。生物学家发现，每群长尾猴的猴王脑脊髓液中复合胺的浓度要比普通猴子高 50%；当猴王死去，一只普通猴子晋升为猴王，大约 72 小时后，新猴王的复合胺浓度就达到了老猴王的浓度。一支注入了信心的准一流球队是可以在一段时间压过信心受挫的一流球队的。

但是，一支球技与士气没有实质变化的球队是不可能长盛不衰的。运气也不可能永远跟随他，巴西队的厄运像报应一样降临到法国队身上——法国队的绝对核心、队内唯一的世界级球星齐达内赛前受伤。法国队从来就不是一支球技一流的球队，从来就不是一支士气如虹的球队，昔日本土观众呼喊下的旺盛士气早已烟消云散，又遭遇到了厄运——核心真空和心理休克，它的溃败自然远远超过上届的巴西。实力准一流的球队毕竟不能同一流球队相比，特别是在走“背字”的时候。

法国队光辉的一页已经成为历史，其光环将不复存在。它以前不是巴西、阿根廷、意大利、德国，以后大约依旧不是。它只在“四小名旦”之列，只是命运光顾，撞过一把头彩。

老了，曾祖父的规则

阿根廷队出了什么问题吗？没有。他们的发挥是正常的，不错的。全场16次角球足以说明他们的优势。这是与法国队截然不同的两种出局。阿根廷队是当今世界足坛上绝对的强队，他们在本届杯赛三场比赛上的表现也都是上乘的。有人说，他们该回去好好反省一下了。反省什么呢？反省为什么运气不在自己一边，还是反省为什么不从头至尾打防守型的足球？我希望巴西队也很快地在占尽优势下输球。我希望已经变得日益丑陋的足球能够迅速地摆向一个极端。什么极端？一种彻头彻尾被偶然性操纵的足球，一种防守比进攻更上算的足球。我们是应该反省了，但是如果我们没有成为犬儒的话，该反省的就不是阿根廷队的缺陷，而是目前足球规则的问题。而如果不走向极端，大家便不愿意怀疑这个美丽的足球是否已经变得丑陋，国际足联的老爷们更不会愿意主动改革规则的——球市仍然聚宝盆一般，他们坐拥金山，为什么要改革呢？

贝利说，再也不会出现第二个贝利，我的成就是空前绝后的，因为现在球员的防守技术太好了。其实现代球员进攻的技术也更高明了。但是技术高明了，进球却少了，场面却难看了，这是进步吗？我们不能挽回贝利时代的足球了吗？

人们说足球的魅力在于它的悬念，其实力与胜算的关系没有其他球类那样紧密。不错，这是足球的特征与魅力所在。但是实力与胜算的关系可否无限度地降低呢？如果运气占据了压倒优势，那不是对才能的嘲讽吗？如果完全听凭运气，那不是变球场为赌场了吗？如果没有了实力所决定的成绩和等级，这游戏不是进入了混沌，成了一锅粥吗？

为什么球技在精进，这游戏却走向易守难攻，场面沉闷，并最终走向混沌？原因是简单的。球员的体力越来越充沛，速度越来越迅捷，身材越来越高大，控制的面积越来越庞大，而球场大小依然，球门尺寸照旧。这就相当于贝利的时代，场地依旧，每队却增加了2名球员；或是球员数量依旧，场地却缩小了20米。其结果会怎样呢？必然是沉闷，进球难，偶然性获得支配地位。树欲静而风不止。第一届世界杯至今已72年，贝利离开世界杯距今已32年，今天的球员要比他们的曾祖父百米快1秒，12分钟多跑500米，可是他们依然沿用着他们曾祖父的规则。曾祖父的规则罩得住曾孙子们吗？这期间国际足协只做了以下改革：点球决胜，金球决胜，守门员不可手接伙伴踢回的球。前两者是因为平局激增而被迫产生的，已日益引起众怒。后者虽可取，却属小打小闹，于事无补。

是国际足联的不思进取导致了今天足球走入绝境。是四年一度的长周期延缓了怨恨的发作。但是纸包不住火，孙子们与他们的观众决不会长期忍受曾祖父的规则。笔者料定，本届杯赛将是最荒诞的比赛。热心的读者会看到，在我为杯赛和《足球》报写的首篇文章中已宣布：我的批评的刀笔将指向世界杯和它的规则。我将从阿根廷的契机开始履行我的诺言。

请门柱帮助射手

我在上一篇文章中说，是现代球员体能的提高使得球场空间变小，使得球场拥挤堵塞，进球困难，偶然性增加。就观赏性来说，当代的女子足球都要比男子足球好看，就是因为前者的空间大。要恢复贝利时代那种赏心悦目的足球，必须改革曾祖父时代的规则。改革的思路主要在两个方向上。其一是扩大空间，即扩大场地和球门；其二是减少上场球员。我们先谈扩大空间问题。

扩大空间有两个障碍。一是物理的，二是心理的。物理的主要涉及成本问题。多数场地是无法扩大的，因为球场要么被跑道环绕着，要么干脆被看台包围着，扩大就意味着另起炉灶。场地不能扩大，就只剩下球门了。对每一个球场来说，换一个球门成本不是太昂贵。当然世界上的足球场不计其数，球门的成本加在一起也是大数目。但更大的障碍可能不是物质的、成本的，而是心理的。人们习惯了球门的尺寸，将球门扩大很多人心理上很难适应，他们未必希望自己钟爱半生的游戏变样。我觉得，心理惯性与成本支出都要顾及，所以场地和球门的尺寸都不必变。

适当扩大空间的思路很简单，就是足球擦到门框和射进球网一样被视为进球，不管擦到门框的里侧、外侧、上测、下侧，一概视为进球。如是，规则一改，球门没变却相当于高度增加了 20 公分，长度增加了 40 公分。从这些年的纪录看，这一规则大约每场能增加进球 2 个。这是相当可观的，几乎接近贝利时代了。固然双方都可能击中门框，但从概率上看，显然是实力强的一方的概率更高。这样也就通过规则的改革，给了实力强的一方更多一分的胜算。换句话说，就是稍稍抑制了目前过分猖獗的偶然性。

擦球门外沿必须算进球。首先是因为内沿和外沿很难区分。其次，它实际上逼迫着防守一方扩大自己的防守空间。比如说，过去防守一方在球门的零度角上是不需防守的，只要防住弧线球就行了，现在还要防住球直接击中门柱外侧。这样就迫使守门员和后卫扩大他们的防区，给防守一方增加的难度就不仅仅是球门长度增加的 40 公分了。它甚至使球门变得立体了，从而使场地的宽度对进攻方更有意义，使防守方的站位更加困难，使攻防博弈变得更为复杂、有趣。

一项伟大的改革不但不会降低一个古老游戏原初的魅力，反而会增加游戏的深度、奥秘和趣味。一个最出色的例证就是围棋中“势子”的取消。几千年来围棋在它的故乡，博弈前从来是先在四个角上摆定四个子的。围棋的东洋传人去掉了“势子”，不是削弱而是增强了围棋的魅力。围棋远比足球古老，它尚且要经受现代的洗礼，足球作为游戏王国中的小字辈，为什么要死守祖法，一成不变呢？门柱长期以来一直帮助防守，我们的改革思路就是要请门柱“倒戈”，转而帮助射手们。

黄牌小罚与临终决斗

现代足球面临的困境是球员体能的增长与场地空间不变的矛盾，这矛盾导致有效空间变小，比赛不流畅，进球难，偶然性激增。解决的办法不外扩大空间和减少上场球员两个。本文探讨减少上场球员问题。

足球比赛中有一个非常不公正的制度：黄红牌制度。累计两张黄牌停赛一场即犯规方未向受侵犯球队作出赔偿，却必须在与他并未得罪的球队的比赛中停赛。就是说受害者未得到赔偿，赔偿让无关的第三者享受了。红牌的情况近似，受害者享受了半场的赔偿，无关的第三方享受到一整场的赔偿。我在1994年世界杯后撰文讨论了这种不公正问题，我说，这有点佛教的三世因果的味道：现世犯罪，下世受罚。我说：法律不应该这样；法律应该是“现世报”，是当时还钱，就地正法，是“一把一利索”；法律应该是怨有头债有主，损害了谁的利益就向谁赔偿，不关第三者的事。一句话，惩罚不推延，红黄牌不要日后停赛，而是当时就下场。足球应该学学冰球的规则：黄牌当场停赛15分钟，红牌停赛全场；如果是比赛最后10分钟得了红牌，停赛加罚一个点球。

这样，出场时依然是每方11个队员，不伤害球迷的审美习惯。但比赛过程中肯定会减员，从而增加了有效空间。不犯规呢？不犯规比赛将何等流畅，犯规增加也是现代足球功利化的一大弊病，如果“当时兑现”的惩罚可以遏制犯规，实在是太好了。总之，黄牌减员既可以遏制犯规，又可以增加空间。

目前的延长期和突然死亡法也不甚高明，都属不得已而为之，未使比赛呈现精彩。点球决胜更是荒诞到了极点，无异于双方掷硬币决定胜负。这种拙劣的制度居然能在亿万人瞩目的世界杯冠军争夺中上演（1994年的世界杯冠军就是在巴西和意大利的点球大战中产生的），实在是制度设计者的耻辱。延长期也可用“减员比赛法”，不搞突然死亡，更不搞最终的点球决胜。第一个延长期15分钟，双方各派9名队员出场。15分钟结束时若分出了胜负，比赛结束。15分钟内若没有分出胜负，打第二个延长期，时间还是15分钟，双方各派7名队员出场。若还未分出胜负，便以此类推，第三个延长期每方各5名队员出场，第四个延长期每方各3名队员出场（就是每方一个守门员两个球员）。人少了以后，技术可以充分施展，观赏性绝对强。甚至人越少，越有决斗的味道。乔丹等人在场下不是非常愿意搞一对一的对决吗？为什么？还用说吗，那是硬汉们的对话方式。那不是点球式的抽签，而是高度动态的搏杀，赢了输了，大家口服心服。其实，一旦减员，进球就很容易。如果遇到小概率一时不进球更好，因为越是接近五对五、三对三的搏斗，观众将越趋亢奋。那样的金杯是成色十足的，那样的决胜是荡气回肠的。

黑色的盘带之王

英格兰 3:0 轻取丹麦，塞内加尔 2:1 力克瑞典，一洗世界杯前段保守、沉闷之颓势。尤其是后一场比赛更精彩。有人说塞内加尔队是法国二队，这种说法荒谬绝伦。法国队中白人占多数，而塞内加尔队是清一色的黑人球员。不错，塞内加尔的球员多数在法国俱乐部中踢球，受到法国足球文化的熏陶。但是，黑人球队与欧洲球队泾渭分明的风格，使我们不得不承认，禀赋的差异决定了对足球理解的不同。文化的传递者不能垄断文化的霸权与风格。日本与韩国的围棋得自中国，能说日本围棋队是中国二队，韩国是中国三队吗？只要一种游戏被一个民族接受并单独（而不是其一个成员加入到别国的队伍中）演绎，几乎就必是一种独特风格的形成。

塞内加尔球员最突出的才华，也是他们球场上最大的特征——盘带和过人。很可能他们的命运就是“成也盘带，败也盘带”，出色的盘带帮助他们成功，过多的盘带导致他们失败。而其代表人物就是迪乌夫，很可能他就是新时代的球王。

足球的技术可以分解为五项：停（球）、传（球）、带（球）、过（人）、射（门）。停与传加起来就是传递配合，而带球与过人加起来就是盘带。盘带在足球技术中是最基础的，也是最奢侈的；是最朴素的，也是最华丽的。孩子一接触足球就要盘带，在他还不会停、传、射的时候，就开始了盘带，就迷上了盘带。有天分的孩子在停、传、射上与成人相距甚远，但在盘带技巧上和成人球员非常接近。虽然盘带是足球的入门，但是现代职业足球是约束盘带，以盘带为奢侈的，因为盘带容易失误。在可传球亦可盘带时是提倡传球的，多盘带是受谴责的。如果连过三人，即使不成绝杀，也一定制造出绝佳的杀机。但在现今“混凝土”的防守结构前，已极少有人尝试连过三人。但是最华丽的技术也是盘带。马拉多纳连过三名英格兰球员打入一球是足球技艺的巅峰，其基础正是出神入化的盘带。

我认为，当今世界足坛上有四位盘带大师：巴西的德尼尔森，尼日利亚的奥科查，阿根廷的奥特加，塞内加尔的迪乌夫。德尼尔森的盘带号称世界第一，这倒提供了一个绝好的参照系，但比较下来德尼尔森恐怕难称第一。奥科查能在不可思议的绝境异常轻松地盘带过人，其完成的难度似乎在德尼尔森之上。两人都是表现的成分居多，而本届奥科查当了队长，更多地以盘带为基础来组织进攻。奥特加和迪乌夫都是盘带大师，并且是各自球队的组织者，都善于利用盘带吸引多名球员，传出空档。奥特加晃开防守队员一脚传中游刃有余，而过人后继续挺进对他亦属难得。迪乌夫则可以屡屡过人后继续挺进，连过两人成家常便饭，甚至连过三人也不乏其例。不怕不识货就怕货比货，在当今的四位盘带大师中，迪乌夫显然当列榜首。

从盘带中还可以看到一个耐人寻味的现象，就是欧洲是当今世界的足球中心，而以上四位大师中竟没有一个欧洲球员。何以如此？是因为欧洲人功利心太重，玩心、游戏心太弱。似乎从克鲁伊夫以后，欧洲就再也没有出现过一流的盘带大师了。世界头名盘带大师的桂冠何以竟落到足球传统薄弱的非洲？我以为，既是因为他们卓越的身体，更是因为他们潇洒的“玩心”。我们要衷心地感谢塞内加尔人。没有了一流盘带的足球还是足球吗？彻底地脱离了游戏和玩的足球还是足球吗？这个功利滔滔的世界恐怕要老老实实地凭借黑色人种来平衡和折中。

没有了霸气的巴西队

相貌不是孤立的，它总是同作风糅合在一起，给人留下某种印象。罗纳尔迪尼奥的球风如果是刁钻和犀利的，那副相貌给人的印象将是精灵的小鬼。而他的球风如果是耍弄雕虫小技，则他的相貌给人的印象就是猴头巴脑。这场球他虽然有一脚出色的传球，但给人的印象还是有点猴头巴脑。特别是同他顶替的罗马里奥相比。罗马里奥和贝贝托都是小个子、小脸盘，但球风和气质决定了他们都是一身霸气，特别是罗巴里奥。我觉得这场比赛罗纳尔迪尼奥还算巴西队里比较好的，整个球队真是一身猴气，完全没有四届冠军的威风。

斯科拉里不要罗马里奥绝对不是技术上的考虑，显见是怕罩不住罗马里奥。罗马里奥禁区里的绝活仍然是巴西队所需要的，而对于巴西队来说更重要的是他的自信和霸气。毕竟他是这队里唯一捧过大力神杯的人。而罗纳尔多所具有的只是世界杯上难忘的挫折和一身的晦气，他只有期待着自己身上的霸气慢慢回升，压过猴气。甚至全队都是这样。而同时他们又没有了复苏的机会。他们是一支没有信心的、输不起的，用马拉多纳的话来说，“只敢下小赌注的球队”。

这场球没有了济科－苏格拉底时代传接的流畅，没有了罗马里奥－贝贝托时代过人与叩门的轻灵，没有了历代巴西球员身上统统不缺乏的盘带的信心。他们下半场换上来救驾的盘带大师德尼尔森几乎一个人都过不去，没有了球技，更没有了信心。好在他们还仅存了一点运气。几乎只有罗马里奥可以填补他们心理的真空，可以恢复他们久违了的霸气。无奈罗马里奥是一把双刃剑，他的霸气既威慑着对手，也威慑着自己的教头，既振奋着球队，也折磨着球队。

这真是巴西队的劫数。我不知道以现在空虚的心理他们将怎样迎战英格兰。英格兰人可能没有惊世的绝技，但在信心和士气上几乎永远是充沛和饱满的。当然如果球运好的话，巴西人还可以往前走，但是仅仅靠球运的保佑是打不出令人钦佩的伟大的足球的。

斯科拉里显然不是伟大的教练，但也还不能说他是一无是处的小角色。他毕竟可以顶住举国上下的压力，不要罗马里奥。国家队回国了，媒体马上就兴趣盎然地讨论下任的主教练。我其实是一向主张洋教练、土教练公平竞争，一视同仁的。但再想想，或许外籍教练具有一些天然的优势。比如本土的教练，如果他不想要一名大牌球员，一定会遭遇到说客盈门的局面，他能够顶住方方面面的压力吗？而如果是一个外籍教练，似乎形势和局面要好得多。同时，斯科拉里的案例也促使我们思考中国的社会环境和制度惯性。我们能够最终宽容一个主教练的为我独尊和一意孤行吗？假如他坚持不用的是范志毅，是郝海东呢？

我认为，不用罗马里奥是本届杯赛最大的悲哀。但同时，我也认为，罗马里奥的案例说明了巴西社会中主教练的权力已经得到了制度的保证。

妹妹看哥打比赛

徐城北先生在《品戏斋夜话》中讲述过老舍先生看戏的一段故事。那晚看的是裘盛戎演张飞的戏。老舍先生觉得演得太文气了，边看边说：“这张飞太妹妹了。”

看过日韩的比赛，别的都不想说（或改日再说），第一感受是那是一场血战。自然马上联想到的就是中国足球。不借用老舍先生的话，几乎就无法形容我们的球风：我们的足球太妹妹了。想来归来的国脚们也一定看了这两场比赛，不知“妹妹们”看了“哥哥”的比赛有何感想。

我们的球员和教练赛后都埋怨米卢，在体能训练上下的功夫太小。这未必没有一点道理。但我想，米卢是不可能将中国队带成日韩球队的，他不可能为中国队注入那种精神。反过来，想一想假如米卢担任了日韩的主教练，日韩两队会变成中国队的样子吗？我不相信。我想，日韩球队的士气会照样如此。一个教练很难无中生有，他所能做的大半是适应，小半是改造，他的更大成效只能是扬长。大约无论什么人做中日韩三队的教练，各自的士气都不会发生本质的变化。士气不会是表层的、一朝一夕的、教练短期可以解决的东西。

时下大家都在议论通过世界杯为中国队定位的问题。其实我们还远没有到了在世界足坛上确定自己位置的时候，对我们更有意义的位置无疑仍然在亚洲。看了日韩的比赛怎样认识我们在亚洲的位置呢？一句话，下届世界杯我们在亚洲的出线将仍然难乎其难。套用围棋的话，日韩两队已经可以同足球列强博弈后数子计胜负了，我们还没有数子的资格，我们几乎必是“完败”，必是“中盘告负”。世界杯三场比赛，世界杯前三场热身赛，我们一球未进。那么我们与日韩的差距不是昭然若揭了吗？

中国队世界杯前后的战况，日韩两队世界杯上的表现，都使我们不得不重新认识中国队这张世界杯入场券的含金量。十强战分组确定后，笔者曾经撰文《亚洲的耻辱》。我以为这种分组方式是极不公正的，而我们沾沾自喜于从不公正中获得的利益。世界杯赛后重新反省，我以为如果将这张入场券算作 10 分，那么它是这样分布的：韩日主办给了中国 4 分，十强战的分组给了中国 3 分，米卢的执教帮助我们获得了 2 分，我们自己的联赛促进实力的增长帮助我们获得了 1 分。在下届德国世界杯的门槛前，我们靠什么来领取入场券？与苏永舜的时代相比，我们真的进步了吗？这是颇可争议的问题。而如果同外界相比，则是无可争议的，我们没有进步。为什么人家进步了，我们没有进步，这是个令人难堪的问题。正视它，解答它，是走出难堪的第一步。

荒诞的裁判制度

韩意比赛给人的第一印象是韩国队员令人肃然起敬的斗志，第二印象则是比赛的不公正。笔者昨日的文章是从第一印象展开的。满以为一觉醒来，抨击不公正的声音将铺天盖地，知道了更多的事实，笔者才更好评论。不料，一觉醒来世界出奇的平静，平静得令人悲哀。大概全世界，甚至意大利都准备接受这一事实，都准备翻过这一页了。但是我觉得，不能这样轻易地就翻过这一页，如果我们愿意轻易放过它，我们以后就永远也不要对不公正发出一丝的牢骚和嘲讽。我们不能更改比分了，但正义从来是超越功利的，就眼下我们应该验明一个事实：究竟是不是错判，从根本上看我们对裁判工作也不是注定了无所作为的。说实在的，如此严重的错判，我很怀疑裁判的品质。但是惩罚杜绝不了下一个心存侥幸的坏人，积极的作为应该是改革裁判制度。

我认为，最容易发生错判的是越位与禁区内的犯规。先说越位。越位的问题很容易通过机器来解决。拒斥改革的人提出了两个理由。其一，机器代替人做裁判的尝试从来没有获得完全的成功。但是我们并没有奢望机器完全代替了人，我们只是希望适当地利用机器。

并且如果我们真的钻研这一技术，以机器判定越位将不会中断比赛的，比如每个队员上场前戴上一个微型磁卡，由它来随时向裁判显示哪方队员的位置在前。其二，足球是模拟人生的，保留了人的缺陷才更与人生相似。但是错判已经愈演愈烈，已经开始扼杀最伟大的比赛，已经开始损害亿万人的感情。这种“缺陷美”的成本已经太高了。随着足球技巧的提高，双方在越位与反越位上的博弈已经非常微妙，笨拙的裁判和黑心的裁判扼杀了这种精妙的博弈。应该是机器出台的时候了。

“道高一尺，魔高一丈”，围绕着规则的争斗从来没有止息。有了点球，慢慢地就有了“假摔”。裁判被假摔愚弄，憎恨假摔，于是就有了惩罚假摔。但是这惩罚的根据却是不牢靠的。摔倒不一定是对手犯规导致的，对手并非犯规的接触，乃至并无身体接触的面前晃动，都可能破坏进攻球员的平衡造成摔倒，甚至与对手完全无关也可能自己摔倒。既然有这些可能性，仅从姿势上是不能确定是否假摔的，假摔只有当事者自己知道。惩罚假摔的规则违背了西方法律的基石——无罪推定。既然假摔的证据不充足，凭什么瞎猜。如果一个裁判蓄意要偏袒一方，他既可以通过不是点球判点球，也可以通过不是假摔判假摔，去达到目的。而通过后者显然更容易。其逻辑简直就是霸道：他没碰到你你摔了还不是假摔吗？但是我为什么就没有自己摔倒的可能呢？既然假摔的惩罚更容易为偏心的裁判提供保护伞，我看还是取消假摔的惩罚好。不是犯规的摔倒，不管是真摔还是假摔，比赛照常进行好了。

无论我的说辞多么雄辩，我都不会幼稚地以为它会导致裁判制度的改革。我以为裁判制度的改革只能发生在一种情况下，对错判的讨伐铺天盖地，并且不断地来自一些足球超级大国，主办者承受不了这一谴责了，扛不住这一黑锅了。而眼下正是一个契机。

为公子哥减薪

一直在旁观围绕薛涌文章展开的争论，觉得挺刺激，有意义，且为世界杯大节日增添了趣味。骂了人，捅了马蜂窝，就要迎接骂语和反批评，这很自然。只是希望大家的交锋能够大处落墨，少纠缠枝节，这样可能意义更大。

我理解薛涌三篇文章的主要观点是：韩国球员踢真球怎么是小人；中国球员缺乏士气，中国近现代缺少武士精神；中国球员是被惯坏了的公子哥，要重塑足球环境，以农村和贫困地区为基地；建设国内职业联赛重于主教练的选择。总的说，我觉得是立得住的。至于偏颇、夸张、得理不饶人，其实只是文章的感情外衣，无关宏旨。但我对薛涌的观点也不完全赞成。比如我同意中国近代武士精神衰落，但我以为球员的士气受文化传统和现存制度双重影响，制度不能激励敬业精神可能比文化传统的孱弱更要紧，对前者我们也更可以有所作为。不管怎样，“薛旋风”刮得极好，激烈对峙的氛围是社会大讨论的最佳平台。笔者也借此谈谈公子哥们的薪水问题。

中国绝大多数球员在国内拿到的薪水，在任何国家都拿不到。但这不一定违法悖理。如果这报酬得自市场，市场就这么好，我们便无话可说，就只好等待市场吸引到更多的少年选择足球职业，从而提高球员水平，并降低报酬水平（因为不能奇货可居，要竞争上岗了）。但是事情不是这样。中国足球俱乐部目前还是依赖于市场与政府的两栖动物。有了两个爷爷的孙子自然可望拿到较多的糖果。于是第一个问题是政府应该彻底退出足球领域。政府的体育投资应该在两个方面：群众体育和奥运项目。群众体育包括学校和公共场合的体育设施，不包括商业性健身中心。奥运项目甚多，自然要选择中国人得牌可能性较大的项目。足球不在此列，同时足球又有市场潜力。因此政府应该彻底脱钩，把足球完全交给市场。但是现状却是很多地方政府仍然为该地区的甲级足球俱乐部投资。从权限上说，这是违背全体纳税人的利益和意愿的。从效果上说，这是“添乱”，直接导致了低能球员拿高额薪水，影响中国足球彻底进入和早日适应市场经济。全社会的有识之士应该一起呐喊：政府退出足球。

中国球员赚取高薪还有第二个原因，就是商人的不成熟。俱乐部和球员的收入应该是完全决定于足球市场的，足球市场的潜力大，他们赚钱就多。市场的潜力就是它的销售潜力，它的销售额。中国足球市场目前的状况如何呢？应该说是不太大，尚可，但很可挖掘。足球市场销售额不太大，怎么球员薪水这么高？这就是荒诞的地方，商人赔了钱，球员赚了钱。商人何以愚不可及呢？最初商人们是以为足球广告效益好。迷信广告，对“广告”投入过高是他们失败和赔本的原因。企业要搞好，最基本的是提高产品质量，其次才是适度的宣传。当年在央视《新闻联播》竞标成功的几家酒厂的命运说明了，广告不是成功的根本。在中国足球领域，一批批商人垂涎于广告的效益而来，失望于企业的赔钱而去。但或是因为商人群体还没有彻底清醒，或是因为地方政府的优惠与动员，一拨商人走了，又一拨便来了，傻大哥和冤大头总是不乏其人。而转换得越快就越是进入“短期效益”。追求短期效益的结果是，每个足球俱乐部都只看到了其他俱乐部与自己的对立关系，看不到彼此的共同利益，于是他们总是高薪挖对方的球员，最终抬高了球员的价码。后介入的商人更是没有了选择，只好接受目前球员的价格和“挖人”的方式，于是酿成了球员赚钱、俱乐部赔钱的恶性循环。

报酬是双刃剑。合理的赚钱方式和数额可以激励人们的敬业精神，不合理的赚钱方式与荒诞的数额会败坏人们的敬业精神。不幸，中国足球俱乐部走上的是后一条道路。他们赔本赚吆喝，其产品是低质量的比赛和一帮公子哥。

解套的办法是什么呢？俱乐部的资方需要坐在一起，认清彼此的共同利益大于不同利益，算一算中国足球的票房价值（加上转播收入）和真实的广告效益的总和，以此推算出球员的平均收入标准和每个俱乐部球员薪水开支的总额。如果资方没有对共同利益的认识和通力合作的决心，他们就必然在与球星的讨价还价中处于弱势地位，每每被各个击破。

要给足球开发商一种良好的环境，还要解决两个问题。第一个问题是风险不能太大。风险就是降级问题。升降级制度也是双刃剑，一方面是比赛刺激，利于球市的开发，另一方面，提高了经营者的风险，增加了经营者间的竞争和对立。比较妥当和中和的办法是，增加参赛球队的数量，从而减少降级的比例。比如甲 A 扩编成 16 支球队，降级依然是 2 支。这样刺激保留了，风险降低了。扩编是中国足球朝野上下多年以来的思路。但最近一直听说，足协在策划所谓“中超”，好像是 8 支球队。我非常反感于我们长期以来的文字游戏。本来甲乙丙级的名称挺好，非要来个甲 A 甲 B（我曾撰文说，这是对祖国语言的亵渎），没几年又要更名“中超”。其实再更名也不外是第一级别、第二级别、第三级别之分。为什么不保持名称和招牌的国粹性和稳定性？不懂得老字号的无形资本吗？当然，每个人都明白，每一级别的参赛队数才是更实质的内容。我们过去的思路是第一级别还要扩编，为什么换了个名称就要缩编了呢？重大指导思想的转变应当向朝野做透彻的解释和说明，这是对前任和社会的基本尊重。不做充分的解释，先改名称，后换内容，给人以“偷梁换柱”、“蒙混过关”之嫌。我的基本看法是，考虑联赛级别与参赛队数的根据是市场效益，不是任何其他的东西。如果球市可以支撑较大的“盘子”，为什么要削减为“小盘子”呢？这是市场，不是精品艺术沙龙。

第二个问题是后备人才的培养。只有后备人才源源不断的产生，一些虚假的球星才无法奇货可居，索要大钱。但这个事情其实还是要交给市场，要相信市场有这个能力。管理者唯一需要做的就是制定买卖18岁球员的规章。只要有钱可赚，就肯定有很多人愿意干。

不必担心没人干怎么办。中国的职业足球第一没有奥运夺牌的实力，第二不属于大众体育，应该让它同市场一同凉热。如果市场不待见它，它凉快下来就是应该的。

齐鲁抗韩之梦

这几年来我一直认为中国的足球热是“升虚火”：成年人自己不踢球，也不给孩子们准备球场，全国上下就那么一小撮人踢球，却偏要发狂地鼓噪和做梦。理性地看，我觉得足球热应该凉一凉，没了梦幻就没了失落，没了虚火球员会认清自己的位置，去华就实，自强自立。其实除了“虚火”与“实凉”外还有一途，就是“实火”，大干实事的真正的热忱。我以为，三者之中“实凉”是最明智的选择，可是很多国人偏偏不愿这么做。大干实事，我是不太敢相信的。

老友薛涌打来跨洋电话，谈他的“农民足球俱乐部工程”。我说，别提工程，把你的想法只当一篇好文章来写，当一个好故事来讲，如此而已。翌日，那文章印成了铅字。六月的天气，节日的疯狂，老友的痴迷，把我一个步入天命之年的人也拉进了梦想：韩国有什么呀！地域没有山东大，人口不及山东一半；塌下心来干，15年后，一个山东就能打败韩国。冥想中，这梦幻竟演绎成了工程的蓝图。

我的蓝图首选山东是基于人种和地理上的考虑。黑人擅长跑步已经举世公认，而非洲又有东西之别，东非人长跑出色，西非人短跑优异。类似事实说明了人种体质上的差异是不容忽视的。辽宁人与山东人在田径上素有优势，而辽人是山东的移民，二者血统同源。但辽宁冬季太长，开展足球地理条件不好。大连临海，气候温暖，是辽宁的特例，但一个大连毕竟嫌小。而山东在人种和地理上几乎是大连优势的大规模复制。我还记得几年前刘国江教练请我到青岛去，他的守门员教练前国脚张业福对我们说：这里的青年球员的身体素质看了让人嫉妒。

笔者认为，我们几十年来的“计划足球”，放弃中小学，单抓少体校，使足球脱离了社会，使足球人口小而又小，使少年球员成为脱离“普教”和社会的怪物，是一条荒诞无比的歧路和绝路。同时，笔者坚定地认为，竞技体育人才的筛选比训练更重要，而筛选必须在较大面积中进行。而我们过去的方法是早早地为少数儿童“开小灶”，使他们立刻大大高于同龄人，直接摧毁了大面积的筛选。笔者的方案反其道行之，以中小学为依托，在较多少年中展开，为日后的筛选奠定基础。

山东9000万人口，2个大城市，15个地级市，94个县。我的方案是：每个大城市各搞起5个足球重点中小学，每个地级市各搞起2个足球重点中小学，每个县搞起1个足球重点中小学。这样山东就共有134个足球重点中小学。每所足球重点小学的每个年级中练习足球的学生不少于60人,每所中学每个年级练习足球的学生不少于30人。这样总计下来，山东小学阶段每个年龄练习足球的学生8000人，中学每个年龄练习足球的学生4000人。这些学生的身份、学习课程与普通学生完全相同,只是课余接受比较正规的足球训练,同时进行严格的注册。

培训的年龄为小学10～2岁，中学13～15岁，各三年。小学1～3年级，即7～9岁三年，所有小学都以跑跳为体育课主要项目。县足球重点学校，密切注意全县9岁以下有跑跳才能的孩子。可以组织全县小学生运动会，重点观察9岁儿童。最终挑选60名10岁儿童进入县城中的足球重点小学。这样小学每一年龄段中培训的8000名儿童实际上是从10万名以上儿童中选拔出来的。

小学毕业时，每校练习足球的60名学生中的30名优秀或有潜力者进入足球重点中学。全山东共4000人，134个班。到初中毕业时，从这4000名学生中挑选出600人，组成20支“职业培训队”（每队30人），每个地级以上城市一支。这批学员从16岁开始，在这里接受足球专业训练。足球重点中学不是对高中学生就不再开展足球活动了，只是目的不同了。而高中阶段继续开展足球的意义仍然很大。足球本来就是一种校园文化，是培养普通青少年的手段。除此还有两个功能：有高中足球队的存在，学校的足球文化才更雄厚，比赛才更丰富多彩，对初中足球学员可以起到很好的熏陶作用；并且少数最初落选后来冒尖的高中生也可以破例转到专业训练队中去。

接下来还要探讨三个问题。第一是教练问题。共需要268名教练，每人负责一所重点足球小学或中学，就是说每人负责三个年级。顾得过来吗？应该问题不大，可以请一名学校普通体育教师协助管理。实际上顾不过来也有一定好处。教练能在儿童期教授一定基本功就足够了，儿童必须有自己“玩球”的时间。只有训练，没有“玩耍”，是中国足球少体校失败的重要原因之一。只要师父带进门，孩子一直在玩就足够了。最重要的是播下种子，让他们发育，日后以这个较大的基数做筛选。但是对教练的水平要求较高，最好是受过专业训练的人担任。

第二个问题是经费。经费包括以下几项：场地、用球、教练工资，因为很多孩子家庭可能比较困难，孩子的球鞋、伙食补助可能都是开销。场地应该比较便宜，县城学校多数原本就有足球场，扩建的话，地皮也不贵。教练如果能进入学校正式编制，成为该校体育教师就节省了开支，只怕有些教练未必愿意接受这种方式。如果单付报酬，一个教练的年工资总要 1 万～2 万元。孩子的各种开支的多寡，取决于家长对此事热衷于否。如果热衷，他们会支付大部分，否则学校负担也比较重。但毫无疑问，应该贯彻艰苦奋斗的原则，应尽最大努力使之早日进入良性循环。所谓良性循环，就是日后培养成的球员可以在 16 岁时卖给“职业培训队”，或 18 岁时卖给俱乐部。两种方式互见短长，前一方式可以使学校早日获得收益，缓解财政困难。后一方式是卖给俱乐部后，小学、中学和“职业培训队”三方按照事前的合同分配这笔收入；其好处是减少短期效益，抑制揠苗助长，大家通力合作追求长期效益。因为现在是从零开始，周期太长，可以先按照前一方式，逐渐向后一方式过渡。最艰苦的无疑是创业时期，到了每年可以卖出球员时，培养方的日子要好过得多了。启动期可能需要以多种方式筹集资金：捐款、贷款、助学基金等等。但最好政府不掏钱，因为花政府的钱最无压力，最不负责任，最难于走向自负盈亏。

第三个问题是注册。中国足球长期落后的原因之一是追求短期效益的培养机制诱发了篡改年龄，以大充小。要建立和规范球员的商业市场，就必须为少年球员建立档案注册制度。其中包括原始的出生纪录、每一年度的成绩记录和当时教练的签字。要依靠专业公证人员帮助建立这一制度。因为这一方式可以为一些穷孩子提供念书和就业的机会，会提高家长的积极性，这样 9 岁录取时务必以多种方式防范篡改年龄。而因为地缘的关系，核实年龄比较容易。而档案的制定又保证了日后不被篡改。

最后，笔者再从宏观上为这一设想做一点辩护。照理，城市应该成为足球人才的摇篮。但中国的大城市学校竟然丢失了足球场，无米如何下炊？第二，城市独子娇生惯养，吃不得苦，出不得力。农村孩子能吃苦，容易学好踢球；且边读书边踢球，为农村孩子提供了一条走出农村的道路。第三，这样从村到县的“网络”，保证了筛选基数的庞大，可以贯彻筛选重于培养的原则。第四，恢复少年运动员从“普教”系统成长的正路，保证他们有多样的同龄伙伴，也保证了学校有良好的体育环境。第五，各县的学校都有球队，县与县距离多在 100 公里以内，打比赛比较方便。各县的比赛频繁地展开，不仅造就了未来的专业球员，而且为学校、为社会增加了最健康、最有活力的娱乐方式。这是真正的精神文明的建设。

自然，由这一蓝图中产生出的抗韩战士，要 12 年后方能登场。但是，第一，做大事要有耐心，要有恒心。第二，或许更为重要的是，这过程本身就是激动人心的。齐鲁大地的少年们疯狂地驰骋在足球场上，是多么过瘾的一件事情啊。

绅士与游戏人

这是足球母国与足球王国的对垒，这是诞生地与繁荣乡的对比，这是绅士与游戏人的对话。二者间这样规格的会面30年一遇。热爱足球的人看上这场比赛可以知足了。

英国人的球风200年不变，他们始终身体力行着他们的祖先——足球缔造者们当年注入在这游戏中的理念：身体间的公正对抗。他们的球风粗犷而不野蛮。他们踢的是身体接触的足球，但是绝少有不合“球理”的接触动作，更没有故意的侵犯和伤害。那是古典的球风，其实更是古典的道德。我的少年时代正是传统道德大面积流失的时代。但我在比我年长四五岁的“街角少年”身上看到了古典时代的一丝遗风：两个团伙发生交战时一定讲明，是“单挑”还是“群殴”，是打拳还是过跤，是赤手还是带家伙。我以为他们要比现代社会中的体面人物更高尚，因为后者每每是不择手段的。现代足球不可能游离于现代风尚之外，因此它也变得不择手段了。只有英国这样骄傲的老贵族能坚守古典的审美与道德。

本届杯赛英国球员给我留下的一个突出印象是他们雄强的体魄，特别是他们的黑人球员。不知是英国牛肉还是别的缘故，英国黑人球员要比其他国家的黑人球员强壮很多。消瘦的球员未必弱于壮硕的球员，但雄强几乎就是体育家的象征。赫斯基、坎贝尔正像英国当年那位百米之王克利斯蒂，简直就是一尊雕像。或许这也是古典美。我不知道为什么在当代青年，包括英国青年心目中，贝克汉姆要比赫斯基更酷？

看巴西队比赛，你不得不惊讶和垂涎他们足球人力资源的丰厚。罗马里奥没有来，德甲进球最多的那位巴西球员也没有来，他们还是人才济济，东方不亮西方亮，按下葫芦上来瓢。老实说，巴西足球的美感已经流失得太多了。但巴西毕竟是巴西。他的顶尖级的球队已经无可奈何地变得功利了，但它的社会上、陋巷里、孩子中的足球一定还是游戏的、艺术的、表演的。有他们作巴西顶级球队的基础，巴西球队就不可能与当下的足球同流合污。

英国有着绅士的传统，而巴西球员是典型的游戏人。游戏人为什么能同绅士一样优雅呢？因为游戏最能陶冶人。哲人席勒说：只有当人充分是人的时候他才游戏，只有当人游戏的时候他才完全是人。他还说，美育是道德的基础。真正的、古典的足球就是美育。你看，罗纳尔迪尼奥被罚红牌后仍然有轻松的微笑，这是游戏人的微笑。功利的人生观培养不出这样的微笑。

这场球很多人都会觉得英国人会输得口服心服。这是没看懂这场球。英国人其实非常懊丧。他们现在的防守太好了。他们的球门很难攻破，而他们最怕的是先输球。那个任意球罚得太好了，那是可遇不可求的，守门员想不到，所以大意了一些。于是他们准备周密的、超一流的防守反击没法打了。他们是绝对的心有不甘的。优雅的足球母国只好再等 30 年了。

靠裁判不牛皮

韩国队再次靠裁判的帮助，战胜西班牙。这种事情屡屡发生，首先让人们觉得这不是裁判水平的问题，接着令人们感到也不是慑于主场观众压力的问题，因为此前几乎全世界的观众都对韩意之战中裁判的偏袒表达了愤怒，这不也是压力吗？最终不可能不令人们怀疑有势力在操纵或影响着裁判。如果这势力是来自韩国（来自其他方面是令人费解的），就值得问一问：这么做值不值（问好不好人家是不要听的）？

争取好成绩为了什么？为了牛皮。作为亚洲一支球队，能货真价实地进入16强，已经很牛皮了。靠一点外力帮助进入8强，名次更上一层，微词却轰响一片。继续靠这种手段进入4强，恐怕就牛皮不了了。名誉都成了问题，还怎么牛皮呢？牛皮是主客体之间的一种心理感受，主体企图获得的是震动众人心理的效应，而不仅仅是将那名次印成铅字。口碑、心碑和名次是两回事。有的名次不高的球队和球星非常牛皮，而含有水分的名次却很可能牛皮不成。克鲁伊夫没拿过世界杯冠军，名声几十年不衰。本届杯赛韩国队的作风没得说。但幕后的这股力量所要追求的牛皮肯定不仅是球队而且是国家。遗憾的是裁判的丑行在人们心目中丢的不是韩国队的名誉（那名次当然将贬值），很可能是韩国国家的名誉——这丑行发生在主办国。不错，说裁判可能受到一股势力的影响，是没有证据的。但不掌握证据却无改人们内心的印象，而人们内心的印象是重要的、有价值的、有分量的。其实追求牛皮的人追求的正是留给人们的印象。即使没有让别人抓到证据，可是名誉没了，印象坏了，一番辛苦为了什么呢？不是南辕北辙吗？我真的觉得韩国人不值。但是我可以感到一些人会认为挺值的：骂归骂，四强的名次拿到了，改得了吗？我觉得这种心理的大面积存在是这个世界的最大荒诞和悲哀。说荒诞，是因为他们竟不知道牛皮是什么，一个人的牛皮是他人由衷地为之竖起大拇哥。说悲哀，是因为那些已经败露且声名狼藉的巧取豪夺，仍然会赢得一些人的羡慕和佩服。

看过这场比赛，我只是觉得一些人的行为是如此荒诞和愚蠢。正好前两天在本报看到刘心武老师的文章《庭院深深深几许》。我俩在裁判问题上算是老对头了。我主张利用电子手段，刘老师坚持

“肉人裁判”，认为“保留全部人性因素的赛事才有看头”。其实我的很多足球言论，包括上述言论，都是影射或者说兼论社会的。社会上有太多的蠢人，以不名誉的手段追逐名誉，最终沦为不名誉者。我的影射或兼论得益于肮脏的足球现状，但我不准备为它的制度辩护。不错，足球以及别的游戏都包含了一些人性因素，但决不会包括全部。比如说社会生活中几乎没有像球场上这样 11 人对 11 人的公平竞争，两国军队间与球队间的争斗是如此不同。这说明了什么？说明了人类在游戏中享有比社会生活更公正的制度。没有基本的公正社会生活可以照样进行，但没有基本的公正游戏是不存在的。再说，符合生活中的人性，并能帮助我和心武老师这样的人认识人性和影射社会，不是游戏中不完善的规则得以存在的根据。参赛者和观众容忍是它存在的根据，参赛者和观众不容忍是它变革的根据。而我以为几乎到了不能容忍的时候了。

其实我读了刘老师的文章还是没有明白他现在的看法。他说了他反对电子手段代替人作裁判。接着好像又赞同了他的一个朋友的观点：足球的水很深，可能有很多势力会操纵裁判和比赛。但是刘老师没有说，如果他同意了他朋友的观点后，是否还是反对电子手段的介入。照说，两个观点是相克的，人的操纵太多了，似乎恰恰应该利用非人格化的手段去制约。当然，这两个观点也可能又并不相克，那就需要刘老师解释一下了，不然我们是不得要领的。

刘老师文章中还有一个小观点，也是他的一个朋友提出的：电子手段更不可靠。但这不能支持刘老师反对使用电子手段的主张。因为“能不能用”和“要不要用”是两个问题。刘老师主张的是“不要用”，他朋友提出的是“不能用”。技术的进步可以使昨天的不能用变成明天的能用。其实最要紧的还是需要争论明白：足球裁判要不要利用电子手段。

我愿意讨论这一问题是因为我热爱足球，今天的一些足球比赛几乎没法看了，同时也是因为这道理决不限于足球。

都是电视惹的祸

世界杯赛到这会儿，可以说是怨声载道，能不能顺顺当当地收场，恐怕都要拭目以待。是谁惹的祸？有人说是裁判，有人说水很深，裁判不过是个执行者。但是换个角度，可不可以说，是电视惹的祸。这罪过怎么推给电视了？太岂有此理了。但是您听我说，如果没有电视，您能看到这些错判，这些不公正吗？大家能看到吗？不错，现场有大批观众。但是那场面瞬息即逝，多少人敢确认那是错判。而当我们没有了画面的证据后，支持那一判决的虚弱的声音便会陡然增强。至少可以说，很难形成现在这样一边倒的讨伐错判的阵势。换句话说，在“前电视的时代”，在足球场上骗人容易，甚至套用一句黑道的话，那时候把一个球队“做掉”容易，不会出事件、出乱子。不会出现怨声载道。

所以完全可以说，电视惹了祸，它干扰了一些人用心良苦的策划，破坏了社会的“安定团结”。主事的人是绝对憎恨电视的，只是他们奈何不了这个庞然大物的出场，奈何不了它进入千家万户。至今，在他的地面，即球场上，他还在竭尽全力禁止大屏幕的进入。因为他们深知，本来好好的，“那家伙”一进来就出乱子。人同此心，心同此理。当今小赛场上的掌权者和昔日大王国中的掌权者的心理是一样的，不过前辈说得更透彻：民可使由之，不可使知之。“不知”在最深层决定了安定。大家都知道了，形势便无可挽回了，必是七嘴八舌、议论纷纭、无遮无拦。而当技术的发展导致信息注定了被大家共享时，民主的闸门便开启了。扪心自问，我自己不是一个民主主义者，我总觉得贵族政治与民主政治在审美上互见短长，但是我想，技术的发展大概将人类引上了民主的不归之路。我同意曼海姆的话，如果未来注定是民主的话，就该好好认识一下民主的缺陷。回到电视对足球的功能，我想，利弊都应该认识。

先说积极功能。虽然比分不能更改了，但电视毕竟使得建立在错判基础上的“胜利”贬值，使得遭到错判的球队不会沉怨。在前电视时代，不知有多少沉怨者，甚至他们自己在权威的话语霸权面前都不敢确认自己蒙冤。从这个意义上说，电视已经在心理的层面上给予受害者补偿，在心理层面上增加了一点公正。再有，电视对执法人增加了压力。

再说消极的功能，就是前面所说的，它增加了不满，增加了冲突。过去的比赛也是这么裁判的，为什么现在这么难裁，为什么现在总出麻烦？就是因为电视这个怪物出笼了。我说过，这是一条不归之路。技术带来的问题，还要靠新的技术解决，就是裁判工作中也必须引进技术了(看录像后裁决不是好技术,可以有更好的技术)，不然您就准备迎接没完没了的滔天怨言吧。

有人说，世界越来越腐败，球场是例证之一。我也觉得中国、东亚、世界好像都是这样，虽然程度不同。但想想，也可能是丑行曝光的增加给了我们这个晦暗的印象。但就足球来说，自80年代看电视以来，世界杯的裁判本届确乎最差。前电视时代的裁判实在是说不清的。

缩小权力空间

改革者不是乌托邦的鼓吹者，他们必须是现实的。我主张裁判制度的改革，不是说要以电子手段代替裁判，那是不现实的，至少在目前。也不是说，每遇争议就暂停比赛，裁判观看录像，而后判决。那样球员动辄就会要求看录像，一场比赛要暂停无数次，连贯的比赛被打得七零八落。我只是说，目前裁判的权力太大了，应该缩小他们的权力空间。在何处缩小？在肉眼最难判断，而电子设备最容易解决的地方。其他体育项目也是这么做的。比如网球，球员频频发生争执，裁判的确不能保证永远看清的，是球出没出底线。现在好了，底线设一个仪器，由它来判断出没出线，万无一失。足球中判断越位要比网球中判断球是否出了底线难度大一百倍。可以说注定了将每每发生争执。并且越是完美的配合（距离越位差之毫厘），越容易发生争执，越容易被误判，或是被利用故意错判。如果继续由人来裁决越位，几乎就是不再鼓励精准完美的配合，因为多数裁判的精度没有一流球员的精度高，他会判你越位。这不是对完美足球艺术的扼杀吗？如果没有办法也就作罢，偏偏由仪器来判断越位最容易。在两个底线上各置一个电子眼，由它来比较离它最近的两个不同球衣颜色的球员，哪个颜色离它更近。唯一需要加工的是该电子眼能将不同角度上的球员与它的距离换算成与底线垂直的距离。一个软件足以解决这种换算。比赛开始了，电子眼就一直在工作。主裁判可以手持一个电子眼的遥控器。每当进攻一方起球，需要判断是否越位时，裁判刚好在起球的瞬间按钮暂停电子眼，就可以从遥控器上看到电子眼的报告：刚才起球时哪方距离底线更近。解决了越位问题，几乎就是解决了足球比赛中裁判的一半难题和争执。至于侵犯性犯规，我真还主张仍然按目前方式进行，因为即使看录像也还是有争执。

正像刘心武老师所说，足球包含人性中的东西。社会上的改革应该给足球改革以启示。政治学家说，权力腐蚀人，绝对的权力绝对的腐蚀人。学者们讨论遏制腐败时提出了很多手段，其中一个釜底抽薪的手段就是减少官员的权力。何为腐败？权钱交换。权力少了，腐败就少了。举个例子，如果公民做任何一种小买卖都要官员盖章批准，居心不良的官员便会索贿，如果将这权力撤除，做小买卖不需要官员批准了，这腐败不就没有了吗？虽然没有杜绝腐败，但是减少了腐败啊。古人为什么发明了科举中判卷的糊名，就是封住考卷上考生的姓名？因为信不过阅卷的人。阅卷的人不都是坏人，但是有坏人。非人格的制度都是建立在人不可信的前提上的。

足球场上的事实屡屡证明，裁判就像阅卷人一样，就像官僚一样，不都可信。怎么办呢？又不能“糊卷”，只好像拿出遏制腐败的手段：缩小权力空间。中国改革开放的一项重要内容就是“放权”，即减少权力。官僚都在减少权力，技术条件成熟时裁判为什么不可以将他的一部分判决让给电子设备呢？

脆弱的强队

半决赛的两场比赛，除了四个参赛国的球迷毫无保留地为本国的球队祝愿和祈祷外，我猜想其他国家的大多数观众是希望德国和巴西获胜的。原因不一而足。但最大的原因很可能是现在的多数观众站到了强队的立场上，希望强队获胜。这是古怪和耐人寻味的。而这种心理实际上也反映出当今足球的古怪和耐人寻味的现状。在社会生活和其他体育项目中，我想更普遍的心理是希望看到弱者挑战强者，希望弱者爆冷乃至胜利。为什么足球与它们相反？因为在其他体育项目中，强者的胜算太大了，弱者爆冷和胜利的概率是微小和渺茫的；强者屡屡夺金掠银，使得人们对这种优胜劣败的格局感到厌倦，转而同情弱者。社会生活更有过之，每每演成弱肉强食之势，此种情形经久不衰，遂使同情弱者升华成一种刚直不阿、善良仁爱、扶弱济贫的品德。足球从其一开始，就显示出与众多体育项目不同的特征，前者的胜算在这里没有那么大，这就是人们每每说及的足球的“悬念”。虽说悬念稍大一些，最初同情弱者的心理在这里也不短缺。但是近 20 年来，足球的特征和建立在其基础之上的人们的心理都变了。足球的变化就是悬念进一步攀升，弱队打败强队稀松平常，“强”要么是历史，要么是场面和样子，唯独不是胜算。在此种足球形势下人们的心理便也发生了潜移默化的转变，观众渐渐变得同情传统的强队，希望传统强队获胜，之所以希望是因为强队获胜真的不容易。为什么不站在突起的异军一边呢？在足球的世界，这些异军通常只是夜空的流星。你刚刚把感情投注在它上面，它就溃不成军了。希望弱队爆冷，盼望异军突起，无异于企盼陷入混沌。混沌是人们的心理难于适应的，心理总是寻找这样那样的秩序的，要么是新秩序，要么是老秩序，不能是无秩序。爆冷的新秀最终带不来新秩序。几起几落，最后人们宁愿选择传统强队，希望它们取胜。

足球性质的改变和人们心理的改变，都告诉人们足球已经成了一个怪物，其结果屡屡荒诞不经、匪夷所思。小时候读小说《林海雪原》对土匪的黑话特别感兴趣。其中最有趣的一句是：他房上没有瓦，非否非，否非否。这话神秘怪诞。套用这句式来说足球就是：这赛场上没有冷，冷非冷，非冷非。没有了任何等级、秩序、趋势、规律的比赛是令人陌生和恐惧的。久而久之人们一定会躲避它。有人可能会觉得我是在耸人听闻，但我自己分明感到了这一趋势正咄咄逼人地走来。坦白地说，我喜欢过去的足球，喜欢自贝利到马拉多纳时代的足球。我深信，通过规则的改革，我们可以唤回那个时代的足球，那种英雄辈出的足球，而不是乱打一锅粥的足球。

此时输球胜赢球

因为遭遇和目睹了过多的不公正，或者更准确地说因为很少见到公正，鄙人从来不以成败论英雄，且甘于自我放逐为功利世界的边缘人。胜者在我的心中可能无足轻重，可能是平庸之辈，甚至功利小人。而败者在我心中可能是悲剧英雄，可能是无冕之王，可能永远地保有一席之地。我希望在这个世界上找到更多不信世间名利，坚信自己尺度的人。非如此这个世界才能有真正的评价系统。

真是始料不及，这届世界杯上竟然看了韩国队的七场比赛。韩国队胜了四支球队：波兰、葡萄牙、意大利、西班牙，都不是等闲之辈。我却以为，这场败给土耳其的比赛，是他们踢得最好的比赛。这里面没有任何挖苦嘲笑的意思。我非常钦佩韩国球员这场比赛中的表现：从开场十几秒钟就落后，但一直战斗到最后一秒钟，以非凡的体能、顽强的意志和精湛的技术制造出无数次杀机。他们虽败犹荣。

这是足球发展中国家间的一场经典比赛。当然，或许他们就要脱离足球发展中国家的行列了，但他们毕竟不是贵族和列强。说它经典是因为它精彩、激烈、文明。进球数高达5个之多，而且个个精彩，绝无雷同。第一个进球就开创了本届比赛之“最快”；第二个进球是本届杯赛上仅次于罗纳尔迪尼奥的任意球；第三个进球配合精巧细腻，这样的表演很难想象会发生在季军的争夺赛中；第四个进球的配合同样令人击节赞叹；第五个是远距离冷射。本场比赛射门次数在本届杯赛中应该是名列前茅的。而与此对应的是防守并非松懈，而是极力拼争。本场比赛极其激烈，但粗而不野，黄牌不多。最令人感动的是赛后两队球员挽手并肩向全场观众致意告别，说明了他们相互赢得了尊重，而这在激烈的比赛中是罕见的。这是比文明竞争（仅指粗而不野，较少犯规）更高的层次。

韩国队至少有两场比赛的胜利托了裁判的福。球员无罪，且球员的表现令人称道。但是观众们仍然等待着看一看他们如何在一场不受裁判关照的比赛中证明自己。这场比赛是公平的竞争，而韩国队输了。不知别人怎么看，我以为输了同样可以证明自己。七场比赛，他们的士气始终如一，他们的发挥非常稳定，他们真正地冲出了亚洲。

那两个偏心裁判损害了意大利和西班牙球队的利益，我以为其实也侮辱了韩国球员。那两场比赛他们赢了，赛后我不想称赞他们，我没有那种心情。今天他们输了，我真心称赞他们。在善良的球迷们的心灵的天平上，裁判其实只能帮倒忙。

两个幸运儿

人们常常说，王者就是角斗场上的幸存者，意思是说幸运在其中的成分颇大。说本届杯赛上进入决赛的两支球队是“幸运儿”，是想说他们更是格外幸运。

这种幸运最清楚地体现在他们走上决赛的道路。德国队先后遇到的是沙特、爱尔兰、喀麦隆、巴拉圭、美国、韩国、巴西。巴西队先后遇到的是土耳其、中国、哥斯达黎加、比利时、英格兰、土耳其、德国。除了英格兰，这些对手中哪个够得上一流球队？阿根廷、法国、意大利、西班牙，竟然一个也没遇到，这是多么幸运。两支球队哪个更幸运？简直比不出来。决赛前德国队的对手显然更弱，幸运得离谱，连它们战胜美国队都是靠的误判。而巴西队最后是通过战胜德国，这个赛前最不被看好、预选赛被英格兰打成 5:1 的传统强队而捧杯，不是幸运得更胜一筹吗？

为什么没有遇到强队呢？因为强队提前出局了。为什么强队纷纷提前出局了呢？除了裁判的原因，我赞同时下最流行的看法：五大联赛的征战导致一流球员们心力交瘁，无法为世界杯呈现出他们的最佳状态。那么问题就来了，德国和巴西的多数队员同样在五大联赛中，该怎样理解这两支球队呢？

先说德国。意志力从来是德国人赫然高于他人的制胜本钱。即使同样被联赛消磨了锐气，德国人的意志也使他们残留下更多的战斗力。但是如果世界杯注定不能在大家的最佳状态一决雌雄，而只能比较“抗联赛的打击能力”，比较大家的“次强能力”，实在是太煞风景了。

再说巴西。巴西本届杯赛共进了 17 个球，而其中罗纳尔多和里瓦尔多两人包办了 13 个。他们两人相当一段时间伤病缠身，状态较差。这也是杯赛前巴西战绩欠佳，不被看好的原因之一。为什么世界杯赛上二人状态陡然提升？其实最重要的原因恰恰在于他们赛前的伤病。伤病使他们得以休整，不参加或少参加联赛使他们心理上减少了疲惫，从而在进入世界杯赛后有可能更为亢奋，有可能保持更强烈的进球欲望。当年意大利的罗西就是在世界杯赛前被长期停赛，积累了体力、精力和进球的强烈欲望，最终在对阵巴西时“井喷”，独进三球，将济科、苏格拉底那支梦幻球队淘汰出局。如果罗纳尔多和里瓦尔多在世界杯赛前，也像齐达内、巴蒂斯图塔等人一样在本赛季打上 60 场比赛，他们还能有今天的状态吗？我持怀疑态度。我不是说罗、里二人狡诈，保存了实力。我是说他们幸运，歪打正着。他们是侥幸未被联赛扼杀的幸运儿。

如果都处在最佳状态时，巴西与阿根廷对阵一番，鹿死谁手？我不认为巴西人的胜算更大。罗纳尔多和里瓦尔多的技术自然没的说，但我看两人在场上都像“病夫”一样，没有拼抢能力，全仗着他们没有被联赛伤害，心理不疲劳，进球欲望足。

老实说，巴西队仍然是本届杯赛上我最喜欢的两支球队之一，另一支是塞内加尔，阿根廷过早夭折的悲剧就不谈了。但是罗纳尔多和他的巴西队显然更像幸运儿，而非王者。

五大联赛与世界杯的巨大冲突已经扼杀了世界杯的精妙和世界杯上的王者。剩下的只是瘦死的骆驼累死的马，哪有王者的威风和霸气。要寻找王者，杯赛前让他们养足了精气神，否则就只能比比谁更幸运。

死结与活路

这是跨越了 72 年之久的第 17 届世界杯，这也是问题丛生、冷门迭爆、污点最多、骂声满世界的一届世界杯。对于不尽如人意却属偶然性的问题，诸如荷兰队未能出线，罗马里奥和巴乔被主教练拒之门外等等，我们可以漠视和忘却。因为游戏世界中剧情的演绎不以观众的意志为转移，因为众口难调，因为完美是不存在的，还因为你较真也没用。但是还有另一类问题，它是人为制定的制度所导致的，只要那制度存在它的出现就是必然，并且愈演愈烈。它似乎不像偶然性的问题，似乎是可以医治的。但是它却不是一个活扣，不是一个凭单向思维可以解决的问题，而是一种矛盾，一种制度上的进退两难，颇像一个死结。解决它需要深刻的反省，需要大智慧。本届杯赛上的此种问题，大致可以概括为四类，姑且称为“四个死结”。

第一死结，五大联赛与世界杯的矛盾。本届杯赛明星不在状态，强队早早出局的一个最重要的原因是他们太疲劳了，他们大多在本年度已经打过60场比赛了，他们在身体和精神上都透支了。这一问题非自今日始。1990年巴斯滕踏上奔赴意大利的飞机时高喊：“离去时我们唱着高歌，归来时我们捧着金杯。”的确，这是世界杯前呼声最高的球队，他们拥有古力特、巴斯滕、里杰卡尔德、科曼四大顶尖球员。他们的阵容或许还要高于本届杯赛前呼声最高的阿根廷队。但是荷兰队竟然以三平一负的成绩离开了世界杯。这令人百思不得其解。或许正是从他们的遭遇中，人们认识到了联赛对杯赛的冲击，因为为AC米兰队立下累累战功的“三剑客”，正是为了意大利的联赛而心力交瘁。从那届杯赛结束，人们便开始呼吁联赛向世界杯让步。然而实际上发生的是联赛对杯赛愈演愈烈的冲击。为什么不可以强行抑制联赛，让它为世界杯让路，中国不就是这样做的吗？但是世界和中国是如此不同。原因有四。第一，中国是计划经济的底子，行政力量强，市场力量弱，前者动辄就可以改变后者的规章。而在市场社会，不经俱乐部同意就想改变联赛是不可能的。换言之，俱乐部的利益是受到法律保护的，是独立于国家的，联赛的制度是严格的，它或许冲击了世界杯，但唯其严格才保证了联赛的质量。第二，联赛的盘子大，很多俱乐部是跨国公司，且联赛已经形成了自己年复一年的节奏。停止或压缩一个赛季，将使俱乐部严重亏损，并且一切合同都要重新制定。所以要变动，也将是一个艰巨而复杂的工程。第三，俱乐部促进世界足球发展的功能是巨大的，它几乎构成了当代职业足球的基础。简而言之，取缔了联赛，国家队与世界杯的水平都将下跌。巴西足球的社会基础最为雄厚，但是其足球人才的结构受到欧洲联赛的深刻影响，它每年输出上百名足球人才，如果欧洲的联赛取消或萧条了，巴西职业足球人才的培养系统将瘫痪。第四，国际足联是个松散的组织，每四年组织一台大戏，而欧洲职业足球俱乐部是一些紧密的组织，每年、每个月都要紧张地工作。当发生利益冲突时，前者奈何不了后者。一句话，是当今足球世界中的大商人使得世界杯贬值，使得国际足联沦为弱势群体。要改变此种格局，岂是易事。

第二死结，东道国的利益。东道国的利益追逐，每每破坏着世界杯的公平竞争，削弱着世界杯的精彩程度，本届杯赛尤为突出。这一冲突首先影响的是分组。本届杯赛的分组抽签造就了一个死亡之组:阿根廷、英格兰、瑞典、尼日利亚。本届杯赛共分 8 个小组，共设 8 个种子队:法国、西班牙、巴西、葡萄牙、德国、阿根廷、意大利、俄罗斯，其中葡萄牙和俄罗斯相对最弱。这两支球队偏偏就和两支东道国的球队同组。这纯属偶然吗？我不相信。比分组抽签中的“灌铅骰子”更严重的是裁判对东道国的偏袒。偏袒的原因与情节自然极难揭晓，但现象历历在目。裁判在韩国队对意大利和西班牙的比赛中的偏袒，已经路人皆知。其实对日本队也有偏袒。日本队小组最后一场比赛对突尼斯，日本队要踢平才能出线。那场比赛突尼斯队先进了一个好球，被判为越位。以后日本队连进两球，锁定了胜局，并使得突尼斯放弃了鸣冤，选择了沉默。东道国从分组到裁判都可以享受到很多偏袒的最深层原因很可能在于，国际足联愿意帮助他们。其一，国际足联会认为，如果东道国小组出不了线，会影响球场的热烈气氛。其二，他们还可能会认为，东道国出了这么大力，应该有一点补偿。正是管理者的这种心理使得这一问题的改善成为“两难”。其实，这两点拿不上桌面却很可能深藏内心的理由都不成立。其一，比赛精彩、势均力敌，赛场自然火爆，那是令全世界球迷欢欣鼓舞的局面。相反东道国靠裁判“挺进”换来的其实只是一国之火爆，不是全球之火爆。其二，东道国出了力，但是已经获得了收益:申办成功就是补偿；经济上赚了钱，政治上风了光，更是补偿；付出与收益可以打平了。也就是说，不需要再靠裁判偏袒出来的成绩来补偿了。话虽这么说，这一死结也是很难解开的。

第三死结，裁判问题。对错判的讨伐如果最终不能落实到裁判手段和制度的改革，就将一事无成。改革与否的根据之一是目前的裁判问题是不是足够严重了。国际足联对裁判工作的辩解是，误判比例非常之小。但是严重与否是不能光看“正误比例”的，要看结果的严重性。本届杯赛至少有五六场比赛，包括韩国对意大利、韩国对西班牙、德国对美国，因错判而改变了结局。不然的话，我们将看到意大利与西班牙争夺四强，还可能会看到意大利或西班牙同巴西争夺冠军。几次错判已导致局面全非，还不严重？改革与否的根据之二是有无替代手段，采纳它的前提是这手段不可以屡屡中断比赛。电子手段无疑可以补充和协助“活人裁判”。考虑到保证比赛的流畅，可以有保守和积极两种疗法。保守疗法就是依赖录像，每场比赛每队只有一次要求看录像的权利。由裁判监督看录像后定夺。如果原判正确，要求方付出的代价是接受对方在本方门前 30 米罚直接任意球；如果原判错误，不仅更正原判，并且保留“要求看一次录像的权利”。积极疗法就是依赖设置在赛场底线的电子眼，由它判定越位与否。电子眼能够判断和记录哪种颜色的小点离底线最近，它在不停地工作。每当进攻一方“起球”时，裁判按动手中遥感器的按钮，就可以从遥感器看到那一瞬间越位与否。问题的难点不在技术，而在于国际足联多次表态:绝对不借助电子设备，美其名曰要保留人的因素。人是靠得住的吗？于是结局注定是:球迷等待着裁判对比赛的无情扼杀，足联等待着球迷们对他们的滔天咒骂。

第四死结，赛场与球员的矛盾。近十几年来，进球越来越难，防守反击越来越吃香，冷门越爆越频，其最深层的原因是:球员体能越来越强，控制的范围越来越大，甚至身体都在大型化，而球场和球门一寸也没有增长。这大约相当于贝利时代12人对12人比赛了。如果今后每个球队都训练出卡恩一样的守门员，还怎么进球啊？扩大空间不外两个思路:扩大场地与球门的尺寸，减少上场球员人数。但是观众的审美习惯决定了二者都不可改变。为恢复这一游戏的活力，笔者提出了两条改革规则的设想。其一，击中球门一概判作进球。比如巴西对德国的决赛，因双方各打中球门一次，比分为3:1，高比分多过瘾啊。其二，红黄牌的惩罚当时兑现，黄牌小罚15分钟，红牌大罚30分钟。可以以此减少了上场球员数量，增加活动空间，进而增加进球。

笔者料定，以上死结没有一个是好解的，有些还将越扎越紧。游戏应该在博弈中完善自身，但是只要它还是一个大大的聚宝盆，它的管理者就不会变革。毕竟保守是生物的天性，何况还有若干既得利益者。有道是:不撞南墙不回头。南墙不远了。

但是在制度创新的层面上，本届杯赛毕竟还有一点亮色，那就是两国合办。两国合办的出台仍然是“改革从来都是源于逼迫”的佐证。是东方民族“拉关系”的卓越本领，使得评委们在日韩两必择一中束手无策、无可奈何，于是产生了两国合办的创意。很快地，管理者就又扬言:两国合办只此一回。韩日世界杯已经落幕，回首杯赛，合办有什么不妥吗？没什么。世界杯的申办竞争将愈演愈烈，其大国垄断主办权的历史已经太长久了。合办为缓和竞争，为走向中小国家，找到了一条新的途径。在可预见的将来，国与国的边界还将存在，国与国的壁垒却在瓦解，此乃天下大势。游戏可以、也应该在一个世界性的大趋势中充当领航员。

《足球》2002 年 5 月 31 日 ~ 7 月 1 日

德国世界杯断想

我与世界杯

第一次写世界杯是 1990 年。那时写球的人很少，只是少数几位体育记者，圈外的人几乎没有。大赛开始的前一天，我骑车到北京青年报社，推开体育部的门，向负责人郭宇（该部就两人，还有一位王俊）毛遂自荐:“我写球挺在行的，可以帮助你们写世界杯吗？”我料想郭兄弟没见过这路人，迟疑了好一会儿，说:“那试一篇吧，400 字啊。”翌日，我骑车送稿（那年月都是手写，寄信来不及）。发过两篇稿子后，郭宇对我说:“接着写，都是 400 字。”那会儿北青报还是每周两期，我连发九篇，期期不漏。我家住礼士路，北青报在朝阳门，每次都是写完后骑车送稿，飞火流星。那年我也是 40 岁人了。您说，不是“半疯”是什么？

美国世界杯（1994 年）我想不起来为什么我只写了一篇长文《美利坚世界杯回首》。

法国世界杯（1998 年）着实大干了一场。与《足球》报合作，每日一稿，每稿大约含两节，总名称《法兰西世界杯断想》，共写了 66 节。

本届大赛开赛前半个月我就在家里嘀咕:这届还写不写，还有的写吗？不久，《南方周末》来电话，要写一篇探讨足球为什么红遍世界的文章。尽管那编辑自以为得意，我知道那题目不能再俗了。完全是瘾君子的习惯性使然，我答应了他们。6 月 4 日我急性腹痛，上吐下泻。我知道是“非典”期间初患的阑尾炎复发了。但大夫硬说是急性肠炎，打了一上午点滴，下午跑出去看大英博物馆展览（因为是最后一天）。下午5点打了点滴后，晚上去看俄罗斯电影展。一切都盘算好了。翌日早晨，完成了写给《南方周末》的《心动，所以球动》的稿子，上午十点去校医院，下午六点就上了手术台。

而后住院7天。术后恢复期，夜里看球甚是困倦，只能挑选着来。断了写世界杯的念头，况且也没有媒体找我。《新京报》上看到刘心武老师的文章，不甘寂寞、贼心不死的感觉又陡然升起。托《新京报》的曹保印君问体育版编辑，能否给我一小块地面。答复是:前一段找不到您，就约定了别人，现已无版面。我的新浪博客6月15日开通，久无联系的薛涌看到后来了电话。我问:“拿到博士学位没有。”他说:“拿了。”“怎么不告诉愚兄一声。”“这有什么可说的。”他当年要我陪他跑一趟马拉松，这次完成了“博士马拉松”应当第一时间告诉我的。不说，当是一种自尊和牛逼的表现。我接着便问:“怎么没见你写足球。”“《足球》报不用我了。”我简直难以置信。他最火的时候，在《足球》报堪称第一刀笔，风头盖过我。我问:“怎么回事？”他说:“现在讲究娱乐，不要严肃文章了。”我也便断了联系《足球》报的念头。我们过景了，下岗了。这个小手术是上帝安排的，让我体面地脱离世界杯。

这些天，写过且还会写少许足球文章，但一天一雨云的勾当一去无返了。通过世界杯，我获得过一批读者。在又一届世界杯的日子里，谨向你们致礼——老战士没有死，只是悄悄地隐退。

心动，所以球动

足球为什么热遍地球，成了几乎所有地球人，非球迷和球迷同样惊愕的问题。借用禅宗的句式来参悟这一问题便是:球动，旗动，还是心动？球一直在动，从200年前它诞生于牛津大学的草坪。因为体能增强而场地依旧所导致的进球难，已使足球不如贝利时代那样赏心悦目。今日的二罗只好比比罗马里奥，马拉多纳、贝利、克鲁伊夫，是他们不能比肩的。一句话，今日足球的火爆和当下球星的水准无关。世界杯上至少将飞扬32国国旗。无疑，风助火势，民族的归属感将强化世界杯的热度。但我不以为足球热是缘于民族主义。否则为什么除了足球场，英德的足球流氓没有实现民族主义理想的第二个场合。与其说他们是民族主义者，不如说，他们在借民族主义的酒杯，浇个人心中的块垒。

足球热不能归为球动、旗动，是我们内心的躁动带来了足球的喧嚣。古诗云:“锦瑟无端五十弦”。今诗说:“世界可能很小，心却很大”。我们偌大心琴上的哪根弦诱发我们奔向足球场？我们的空虚，我们无助且无奈的空虚。祖先和父辈为什么踏实，我们为什么空虚？是因为我们走入了一个崭新的时空。

北部世界解决了温饱，南北世界正在解决温饱，地球人即将全部解决温饱。这是个什么性质的问题？不仅人类，我们星球上的全部生物体，从来不曾彻底解决过它们的生存问题，而我们正在跨过这一高迈的门槛。一山过后一山拦。于是我们遭遇了新的问题。正所谓:人无远虑，必有近忧。人无此虑，必有彼忧。对堕落的“饱暖生淫欲”的最好化解和升华正是“饱暖生体育”。我们空虚，我们无聊，找不到这个，就是那个。不是足球多么伟大，是我们如此无助，拣选了它。我们的孱弱，烘托出足球的魅力。讴歌足球实在是一种颠倒，正如伟大宗教中的人神颠倒。

时空导致心态的又一变化是当代人的日常“兴奋度”陡然下降。

动物与原始人的兴奋度最高，甚至夜里一有风吹草动，它们瞬间便跃起，因为其一部分神经没有沉睡，在为自己站岗。狩猎也是高度兴奋的事情，一场殊死的狩猎，需要多日的安静来平衡。工作的辛劳，乃至恐怖的政治运动，都导致我们兴奋度的提升。而千余年来，我们的兴奋度，在一路下降。住进了房屋，告别了荒野和天敌，睡了安稳觉，不许打猎了，也没猎可打了，工作强度降低，风险降低，二次大战、古拉格都成遥远的回忆。这一切都是福分，同时却也导致我们日常的兴奋度下降。于是，历史上第一次，全体人类一同去寻找刺激。足球再次被拣选。

还有一种心态就是英雄情结。我们的血管里流着英雄祖先的血液。进化的历程是漫长的。没有几万年是看不到血质的改变的，但是环境变了。我们仍渴望做个英雄，至少是拥戴和跟随英雄。但现实已经变得舒适、温柔、犬儒，如此远离英雄辈出的年代。我们只好虚拟一个英雄的场景，那便是绿茵场。中国足球没能进入世界杯只是我们在足球问题上的第二悲哀。第一悲哀是，亿万中国人只会电视前看足球。我们十万个公民中能有一个人踢球吗？只看球，不踢球，才是全球足球化时代中中国人的悲哀。于是我们不再努力去做英雄，我们只是观赏英雄。而当一个民族弱化到统统去观赏英雄的时候，他们就只好去观赏异族的英雄了。这才是悲哀，真正的悲哀。

说黄健翔:球迷的特权你没有

法国世界杯的时候我曾经撰文评论过黄健翔。文章发表在 1998 年 6 月 28 日。我说: “他在中国解说员中已卓然不群……黄健翔的风格是自然、流畅、娓娓道来，有文化气息，信息量大。如果有什么欠缺的话，就是不够兴奋和疯狂。当然讲外国人的球，如作壁上观，与我们本无大关系，太兴奋了也滑稽。在解说与我们关系密切的球赛时，他似乎还应该兴奋些。兴奋的变文静似乎更难，但文静的变兴奋也不易。要学后者应交些高阳酒徒类的朋友。能娓娓道来又能慷慨激昂，才可称文武昆乱不挡。”

后来和他见面，证实文章他看过了。我还相信那文章对他有影响，从他以后的解说中我看到他在努力学习慷慨激昂。当然有时略显不自然，但朝这个方向努力是对头的。他一定明白，文武双全才是大解说员，而他有这个抱负。

我相信国外的大解说员一定能够慷慨激昂。一是有这个天分，二是有这个机会和需要。足球是个归属感很强的项目。他们绝不缺乏解说本国球队参加大赛的机会。像中国这样，自己的球队不参加世界杯，却强力报道，电视台和观众都身心投入的国家一定不多。这是移情。我们移情的一塌糊涂。中国的解说员更有尴尬之处，解说足球似乎应该追随这项运动，亢奋些。无奈解说的对象总是外国人，太亢奋了滑稽——这又不关我们家的事，不亢奋也滑稽——人家都打起来了，你还这么冷静。黄健翔终于没有把握好尺度，太亢奋了一些，当然问题远不限于亢奋。

从他赛后和张斌的对话中可以看到他为自己的辩护。他似乎没有牢牢地意识到解说两支外国球队的比赛的宗旨——坚守中立，当然我们更不清楚他是否明白这宗旨的道理所在。这之中最重要的原因还不在于这份感情是只属于自己的祖国，一个球迷如果痴迷于他国球队或球员都无大所谓。我们着实见过外国女孩狂热追捧中国运动员的事情。解说员不可以等同于球迷，他只能保持中性的最大原因在于，面对本国球队时国内球迷当然是一边倒的，而面对国外的两支球队，国内的球迷多半会是各有喜好，他们不会一边倒。如果这时候解说员发生了一边倒，将伤害一部分球迷的感情。球迷可以面对和接受和自己立场不同的其他球迷，却难于接受一个偏袒一支外国球队的解说员。解说员是为全体观众服务的，不是打算与一半球迷为敌的。诚如黄健翔所说:解说员也是人，不是机器。但是对不起，你必须自控。扮演好任何一种社会角色都要自控，解说员也没有特权可以放弃自控。无官一身轻。你不能享受着解说员的位置，周游世界，大出风头，同时又羡慕和效仿球迷的放言无忌。一句话，没有两头都占的好事。黄健翔热爱足球。但他首先要明白，当他扮演解说员的角色时，必须放弃球迷拥有的特权。否则将是职业角色上的自杀。

黄健翔几乎是目前中国最优秀的足球解说员。我们希望他能持续自己的解说生命。而前提是谦虚、反省，明确角色之界限，这是观众们宽容和接受你的前提。

放黄健翔一马

写了一篇文章《球迷的特权你没有》，便看到新浪网将我列到“反黄”的阵营中，令我哑然失笑。编辑，乃至读者，都有理解文本和划分归类的权利，无可非议。但为避免误会，我应多说几句。我原本的立场，既不是炮轰黄健翔下台，也不是保他留任。我做的是批评家的事情。不能批评家一张嘴，就理解为要打倒谁。好的批评家不是贴标签，而是要解释和分析为什么错了，错在什么地方。他并没有想及道理之外的东西。

后来看到人家将我归为“反黄派”，再后来看到黄健翔确有下台离职的可能。便随着事情的进展，也确立了自己的态度和立场。

一方面我坚持自己对黄健翔的批评。另一方面，我希望央视的管理者们放他一马，让他继续做解说员，不是以后，就是这次世界杯。

这是一个狂热的夏天。大家内心的热度高过了天气。虽然已经这么热了，但是放纵的人心与竞争的媒体还在推波助澜，报刊、记者、观众，似乎在竞赛谁更狂热、更激情、更痴迷、更疯癫。

在足球的世界，我们是个移情的民族。日常我们就是只看，不踢。世界杯上没有我们的球队，而我们报道的力度和观看的热情不逊色任何国家。这是地道的移情别恋，恋抽象的足球吗？可惜，足球是一个归属感很强的项目。没有了归属感的足球就像是跑了气的啤酒。我们的热情往哪里安置呢？

这是比七月流火还要毒辣的日子，这是比愚人节还要愚蠢的节日。黄不太可能是个卖国者。相反在某种程度上可以说他是个随波逐流者，他被狂热的日子裹挟，被移情的民族夹带，他以为敬业就是要在狂热和移情上面拔头筹。看在愚人节和移情民族的份上，放他一马，将功折罪。

我还有一点想宽容他的私人理由，就是我曾经撰文煽动他提升激情。不能说此一事件中没有这一因素的存在。改变性格太难了。黄本来的解说风格是文静，不愠不火，娓娓道来。他得了高分:90分。但他少一点激情，如是他大概永远也攀登不到95分。相信还有其他朋友和我一样劝他走向生猛和激情。于是他跌跌撞撞走过去，失去了平衡。

我其实早就有所发现。2001年9月11日亚洲十强战中国对卡塔尔比赛结束后我评价黄健翔的解说:“我是最早撰文褒奖过黄健翔的人。我俩交往不多，但关系挺好。如果同时有两个频道、两个解说员播同一场球赛，如果健翔在其中，我一定看他的频道，即使画面清晰度差一点。但观看中卡之战时，我中途从中央台跳到了北京台。听说过后观众对健翔本场的解说争议颇大，其实我已经用行动打了分，但还想对老朋友说几句。那天他的过失只有一点：他卸了装，丢了角色，还原成了一个本色的球迷。这样至少会遭到一半以上的人骂。为什么？反对你的观点的人反感；赞成你的观点的观众也不都支持你，其中的一部分可能喜欢解说员的立场中立的陈述，喜欢得到更多的信息和知识，而不是评价。顺便再挑个小毛病。1998 年世界杯时我这样评论健翔：‘如果说有什么欠缺的话，就是不够兴奋和疯狂。兴奋的变文静似乎更难，但文静的变兴奋也不易。要学后者似乎应交些高阳酒徒类的朋友。’这次看球，我发现他有的时候很兴奋，但那其实只是有惊无险的时候。不知别人如何，反正健翔语调陡然高昂的时候，我没有兴奋感。我觉得他有故意克服过去太缺少兴奋的痕迹。而变化的根本似乎不在手法和表象，而在性情——变得豪迈些，粗犷些。”

我是个比较疯狂的人，兼有激情和语言暴力。朋友聚会和吹牛的时候，这种人格很占便宜，常常把持住话语权。文静的人只好边缘化。有的不甘心，只好也学我们的夸张、生猛。我屡屡看到，我的一个朋友平时中规中矩，分寸很好，和我们喝酒吹牛时非要说猛话，结果表现得极差劲，不协调，无美感，听着难受。我们这些半疯平常就是“高温”中的平衡，他是“低温”中的平衡。他非要高温，一高温，他就晕乎了。人只能在自己本性的基础上发育。

所以如果他还能继续解说，我要劝他，继续娓娓道来的风格，少点激情，少点滥情。毕竟学了几年激情，返回当初，或许有了一点螺旋式的上升。当然这要以他不下岗为条件。在这一点上我是“保黄”派。

国人不踢球，责任在政府

黄健翔事件产生的原因是移情。移情的不是一个黄健翔，而是亿万中国人。黄因为职业角色的原因，且因为其移情聚焦于某一国家，受到谴责。而众球迷的移情依然故我，不必收敛，不作反省。我在多篇文章中说到，中国人在足球上的最大悲剧不是进不了世界杯，不是国际比赛上的长期失利，而是这一桩伟大游戏在中国的变味——蜕变成一场电视剧，而是广大国人对足球的态度——只看不踢，完全的移情，说得更难听些:看黄片，即别人做爱，我们看做爱。外国人看足球也上瘾，但是以相当数量人口的"亲自踢球"做基础，这游戏真实而非虚拟，堪称体育而非戏剧。

国人何以将足球谱写成这般模样？思考这一问题的路径不外两条:中国踢球的人为什么踢球？不踢球的人为什么不踢球？

中国踢球的人肯定是少数，特别是比较认真地踢球的人，"认真"的指标是有计划、有训练、有比赛。如此踢球的人在中国即使不是专业球员，大多也是少体校的。他们为什么踢球？从个体角度上看，他们中的多数人正在或争取明日，以足球为饭碗。而从宏观的角度看，这桩事物在中国能够存在和持续，是因为世界上有这项运动。如果有一天世界上没有了足球的国际赛事，中国的这些足球队都将不复存在，因为他们的目的是为国争光，其前提是国际赛事的存在。没有了国际赛事，也就没有了方向和目标，光荣与耻辱，球队可以解散了。在中国，这种性质的事情不独足球。登山其实也是这样，如果不是外国人登山，并且登了阿尔卑斯山还不够，还打上门来，要登珠穆朗玛，中国大概不会有登山队的。并且至今为止，人家的登山大多不是国家行为，而是个人行为。世界杯的参赛倒都是国家行为，但要看到，在国外是先有个人的、民间的足球兴趣，后有各个级别的比赛，最后走向世界杯的。我们是前面的都没有，直奔世界杯主题。

中国狂热看球的人为什么大多不踢球呢？攀登珠穆朗玛峰，如果有电视转播大家也愿意看，但是大家仍然不会有攀登的愿望和企图。观赏与参与不是也分离吗？但是这不能和踢球相比。其一，因为登山的门槛太高。其二，因为踢球比登山更好玩。足球好玩，即使你不是从踢球爱上的足球，从观看比赛同样可以点燃亲自踢球的热情。如是，相当数量的适龄青少年会勃发强烈的踢球欲望的。为什么中国比较认真一点的业余足球人口少得可怜，原因不能再简单了:没有场地。

我小时候的足球启蒙之地是胡同。在一条狭窄的胡同里，一个比垒球大一点的小皮球，不知给我们带来了多大的乐趣。岂止中国，岂止我们这些连业余初段都不够的踢球人，贝利、马拉多纳，哪个没在街道上踢过球。场地是有成本的，使用场地是要买单的。在胡同和街道上踢球，意味着社会为孩子们买了单。为什么最没有本钱的小贩只能在街道上摆摊，因为那场地由社会买了单。不能说这绝对不好，因为要求正规场地也就是要求更多的资本，也就遏制了一些人的就业，遏制了商业的多样化。同理，街道对踢球来说，也是最方便和经济的。胡同和街道是公共空间，在车辆稀少的时代，踢球对行人和少数车辆也有干扰，但是大家容忍和接受了孩子们踢球。不然他们到哪里踢？你能管住他们不在街道踢球？他们是我们的孩子，他们要玩耍啊。但是现在街道已经专属于车辆了。不需要再有谁来干预孩子踢球，轿车的轰鸣足以宣布街道足球的死刑。街道启蒙了几代人的足球兴趣。在他们离开街道球场的时候，他们已经深深地热爱上足球。但这一原始启蒙地已经寿终正寝。

离开了街道，选择一块场地，就遭遇了买单的问题。在今日中国，大家看足球的热情大大高过篮球、排球、乒乓球，而与此同时，玩乒乓球、玩篮球的人大大多于玩足球的人，原因是场地问题。场地问题的本质是谁来买单。孩子要玩乒乓球，父母买得起这个单。家里有钱的买个球台也不新鲜。多数人是租个球台，20 元钱一小时。经营者也划算，承包一个地下室，放上 10 个球台，一天收入 1000 元，够本。篮球的逻辑相仿，租个灯光球场，300 元一小时可以拿下。足球不行，无论是对消费者还是出租方。原因在于其占用的地皮太大了。一块标准足球场地至少要 7000 平方米，大约相当于 8 块篮球场。按照北京、上海市区的时下地皮价格（至少 1 平方米 1 万元钱），就是 7000 万元。若有商人买下地皮，经营足球场的出租业，多半连利息都赚不回来。即使中等城市地价较低，学校也拿不出几百万元为操场买地皮。一句话，足球场是不赚钱的买卖，个人、学校都买不起，更准确地说，它是公共设置。而公共服务，比如灯塔、军队、义务教育，只能由政府买单。国外私人手里尚有地皮，中国的地皮都属国家，足球场（商业俱乐部的场地例外）便只能是政府买单。北京、上海、天津各有大约 700 所中学，市区按照 400 所计算。中学的足球场要综合使用，不可能不要跑道，这样每个球场加上跑道大约一万平方米，地皮价格大约一万元。中国的直辖市若每个中学有一个标准足球场，市政府要拿出 400 万平方米的地皮，相当于 400 亿元人民币。其结果是市政府不肯为它的中小学合格的操场买单，于是我们学校的操场小的可怜。以北京为例，四个老城区中共有 4 所中学拥有标准足球场。学校尚且如此，遑论社会性的公共足球场。您想，一个孩子中学毕业，18 岁了，还没有踏上过足球场，忽然爱上足球了，那是一种什么样的行为？必然是类似于是戏迷看戏。可惜，他连票友都不够格，因为他什么都不会。

政府为什么不肯为球场买单？舍不得那地皮，舍不得那钱。时下，各级政府的一项主要收入就是向开发商出卖地皮。但说到钱还没有说到根本。市场经济到来之前，政府不卖地皮，也没有重视学校操场。原因在于不重视操场，不认为锻炼身体还要耗费那么大的地皮。是说服政府，扭转这一观念的时候了。

毫无疑问，政府为很多公共设置买了单。为什么没有为学校操场买单？因为看不到操场的重要作用。我们花费地皮修建了很多厂房、道路、公共设置，为了什么？为了生产、交通，等等。这又是为了什么？为了大家生活幸福、便利。而球场自身就恰恰能够为大家带来幸福，政府为什么不能为之拿出地皮呢？当然操场还是学生锻炼身体必不可少的。政府所以没有为之付出必要的地皮，可能在于将操场、球场同“玩”联系在了一起。我们想说的是，学生，乃至公民的“玩”，也是非常重要的，特别是当生产和生活日益提高的今天。而当某项“玩”完全地依赖于某项公共设置的时候，是需要政府买单的。正是因为我们社会中的球场的唯一可能的买单人忽视了球场，所以才有我们社会中足球场的高度匮乏。

政府为很多事情买了单。其中一项与体育相关的就是为奥运金牌买单。据一些学者计算，中国每块奥运金牌获得成本是 7 亿元人民币。作为纳税人我们明白，国家和个人一样是要面子的，争面子是要花钱的。请继续为奥运金牌买单，我们的唯一希望是金牌的追求要适当，效率应更高，即不必追求过多金牌，争取每块金牌成本更低些。因为面子不可没有，亦不可过分。球场不是面子，是基础设置，政府也须买单，甚至更需买单。而这里要额外强调的是，奥运金牌和学校（或公共）足球场建设是彼此独立的两种价值。人们通常误以为，某项运动在某个国家普及得越好，国际上拿金牌的可能就越大。其实普及与夺金的关系要复杂得多。中国跳水运动并不普及，却是金牌大户。中国乒乓球的普及和奥运夺冠没有真正的关系，夺冠的基础是专业运动员多。说普及利于奥运夺冠，容易将普及的价值捆绑到奥运金牌上，实际上矮化了大家从事该项运动的意义。我们从事这项运动有自身的道理，它是身体的锻炼，人格的陶冶，生活的乐子，这些都不次于奥运金牌。比如足球，如果仅仅为了金牌，似乎就没有必要建设很多足球场了，因为投资巨大，夺金概率甚低。修建足球场的动机，应该与金牌无关，唯此理由才是坚实的。英国有最充裕的足球场和最激情的足球人（绝不仅仅是看球人），他们 40 年没有问鼎大力神杯了，他们觉得赔本吗？踢球本身就是价值。只有在本末倒置的地方，才会使体育跟着金牌走。

但是为什么政府为奥运金牌买单痛快，为学校运动场买单艰难呢？因为前者的反馈快，政绩突出，举世瞩目。后者则无声无息。且因为消耗了政府手中宝贵的地皮，必将影响它做更风光的事情。因此，要政府为学校操场买单，仅靠一般的说服是远远不够的。要改革，迫使每个地方政府为中小学操场提供地皮。中国有 8700 余所中学，76 万余所小学。如果我们的多数学校都有合格的操场，我们将有数以亿计的孩子奔跑在足球场上。那是何等令人振奋的事情。与之相比，世界杯出不出线，算个什么？

比赛沉闷之梗结

规则革命日，足球复活时。

我的足球兴趣在衰减，这次世界杯我前所未有地在酣睡中度过了多场比赛。便一直在琢磨：是我老了，激情不复，还是足球老了，魅力不再。若干的参照物帮助我坚定了自己的判断:足球病了，变得乏味和荒诞。参照之一是奥运我场场不漏，甚至大骂电视台不追踪播放田径的十项全能。参照之二，世界杯决赛那晚，我还看了温网男单决赛，感觉其技艺与对抗均高于世界杯决赛。其实没有参照我们也能够看到足球的颓败。最近四届的世界杯冠军，两届是靠点球得来的。更不要说决赛之前靠点球决胜的比赛了。这不滑稽吗？败者服气吗？胜者牛气吗？观众欢喜吗？

面对日益丑陋的足球，我希望它进一步走向极端。什么极端？一种防守比进攻更上算的足球，一种彻头彻尾臣服于偶然性的足球。不到极端，大家便不愿意怀疑这个美丽的足球是否已经变得丑陋，国际足联的老爷们更不会主动改革规则——球市仍然聚宝盆一般，他们坐拥金山，为什么要改革呢？是国际足联的不思进取导致了今天足球走入绝境。是四年一度的漫长周期延缓了怨恨的发作。但是纸包不住火，火便是大家的怨恨。抱残守缺，足球将慢性死亡。

贝利说，再也不会出现第二个贝利，因为现在球员的防守技术太好了，所以他的成就是空前绝后的。其实现代球员进攻的技术也更高明了。但是技术高明了，进球却少了，场面却难看了，这是进步吗？

人们说足球的魅力在于它的悬念。不错，这是足球的特征与魅力所在。但是实力与胜算的关系可否无限度地拉开距离呢？如果运气占据了压倒优势，那不是对实力与才能的嘲讽吗？如果完全听凭运气，那不是变球场为赌场了吗？如果没有了实力所决定的成绩和等级，这游戏不是进入混沌，煮成一锅粥吗？

为什么球技在精进，这游戏却变得易守难攻，场面沉闷，并最终走向混沌？原因是简单的。球员的体力越来越充沛，速度越来越迅捷，身材越来越高大，控制的面积越来越大，而球场大小依然，球门尺寸照旧。这就相当于贝利的时代，场地依旧，每队却上场 13 名球员，或是球员数量依旧，场地却缩小了 20 米。除此之外，犯规的频繁与狡诈也破坏着进攻的流畅与效率。其结果必然是场面沉闷，进球困难，偶然性获得支配地位。树欲静而风不止。第一届世界杯至今已 72 年，贝利离开世界杯距今已 32 年，今天的球员要比他们的曾祖父百米快 1 秒，12 分钟多跑 500 米，可是他们依然沿用曾祖父的规则。曾祖父的规则罩得住曾孙子们吗？这期间国际足协只做过一点点改革：点球决胜，金球决胜，守门员不可手接伙伴踢回的球。前两者是因为平局激增而被迫产生的，已日益引起众怒。后者虽可取，却属小打小闹，于事无补。

南非世界杯断想

作非洲的粉丝

我是非洲和黑人的全方位的粉丝。强调政治正确美国社会已经取缔了“黑人”这个词汇，本国黑人被称为美籍非洲人，多绕脖子。我称黑人，没有一丝一毫的歧视。我以为黑色是最高贵的颜色，庄重、肃穆、神秘。

我喜欢歌曲，当然是老歌。一表白，朋友就会追问：苏联歌曲？一点不假，我能唱几十首苏联歌曲，但是最喜欢的是黑人歌曲：《老人河》《我的肯塔基故乡》《故乡的亲人》《深深的河》《马车从天上下来》。这些才是最爱。它们是黑人歌曲，但不是非洲歌曲啊？别急，还有更好的一首，正是南非歌曲《萨里玛莱》，绝对世界一流。

我喜欢美术。生在北京是幸运的，从少年时代就去美术馆。看过的最好的一次美展是非洲国家雕塑展。我长久地逗留在那些乌木的雕塑前发愣。以后开始了自己唯一的一项收藏：非洲木雕。因为兼爱非洲木雕和黑人的面相，喜欢他们的一脸肃穆。讨厌过于频繁使用的笑容，称之为嬉皮笑脸。

我喜欢体育。最喜欢的体育明星中半数以上是黑人。从盖尔布塞拉西（埃塞俄比亚人，万米世界纪录保持者）到博尔特，从乔丹、科比到詹姆斯。足球场上我最喜欢的其实还是黑人。我曾赞美法兰西世界杯上尼日利亚34岁的老将耶基尼“接到队友的传球，将其一米八八的伟岸身躯跃起，摆平，凌空怒射，那种勇气，那种力量，那种横空出世的气魄……”我评价他的队友奥科查，“具备这样盘带技术的人，全世界不超过五个”，而恐怕另外的四个都不敢像奥科查那样肆意玩耍，因为黑人远离功利，真的将足球看作游戏。奥科查之后的盘带大王是韩日世界杯上塞内加尔队的迪乌夫。他的盘带技术超越了巴西的德尼尔森和阿根廷的奥特加。

6月铺开了体育的盛宴:NBA总决赛，温布尔登公开赛。我觉得国际足联不思进取，足球规则垂垂老矣，比赛暮气沉沉，纳达尔的魅力超过了梅西。一个昔日的超级足球迷已经移情别恋。这时候，足球走到了非洲。它为我注入了激素。跟着它，我们将看到黑非洲茂盛的植被，绚丽的色彩，黑色人种矫健的身躯，肃穆而酷极的表情。一切都是足球做媒。托您的福，世界杯。

双响炮，谁更响

中国球迷过去最喜欢的球队一直是巴西。本届民调结果，头名换成了阿根廷。独木难支，阿根廷的“人气”靠俩人:马拉多纳和梅西。少了一个，阿根廷肯定压不住巴西。马梅二位合成了阿根廷双响炮。这是阿根廷的福音，后继有人。梅能不能赶上马？

老马捧起过大力神杯，梅西还是两手空空。“中原得鹿不由人”，问鼎谈何容易。人气和问鼎干脆是两回事。克鲁伊夫、济科、巴斯滕，虽英名盖世，却无力回天。阿根廷队尤其是变数奇多的球队，前面不定有什么沟沟坎坎，悲喜闹剧等着马梅师徒。拿不下大力神杯，就别谈追风马拉多纳。况且马拉多纳是王中王。当年的马特乌斯与马拉多纳同在意甲踢球，都是世界杯冠军队长。听到别人的过誉盛赞，马特乌斯一言蔽之:“我不是马拉多纳。”今天，你能奢望C罗、卡卡，对梅西如是说?

要征服世界，先征服阿根廷。在这个维度上追赶马拉多纳难乎其难。马梅二人是从不同路径走上巅峰的。马走的是古典道路。他是从博卡青年队的球场上为观众表演颠球的那个神童开始足球生涯的。他是先效力祖国，为阿根廷拿到大力神杯后，才淘金和浪迹意大利的。他为阿根廷足球鞠躬尽瘁，险些声名狼藉。梅西是自西班牙豪门脱颖而出，钵满盆满，且成为世界第一的。他常年在外，与博卡、河床的草根球迷素昧平生。别说世界杯，就是选拔赛，他对阿根廷也未建尺寸之功。为阿根廷效力常常力不从心，很大原因正是因为俱乐部的比赛让他心力交瘁。只有一座大力神杯能填补这一剪刀差，不然阿根廷人是不认墙外开花的梅郎的。

马拉多纳吸毒，梅西犯不着和他比这口。但老马哪里只是吸毒，他本身就是一株罂粟，一个异类。他有什么理念吗?未必。但是朦胧的风格比具体的理念，更能赢得厌倦主流文化的少年。美国总统曾提出过要见乔丹，乔老爷说算了吧，多提气。他与马拉多纳异曲同工，撑起了两大游戏王国的独立尊严。这个世界的政治商业不可能不影响、干预其他一切领域。但球王“爱谁谁”的气质，酷像一位酋长，而不是帝制下的臣子。这正是现代社会中大家移情别恋的英雄。梅郎能给我们这种气质吗?

三球六月十八星

六月的地球，铺开了盛宴:足篮网三家争辉。NBA的“天王山之争”刚落幕，湖人的本土阻击战在6月16日打响。温布尔登也将在世界杯中途开锣。争夺的焦点是地球人的眼球。吸引眼球，靠球的内涵，靠星的魅力。三家都推出了各自的巨星。

NBA 可惜了，要是小皇帝和科比争雄，吸引力上绝对不服梅西和卡卡。现在的科比、皮尔斯决战，大约也可以抢走当日世界杯的风头。NBA 为六月贡献了两位巨星。

温布尔登正逢战国时代。费德勒即使赔率第一，也是优势些微，综合指数断然不复当年。纳达尔炙手可热，星眼怒睁。第三条好汉我看好的是索德林，此公不谙世事，眉间杀气横溢，完全不是费德勒式的君子，且复仇之火熊熊灼烧，与纳达尔构成当今网坛两大杀手。第四条好汉罗迪克，上届温布尔登他苦战五盘吓煞费德勒，今番卷土重来。不管性格上如何缺斤短两，温网好歹是穆勒的主场。这样天才玩主小德竟屈居第六。我不信还能冒出一个当年 17 岁捧杯的贝克尔，所以说今日网坛没有潜伏的巨星。

足球的偶然性最大，事先的预料其实不过是为大戏垫场的小段子。不进决赛，就称巨星，不怕江湖上笑话。窃以为，七支球队可能夺冠，就是八个小组中除法国队外的全部种子队:巴西、阿根廷、西班牙、意大利、德国、英格兰、荷兰。冠军队的头号功臣是当然的巨星。当年西德世界杯决赛前，贝肯鲍尔哪里赶得上克鲁伊夫，但是拿了冠军就是巨星，大力神帮助说话，还有商量吗？所以说，我们这里讨论的是种子巨星。梅西、卡卡都是。他们两位未必能有上乘发挥，但是巴西、阿根廷夺冠不系结在一个人身上，两队中说不定就站出一位真正的巨星。其他五支种子队，若夺冠当然也会捧出一位巨星。也就是说，七支球队中潜在着九名巨星。英雄造时势，时势造英雄。唯巨星堪可夺冠，夺冠必造就巨星。也别太功利了，巨星中就加上一位 C 罗。这样世界杯中埋伏着十位巨星。

六月的星球，NBA 推出两人，温布尔登站出六位，世界杯埋伏着十名。十八条好汉争夺着各位的眼球，争夺王中王。

身世与生态

朝鲜队的表现震惊世界足坛，而这是第二次。我以为，亚洲足球的巅峰一直是朝鲜谱写的，1966 年的八强货真价实，其实至今未被超越。与巴西队战成如此局面，亚洲无二。但是别急着神化朝鲜，它能否出线殊难预料，这是死亡之组。科特迪瓦堪称当今非洲第一，打葡萄牙是上风球。葡萄牙又岂是白给。

一场比赛红了郑大世。还未开球，奏国歌时他的痛哭就被广而告之。哭其实最费解，可不能断定那都是爱国泪。此公身世蹊跷，生在日本，长在日本。他愿意代表朝鲜踢世界杯，却不会回朝鲜定居。我不是说他不爱朝鲜，却猜测那哭主要是因为圆了个人的世界杯之梦。不代表朝鲜，大概美梦难圆。好个双赢：大世帮朝鲜扬威，朝鲜让世界知道大世。

科特迪瓦球员的“足球身世”和大世异曲同工。更令人惊讶的是，队中全体球员都在欧洲俱乐部打工。本国并无足球联赛，其国家队从来是靠外面打工者来组队。他们和大世一样，肯定愿意代表本国踢世界杯，不然如何登上这大舞台，这绝不是说他们不爱国。理由哪里都是唯一。

科特迪瓦之谜胜过郑大世。大世出生在日本，喜欢足球又有天赋，就走上了这条道路。科特迪瓦自己没有联赛，这些球员是怎么被欧洲的球探发现的呢？被发现前，一定是初露锋芒了，又是哪里学习足球的呢？如果少小在科特迪瓦学习足球，大概应当如此，那么科特迪瓦能为欧洲输出这么多优秀的职业球员，除了基因的原因外，本土少年足球的土壤应该并不贫瘠，这土壤是如何开垦的？这是非常奇特的足球生态。对此好奇的人应该不在少数，特别是如果科特迪瓦能在本届杯赛上走得更远的话——这种可能性并不低于朝鲜。可惜的是，我们的记者没有这样的洞察力和敬业心。去南非的记者很可能是个大数字，但多数盯着的都是赛场最外在的场面。对后面的事情——球员的身世、足球的生态，大都麻木和茫然。

我煽忽大家关心身世和生态，不局限于探究他们的足球成功之路，什么它山，什么攻玉。我的旨趣好歹比这要大些。这身世本身是饶有趣味的。由这生态则可以透视出伟大的商业化，乃至民族主义和经济全球化的奇异联姻，等等。

勿蹈南非覆辙

南非队输球了。我看到丢掉第二球的时候，很多南非球迷黯然退场。我猜想他们将书写历史，世界杯上从未有东道国小组赛出不了线的纪录。

跌破谷底后面的问题是，如此一个足球弱国为什么能申报成功？政治使然。政治是什么？是权力的平衡。世界杯在其 76 年 18 届的历史中，在欧洲举办过 10 届，南美 6 届，北美 1 届，亚洲 1 届。不平衡是显然的，但其实也是表面，甚至是政治的。足球在世界上的普及本身就是不平衡的，与此合拍的举办地，其实就是一种平衡。但是政治的力量绝对要渗透足球。美国申办的时候很多人怀疑:世界杯在这样一个足球冷淡的国家举办成吗？这逻辑怎么能抗过政治经济呢？于是美国获得了 1994 年世界杯举办权。当有了这个历史性突破后，日本韩国好风凭借力。当世界杯覆盖了四大洲后，不给非洲主办权就变成了更大的政治问题——歧视。其实非洲有足球兴趣更浓、底子更厚的国家，尼日利亚，喀麦隆，等等。但是无法忽视的硬件导致南非在非洲几乎是唯一胜任的。政治，硬件条件，还有曼德拉——但圣人级别的政治家不等于不是政治，都成了决定性因素，唯有足球含量沦为末尾考量。于是世界杯选择了南非。直到举办前，球王贝利还在质疑这一决定是否明智。虽然饱经政治和商业的污染，贝利毕竟是足球人，他珍惜球场的气氛。南非世界杯的多数赛场没有坐满，如果东道国早早出局，后面的比赛能够像以往世界杯一样火爆吗？

我料想如果中国开始申报，不久就能成功。不看僧面看佛面。足球我们不行，但是政治、商机，无一不是巨无霸。但是作为中土之一介侏儒，我反对中国申办。原因就是别重蹈南非覆辙。我们多半也是小组出不了线的，我们很可能也会被狂灌 3∶0 的。何苦来哉呢？他们不是争相申办吗？就在他们家，我们或者去他们家闹腾，或者在自家看电视，或者不搭理——看 NBA，观温布尔登，搓麻，涮锅子，都挺好。足球不是中国人非玩不可的东西。不玩就不玩，玩不好就玩不好，都没什么。但要说申办，起码要玩到稳坐亚洲前三的时候再谈。您说对吗？

篮球拯救足球

别神化足球，它已经越来越沉闷，我说的是男足。梅西、卡卡、C 罗，三大球星赶不上一个玛塔。你问梅西，他敢说不服？深层原因是男足球员没有空间，场上太拥挤。贝利时代一个球员一场比赛平均跑五千米以下，现在是一万米。经历如此巨变，规则怎么可以不改良？有办法吗？笔者就有锦囊妙计。关键是国际足联不想改。足联钵满盆满，改革做甚？

掌权者极少有人主动改革，改革从来是重压下的被迫。对足球可以构成威胁的是谁？篮球。NBA 决赛日论这个理儿，应景而切题。篮球的规则不断完善，它保证了球赛的精彩与时俱进。就绝技之耀眼，节奏之紧密，篮球早就超过足球。

但是篮球之所以没有威胁足球，没有让足球大佬们痛感压力，是因为美国人的“光荣孤立”。一战、二战，旧世界已经焦头烂额，美国人迟迟不伸头，竟要靠珍珠港“共谋”的诡计诱骗山姆大叔出山。在游戏的世界，他们一直是自得其乐，玩自己的篮球和橄榄，哪管足球世界的凉热。全球化的趋势不可能不影响老大，而其左右老大游戏走向的方式竟是出奇的诡异。美国佬没有一丝动机想让自己发明的篮球光照全球，成为世界第一游戏；相反却是将世界纳入美国，让天下篮球英雄“尽入我彀中”。NBA 无论怎样的五湖四海十六国，怎样借助电视吸引全球粉丝，它也只能是一个多种构成的国家级游戏，而不是世界游戏。因为它不知不觉间化解掉了游戏中的激素——民族主义。漫长的部落时代决定了人类是部落动物。没了归属感的游戏，是跑了气的啤酒。哪怕虚构也要造就出归属感。

在这里人类遇到了深刻的两难。顾拜旦说，奥运会应该是非民族主义的，运动员只代表自己和全世界的青年。以后的奥运不但没有驱散，反而催化着民族主义。对游戏它是福音，但是强化了民族主义的后果很难说都是有益。从这个意义上说，世界杯是古典游戏，是部落战争的模拟。而 NBA 是后现代，它是没有民族主义的纯牌游戏，那才是顾拜旦之梦。

就世界杯和 NBA 的关系而言，我认为糖果难以战胜罂粟，我希望打造世界篮球大赛，挑战足球的霸位。唯其如此，足球才能振作，才能凭借规则的革新，脱去密不透风的沉闷。

东亚何日举起大力神杯

日荷赛后，郝海东评球:“今天的比赛我们看到日本球员虽然个人能力不如荷兰球员，但他们整体传接球技术和控制能力并不输给球星云集的荷兰队，机会把握得好至少是个平局，这种比赛内容是其他亚洲强队韩国、澳大利亚所做不到的。日本球员的个人能力在亚洲都并不突出，但他们追求的是真正的现代足球、整体足球，已经形成了适合自己的风格，这也是我为什么在亚洲范围内只推崇日本足球的原因。”我高度认同海东的看法。我认为日本队整体配合的协调、流畅，在世界上几乎只逊色巴西。他们实在是个善于模仿的民族，很多日本侨民在巴西，使他们便利地选中了最重视传接，也最适合自身的足球。

其实韩国队对阿根廷的比赛踢得也很好。日韩都已经达到了相当的水准，且都将自己的水准展现出来，不幸还是输了。他们赢一次一流强队，虽概率很小，不能说没可能。但如果我们问一句:日韩能拿世界冠军吗？你可能会笑话我了。如果再深问:亚洲何日能捧大力神杯？您不悲观吗？我觉得在可预见的时间内我们看不到。因为我觉得日本已经将自己的潜力挖掘到极致了。其实他们早就挖净了自己的排球潜力，但是当其他民族高度重视时，东洋女黯然失色。不客气地说，这是基因的原因。日本球员缺少爆发力:速度慢，射门软，玩足球这太致命了。中国人多，故比日本强，但基因的问题同样制约着中国足球，在补足了我们的制度短板后，我们也会日益感到这种制约。

足球强国在基因上更杂，且常常有黑人加入。贝利的血统主要来自非洲。马拉多纳的父亲是印第安和西班牙混血，母亲是意大利后裔。荷兰三剑客两位黑珍珠，全盛期的法国队半数以上球员有非洲血统。罗纳尔多混血非洲、欧洲、印第安。

混血优势。古代的胡汉融合赐予中国人丰饶的基因组合，自徐福以降这种优势惠及日本。唐代是中华文明的巅峰，也是基因融合的巅峰。但是15世纪中叶以来贩卖黑奴所带来的基因大交换，亚洲置身其外。不杂、少黑，使得东亚人在某些运动上缺乏身体优势。我不是鼓吹国家队引入黑人球员，我不将足球看得那么重要。但是体育是个晴雨表。与欧美很多国家相比，我们在种族开放上差得远。其实，开放不仅意味着文化互动，也意味着基因交换。国籍是一扇门。世界上很多国家行双重国籍，它减少入籍的顾虑，利大于弊。

上苍不让小人得志

2009年11月19日，法国和爱尔兰进行了世界杯预选赛的附加赛。90分钟内爱尔兰人就以1:0领先，由于两回合打平，双方靠加时赛决胜负，亨利以“上帝之手”助攻加拉破门。赛后国际足联承认了这是一个明显的手球，但拒绝爱尔兰人重赛的要求。异日笔者撰文抨击法国和国际足联。

爱尔兰人将球踢给了法国足球界。如果法国人在全世界面前不敢回应，那就不是男人，难以抬着头走进南非的赛场。而一旦法国足协同意，世界足球新的历史将谱写。国际足联是最不思进取的。他们拒绝电子设备参与裁判工作，坚持肉身裁判的绝对权威。他们好像不知道，肉身裁判的权威是同一百年前的技术相匹配的。那时场上发生的事情瞬间即逝，你说手球了，我说没手球，谁也拿不出证据，树立裁判的绝对权威是必要且可能的。现在好了，全世界的球迷都从电视上十次八次地看到每一次的误判被重播。国际足联的头皮和脸皮能硬撑到几时呢？他们如果明智，应该等待一次契机顺坡下驴。法国足协表态同意重赛，就是最好的契机。而法国人能不能这么做？眼下法国足协和总统都紧咬钢牙。但亨利已经完成了他的自我救赎，压力置换到了法国足协肩上。而法国人的面子系于一线:向前一步赢得全世界的喝彩，退后一步遭到亿万人的嘲笑。压倒法国足协这匹骆驼的就差一根稻草了，那就是更多的珍惜自己尊严的法兰西人。全世界的目光灼烧着法兰西。如果他们不顺应人心和历史，这目光就一直灼烧到南非。

我对法国足球好感不多。普拉蒂尼是个材质平庸的苦练型学生，你见过他出色的过人吗？他有种族歧视之嫌。身为法国世界杯组委会头目，在意大利和俄罗斯争夺入场券的比赛前公然扬言:他不喜欢俄国人。我当即撰文抨击:这算什么东道主，说这话不丢人吗？

法国本无冠军相。夺冠的那届虽在本土，小组赛死活进不去球。决赛中巴西队核心罗纳尔多中魔了一般，内中奥秘至今未解。进球则靠技艺原本强过普拉蒂尼一百倍的齐达内神灵附体。亨利曾表态他愿意和爱尔兰重赛，整个法兰西足坛只剩下这个犯规人有羞耻心。

朝鲜的外部性

没有人愿意被外界遗忘或冷落。我们东邻的半岛国家何尝不是这样，他们一直在努力引起世界的注意。0∶7 的比分绝对吸引眼球，当然他们事前也没想到过还有这样的吸引方式。

多年来朝鲜不断有惊世之举，惊动的岂止他人，而且自己。对 0∶7 的结局最意想不到的是他们自己，不然他们不会破天荒地搞起电视实况转播。被惊吓最巨的还是他们自己，其后果将逐渐释放，说不定其连锁反应中继续着意想不到。

利益攸关，但无论如何也想不到如此结局的是科特迪瓦队。照常理，这样的比赛顺序对科特迪瓦队稍微有利。小组的三个队都打不过巴西。最后一战碰弱队比较好。假设葡萄牙 2:0 胜朝鲜。最后一战科特迪瓦拼上老命，净胜球多一个，就能挤掉葡萄牙；因为最后一战葡萄牙对巴西相对是被动的。这倒好，最后一战还没打，科特迪瓦出线的账户上就欠款 7 个球了。风水轮转了一个多甲子，才轮到非洲。比来比去，非洲足球的荣誉今番要靠科特迪瓦了。没想到飞来横祸，这该从何说起。

这就是经济学家爱说的“外部性”。邻居的洋楼漂亮，养眼；邻居的钢琴声泉水叮咚，悦耳；二者都不花你一分钱。那边的小号震的你心烦，外面的汽车尾气污染空气，你遭了罪，他们一分钱也不补偿。孟母懂得外部性，所以择芳邻。能选择、该选择的时候，确实要选择。交友不慎，苦头大了。

但是有时候是选择不了的。比如这次科特迪瓦分到了这一组。死亡之组不是最可怕的，大不了鱼死网破。最恐惧的是组内有个定时炸弹——高度不确定的球队，他打破了你的一切预算和谋划。既然有时是选择不了的，就要注意身旁这个家伙的品性和举止。当你发现他有间歇性躁狂症，一会儿和颜悦色，一会儿疾风暴雨；发现他有抑郁症，总要挖空心思闹点动静，谋求外部的承认，至少是关注；你就要当心了。策略上要多准备几手，至少要做好心理上的准备。朝鲜队以一场游戏教诲着这番道理，告诉我们这位近邻的非凡特征。

贝利和马拉多纳

贝利和马拉多纳谁更伟大是个说不绝的话题。他们互见短长，其实难有定论。

贝利三夺世界杯，马拉多纳只一次，在这个硬指标上贝利明显占了上风。但是至少其中的一次，贝利几乎没有发挥什么作用。巴西队的整体实力太强了，在很大意义上可以说是巴西队托举起贝利。马拉多纳虽然只为阿根廷拿过一次冠军，但几乎是他一个人帮助这支队伍提升了一个档次，他是球队的绝对领袖，他是阿根廷足球的救世主，因此他在阿根廷的地位竟是三次冠军得主贝利在巴西享受不到的。贝利的球风冷静，稳定，自控，像一台运转良好的机器，因此他的足球寿命更长。马拉多纳激情，疯狂，极度投入，但场外五毒俱全，或许本来不会太长的足球寿命被一次严惩戛然终止。

两位球王从互不服气到贬低对方，直到恶语相加。马拉多纳说：这个人的童贞献给了谁？一个男人。贝利前几天说：他做阿根廷主教练是混饭吃——底层人读得懂这句话，这是暗指马拉多纳经济上捉襟见肘，快吃不上饭了，只好赖住这个位置讨生存。你看，恶语到了何等毒辣的程度。马拉多纳当然听得明白，于是我们听到了他在发布会上莫名其妙地连说三遍：我喜欢女人。大家可能觉得他疯了，我的解读，他还是要反衬对手当年的同性恋。

既生瑜何生亮。照说同一个时代的球星才更容易针尖对麦芒，但是费德勒和纳达尔彼此极其客气，堪称相互欣赏。俗话说“一个巴掌拍不响”，费纳关系融洽的功臣是纳达尔。费德勒和穆雷就有过恶语相加。是纳达尔一贯谦虚，几次击败费德勒，过后都由衷地称赞费德勒，到底换来了费德勒的互动，终成良友。但我想说，贝马之间几乎不可能复制出费纳的关系。除了两人的性格外，还有两国间的关系。巴西和阿根廷在足球上是宿敌和世仇。巴西冒出一个黑人成了世界球王，阿根廷人心底老大地不痛快。自己终于出了球王，这位民族英雄怎么能向敌方首领摧眉折腰？马拉多纳想这么做都难，何况他自身的枭雄性格。

每次世界杯他们的对骂都要升级。彼此的恶语有无削弱的可能呢？有一线机会，就是出现和他们二位等量齐观的新球王。如此，他俩都会觉得对骂有些过景和乏味了。从现在的场面看，好像克鲁伊夫二世还未降临，遑论贝利、马拉多纳。

萨科齐和金正日

当年酿成中国足球“5・19”悲剧的最直接原因是，某体育领导要求主教练赢两个球以上，这一指示扰乱了主教练的战术部署。从这一悲剧中得到的教训是，不可以干预主教练的工作，别说领导，元首也不行。金正日酷爱足球，且热望以足球作国运之象征。朝鲜队几乎一定是或直接或间接地得到了元首的指示。法国队下飞机后，亨利直接登上接他的轿车去见总统萨科齐，汇报法国队的情况。我认为这些都不正常，都是帮倒忙。

元首喜欢足球很好。他也是人，人都要有爱好，不然生活没有光彩，人成了工作机器。但他最好是像一个常人一样喜欢足球。就像喜欢听交响乐，不会想到去干预乐队指挥。

元首可以关心和过问本国的体育事业。但那是宏观的，是过问本国运动体制的设计及其改革，不是直接过问球队的业务，乃至内部纠纷。将军不能指挥战士的行动，那是连长和团长的事情；总理不能干预科员的工作，那是科长和处长的事情。你们越俎代庖，连长和科长的工作就没法干了。这是有分工的。何况术有专攻，微观的本领，你们是赶不上连长和科长的。不错，元首可以在同战士、科员、学生、农民工的直接接触中，获得信息，以纠正和补充下级对自己的信息误导和屏蔽。但是获取的信息，不是为了直接干预某一基层团队，还是为了调整宏观政策，从而给予社会成员一个良好的工作环境。总能恰当指导科员工作的人是科长，不是元首。

奥运会、世界杯关乎国家荣誉。运动队获胜了，元首要接见。那其实不是个性行为，而是角色行为。不是业务行为，而是礼仪行为。是国家机器要借用一下元首的身份，来表达一种礼仪。不错，无论是元首的身体语言，还是口头语言，都可以在接见中努力彰显个性，但那还是在礼仪和情感的范畴内，而非技术和战术的业务中。

“5・19”悲剧的责任有主教练的一份，那就是他忘了“将在外军令有所不受”，为什么长官说什么你就听什么。元首的性格，社会的体制，一线的指挥员，是互动的。他越瞎指挥你就越无权限，你越面团他就越瞎指挥。

萨和金的案例都值得关注。看看萨科齐是作秀还是真掺和。看看朝鲜队的教练被如何发落。

点球怎比辕门射戟

世界杯的淘汰赛如果 90 分钟打平，要打加时赛，如果加时赛打平就要进入点球决胜负。点球决胜负自实行以来，便遭到众多球员的诟病。因为那胜利不是凭借技高一筹，无论是对射手还是守门员，多半是靠运气，几乎和掷骰子、扔硬币差不多。最雄辩的例证就是一流球星常常射失点球，不仅在寻常比赛中，而且在世界杯赛上。请看世界杯赛上射失点球的球星名录:1990 年的多纳多尼，1994 年的巴乔、巴雷西，2006 年的特雷泽盖、兰帕德、杰拉德；特别是 1986 年世界杯上的普拉蒂尼、济科、苏格拉底和 1992 年欧洲杯上的巴斯滕。这四位均为足球史上的定位球专家或最优秀的射手。他们的竞相失误，说明点球得失和技艺高下无关。规则设计追求的目标有二:其一，激励球员展示技能；其二，优胜劣汰，完全靠撞运不是嘲弄大家吗?

遵循此种目标追求，笔者设计了两种规则。其一为加时赛，其二为罚球决胜负。

加时赛还是30分钟，上场时是9人对9人，如果有进球，下半时照此办理，直到30分钟结束。如果上半时都无进球，下半时变为7人对7人，持续到30分钟结束。空间大了进球概率和精彩程度都会增长。如果按照这种减员制，加时赛还是打平怎么办?

《三国演义》给出了方案:辕门射戟。说那吕布150步外一箭射中画戟的小枝，平息了纪灵对刘备的讨伐。纪灵为什么先就同意了吕布摆平双方的“设计”，因为那是绝技惊天，难以置信。世界杯的决胜就该这么搞。不是点球决胜，而是罚18码球决胜负。还是一边5人，若打平，各派1人，直到分出胜负。辕门射戟，既给了守门员，也给了射手，展示身手的舞台。那可不是点球的撞大运。守门员的扑救方向再也不是押宝，而是要看准来球，横空跃起，判断力和好弹跳，缺一不可。射手没有点力道和角度追求，则休想射进。每逢淘汰赛前，各队都要临阵磨刀练点球，实在太无聊了。若是练习罚18码，就大不一样了。练好了18码，用武之地岂止罚球，对比赛中远射功力的提升好处莫大。综上所述，笔者力主:淘汰赛的决胜，以18码替代点球。

十六强的归属和成因

争夺十六强的尘埃落定。其各洲归属如下:欧洲6（13），南美5（5），亚洲2（4），中北美2（3），非洲1（6），澳洲0（1）。

括号中是本届杯赛参赛球队数。各洲晋级十六强的球队占各洲参赛球队的比例如下:南美赫然榜首百分之百；中北美60%，亚洲50%，欧洲46%，非洲17%，澳洲为0。亚洲成功率颇高，竟然压过了欧洲。

下面是入围十六强本届与上届的对比:欧洲6(10)，南美5(3)，亚洲2（0），中北美2（1），非洲1（1），澳洲0（1）。括号中是上届入围球队数。赢家有三:亚洲第一，南美第二，中美第三。输家主要就是欧洲。

成绩变化后面的原因是什么？

我常常对学生说:能写好论文的第一成因是渴望将论文写好，能赚钱的第一成因是强烈地想赚钱。日韩球员共享的特征是求胜的欲望在32支球队中都堪称最强。相比之下，非洲球员最弱。这是亚非此消彼长的第一因素。李章洙说，中国球员求胜欲望弱。他有对比，故有发言权。东亚的传统文化导致东亚人做事刻苦用心。体育是一面镜子，中国人的变化是个事实，原因不是本篇小文所能讲清。

南美和非洲的足球是艺术足球。非洲因为普及的时间短，不成气候，加上求胜心太弱，故有现在的结局。南美晋级率大升，最难解释，我觉得有偶然的因素。

欧洲的足球没有南美和非洲那么艺术、率性，更像一个足球工业。手工虽然更富美感，但在现代社会手工几乎注定要败给工业。南美足球之所以不衰，是因为其足球传统太深厚，且有大批球员在欧洲俱乐部。他们身上兼有足球艺术家的特质，和足球工厂中的纪律性和团队素养。没有这批两栖动物，南美的足球会是什么样子，很难预料。

工业是作业，农业也是作业。东亚的农业和科举的历史最悠久，东亚人最擅长作业。他们搞工业虽然晚，但从一种作业转向另一种作业太容易了。日韩的足球作业，足球工业，显然在纪律性、团队配合、效率追求上已经超过欧洲。惜乎身体原因，不然短期内可以匹敌欧洲。

工业有效率，但工业呆板而单调。南美足球不会被欧洲同化，在于那些天才少年是在南美约束较少的环境中长大的，欧洲足球工业园很难彻底磨灭他们少时铸成的性格。

十六强中的拉丁版图

“他们是欧洲的巴西”，足球人士常常这样评价葡萄牙队。说者是称赞，孰料葡人一脸不快地反驳:巴西是南美的葡萄牙。这话不假，要追溯到新大陆的发现。那时海上霸主是葡萄牙和西班牙。著名航海家迪亚士、达伽马、麦哲伦都是葡萄牙人。意大利人哥伦布是求助葡萄牙王室未果，转投西班牙王室开始其著名远航的。因此南美的多数国家成为西班牙和葡萄牙的殖民地。西、葡、意均属拉丁国家，故称南美为拉丁美洲。而巴西人成了葡萄牙的殖民地，说葡萄牙语。西班牙语和葡萄牙语极其相似，可称互为方言。

足球是英国人发明的。经西班牙、葡萄牙人之手，传到其南美洲殖民地。不想在那里成了精。

本届杯赛的十六强，若论大洲，欧洲6，南美5，亚洲2，中美2，非洲1。若听听各队球员说话，则大为震惊。阿根廷、墨西哥、乌拉圭、巴拉圭、智利都说西班牙语。加上西班牙、葡萄牙、巴西，好家伙，半壁江山都是拉丁语族的天下。说英语的国家一共才三个:英国、美国、加纳。

拉丁美洲诸国虽然在足球上青出于蓝，但风格上依稀可以看出和西班牙、葡萄牙的相似之处。不仅足球，放歌狂舞，绘画时装，整个生活方式上，完全是一脉相承。通俗了说，就是好玩，会玩。我以为拉丁民族的这种天性，将在这个世纪大放异彩，深刻地影响这个世界的走向。

工业化是西欧开启的。英国人的蒸汽机带来了工业时代，德国在很长时间是欧洲的制造业中心。他们开创的生产方式改变了这个世界，全世界由此从匮乏走向富裕。他们的文化和价值观当然地支配了这个世界。南欧人只会玩，不会干，在很长的历史阶段中处在边缘。世纪之交是历史的拐点。物质匮乏不再是基本问题，在解决了温饱的人们那里娱乐是最重要的。曾处边缘的“玩主”，一下子吸引了最多的眼球。没办法，工业带来了异化，会干的人早就不会玩了，要靠会玩的人教他们。不长于搞工业的南欧、南美、黑人，恰恰是最会玩耍的民族。美国的娱乐界、体育界是白人搭台——工业给了他们管理能力，黑人主打，谁能媲美乔丹、杰克逊？足球则是拉丁族裔们主打，没了他们那球能看吗？

惜乎意大利出局了，不然拉丁族裔就是集体胜出。

游戏:清泉还是浑水

布拉特在英德足球误判的第一时间，为不引进录像技术辩护，他说:“无论使用什么科技手段，最终的决定仍会是由人来做出，而且很多情况下你放十遍录像也不一定能得出结论。你可以说一些判罚不是很好的决定，但裁判也是人，你不可能拥有一届判罚零失误的世界杯。球迷们喜欢议论比赛中的任何事件，而这是足球运动的人性一面。”

其墨守成规、不思进取的面目暴露无遗，并且已经到了诡辩的地步。“很多情况下你放十遍录像也不一定能得出结论。”这半年来发生的最大的三次误判——亨利手球帮助队友进球淘汰苏格兰队，英格兰进球不算，阿根廷越位在先，都是只看一遍录像就能搞明白的，并且看后不存争议。不错，是有一些情况较难分辨，比如阻挡还是撞人。但是怎么能用不能分辨的极端案例来阻挡接受新技术去澄清很多案例呢。何况多数惊鸿一瞥没有看清的东西，通过看录像是可以搞清的。

时下发生的是大多数竞技比赛的裁判工作都与时俱进地引入电子技术，径赛的终点摄像、网球的鹰眼、NBA 主裁判和看过录像的裁判组的商议，等等。足球理应走在前面。为什么？第一国际足联财大气粗，引进设备最不差钱。更重要的，足球的争议常常比其他项目的争议更关键。比如网球界内界外的争议只是无数分数中的一分，足球的一分常常可以定局。别说什么德国队踢得更好。足球明明是一个踢得好不一定胜得了的项目，英国队如果 2∶2 扳平德国，彼此的心态和战术统统为之改变。最起码，进球的判断也该靠电子设备。

我很替布拉特捏把汗。电视让全世界球迷一而再、再而三地看到严重的误判。布拉特将没完没了地硬着头皮，对抗苦主和亿万球迷。

我对文化保守主义素无成见，甚至我本人就是一个文化保守主义者。问题在于谁是文化保守主义者，是我还是布拉特？表面上看，他坚持肉身裁判——一种传统。深层上看，是我在捍卫游戏的传统。游戏在本质上是和社会分离的。社会中充满了不公正，出生于不同的家庭，上幼儿园，入小学，为小升初而搬家到好校区请家教——凡此种种，没钱成吗？高考中各地录取分数的严重不平等，有公正吗？人类发明游戏，是用来慰藉人生的——社会中没有公正的规则，而游戏中有，社会中无法追求到的公正，游戏中可以追求到，随着技术手段的进步，可以最大限度地实现游戏中的公正。是布拉特这个大俗人，早就被社会污染，不想坚守游戏的真谛。

再骂布拉特

英德比赛误判发生后的第一时间里，布拉特应该做的事情是道歉。而他却是说一些拒绝电子设备的昏话。到底是抗不住滔天的骂声，不久我们听到了他假惺惺的道歉声，并且对接纳电子设备口风也小有改变，表示可以考虑。但还是继续一些昏话，说什么电子设备必须质量很高，现在未必能到达，还说各级足球赛事应该一视同仁，如果用电子设备就要都用。

这些统统是胡扯。布拉特这些年用的手机换过几次了。拘泥于新手机的高标准，第一个手机是不该买不该用的，为什么就卖了？因为达到低限标准了。电子设备的改进是不待言的，而现在的电子设备就足以弥补裁判的眼力，这有什么疑问。要刻意追求各级足球比赛裁判方式的统一，电子设备就永远不要启用了。网球四大公开赛，有的用鹰眼，有的不需要。全世界篮球的裁判工作依赖电子设备的程度也大为不同。

前一句话完全是昏话。后一句话可不光是昏庸，而是透露出他操控全球足球裁判方式的野心和霸道。如果此前他不能操控，如果有些国家的比赛率先使用了电子设备，相信那效果和影响力早就改变世界杯的裁判方式了。

布拉特的霸道和昏庸都是罕见的。何以如此？原因或许有二。其一，国际足联的性质使然。任何一个西方国家的足协主席，绝不可能如此昏庸霸道、不思进取，还能赖住位置。西方人的民主习惯不会容忍如此政绩和表达。法国足协主席不是引咎辞职了吗。但是国际足联是个跨国组织，民主制奈何不了他。其二，他的僵硬和霸道是球迷们惯出来的。他和其前任在足球规则和制度上毫无作为，但是他们仍然有无穷的捞钱路子。这些路子说到根本依赖球市的火爆。虽然足球比赛日趋沉闷，但是店大欺客，球迷委屈了自己还是要追随足球。他财源茂盛，钱大气粗，为什么要改制？他看客盈门，又置身在三不管地带，无人撼动宝座，为什么不霸道？这是当今世界上罕见的一个独立王国，完全地吃老本，不思进取，却依旧盆满钵满；期限内没人可以动摇其位置。恐怕唯一可以影响他的是各国足协的联合抗议行动。布拉特虽然做正经事情平庸，对诸侯们分而治之还有有一套的，他能获取这一位置就是这种能力的证明。

休以成败论对错

世人最爱以成败论英雄，论对错。其实这是大谬不然的，如此便永远也不能正确地吸取经验教训。

巴西输球了，于是很多人认为邓加的战术不对。而这场比赛的第一败因是什么？偶然性，就是那个乌龙球。没有它，荷兰绝难进两个球。就按照这战术再打，巴西的胜算是很大的。我以为这场比赛的唯一教训是，巴西不擅长打逆风球。但这还真难克服，因为巴西常常是顺风球。鲜有逆风，擅长从何而来？

荷兰胜了，这支球队好吗？我以为是世界杯上较差的一支荷兰队。绝对逊色于克鲁伊夫的荷兰队和三剑客的荷兰队。荷兰队的风格何以演化至此？我以为一半原因是少了天才球员，另一半原因是错误地吸取了教训——放弃了全攻全守。当年荷兰连夺两届亚军，全攻全守的战术还不对？要知道冠军关乎天数，非人力之所及。三剑客的荷兰队拿了欧洲冠军还不强大？世界杯失利是因为他们为俱乐部吐了血。屡屡不能染指大力神杯，便怀疑全攻全守，遂有了今天的放弃了前辈风格的荷兰队。

吸取正确的经验教训难乎其难。其最大障碍在于人们总认为胜了必有其优长，败了必有其失误。对克鲁伊夫的荷兰和今天的巴西，不必找什么败因，寻找也要极其慎重。找错了败因，就是错上加错。将偶然的胜利看作自己的英明，胜利便必定只此一回。

德西之战还能全攻全守吗

德阿之战完成了杯赛以来一支球队所能作出的最精彩的表演。削瓜切菜般宰割阿根廷这等球队，不可能不是最精彩的发挥。为什么打进四球，却一球不失？看到德国队进攻时屡屡以多打少，防守时总是以多防少就明白了。这又是如何做到的呢？原因无二，跑动多。我以为，德国队平均要比阿根廷队多跑五分之一。这还了得，这相当于 13 人打 11 人。不仅跑动多，而且动作合理。能搞出严密的防守是这个以设计和纪律见长的民族的老把戏，关键是进攻也赏心悦目，不能不说德国队脱胎换骨了。 但必须说，这只是杯赛以来一支球队能完成的最精彩的表演，并不是最精彩的一场比赛，因为双方不对称。

接下来我们看到了杯赛以来最精彩的比赛:西班牙对巴拉圭。不仅旗鼓相当，竟然是久违了的全攻全守。其激烈精彩、荡气回肠，堪称杯赛以来所仅见。

杯赛尚未盖棺，更无定论。但克鲁伊夫似乎还未看到，更遑论马拉多纳。但是克鲁伊夫当年那支全攻全守的球队恍若再生，且不是一支，也不是两支，竟然是三支:德国、西班牙、巴拉圭。这真是大喜过望。拉丁民族疯癫一回，尚可想象。怎么德国人也敢这么干，真有点不可思议。是真的脱胎换骨了，还是被强敌阿根廷逼出来的？下一场德国对阵西班牙，便立见分晓。我们当然愿意看到克鲁伊夫球队的复活，但现在还不敢相信，只以为是惊鸿一瞥。您怎么看？

解开费解的德国队

德国队一向不好对付，即使在其落入低谷时。但是从来不费解，敬业、斗志、纪律性，这些东西谁不明白。本届杯赛德国队第一次变得费解。

英德大战是本届杯赛的第一场强强对话。大家都说德国队踢得好，我说上半场英国队踢得更好。你想，世界上哪个球队能在德国队 2:0 领先时扳平。是裁判的一瓢冷水使得英国人心态失衡，其后不仅在结局而且在名誉上帮了德国人忙。如果德国队仅仅 2:1 获胜，英国观众会怒火冲天，国际足联的日子会难上加难，德国人将胜得灰头土脸。这里费解的是裁判，但我要讨论的是德国队，这只是他们费解的前奏。

4∶0 胜阿根廷真的有些费解。因为这支阿根廷队刚刚有些模样，心气正盛，大牌云集就不谈了，怎么会被削瓜切菜一般宰割。诚然，这是费解的，但这还只是更大的费解之铺垫。

这支一路凯旋的德国队败给了西班牙。比分只是 1∶0，但看过比赛人一清二楚，那是完败，德国队一丁点机会都没有。1∶0 太幸运了。打成 3∶0 一点不新鲜。如果西班牙少年终场前不玩票，那个二打一将演出本届杯赛最具游戏性的绝杀。此时“费解”达到最高点。为什么这样的一支德国队会被打成这副模样？不错，西班牙的足球更像巴西，而非阿根廷，但毕竟都是拉丁派，传接球的造诣都是了得的。怎么对付阿根廷和西班牙有霄壤之别？

在大胜一支拉丁派球队，接着大败于一支拉丁派球队后，德国队马上就要遭遇下一支拉丁球队——乌拉圭。在一定程度上，这场争夺殿军的比赛，将帮我们解开德国队费解的谜团。

西班牙短剑对荷兰长枪

荷兰对阵巴西之前，克鲁伊夫极力挖苦邓加和巴西队：“巴西有很多天才球员，但是他们的心思只放在了防守上，这绝对是世界杯的耻辱。我绝不会花钱买票去看他们的比赛。”我一直不明白，他是真的讨厌这支巴西队的风格，还是想以激将法挑逗巴西追求华丽放弃实惠。因为如果是崇尚进攻、讨厌保守，那么现在的荷兰队也几经告别了克鲁伊夫所开创的全攻全守，他为什么宽大荷兰队呢？估计是在用计。您听，荷兰队的罗本在与西班牙决赛前赤裸裸地说：“宁愿丑陋地生，不愿华丽地死。”其实巴西的实力决定了不好打反击，荷兰在去华就实的道路上走得比巴西远得多。因为低调、务实，乃至没有华而不实的大明星，所以决赛中的荷兰队将很难对付。

不是也有一位明星罗本吗？罗本与克鲁伊夫、巴斯滕等荷兰名宿们大不相同。他没有神奇飘忽的过人，只有闪躲后的雷霆劲射。他是巴斯滕和科曼两个人的结合，他和巴斯滕同为射手，脚上却有科曼的罕见力道。他是钝刀，比锋刀厉害，因为不卷刃，无自残之虞。

与荷兰人的去华就实不同，西班牙人坚持自己华丽的拉丁球风，十年一贯制。早就声名鹊起，惜乎世界杯上从无作为。以往的早早离去有运气不好的成分。今番运气好得利害。一流强队大概只打掉了一个德国队就进入了决赛。德国队无论如何成色上不如巴西。我看不出西班牙队有罗本这样优秀的钝刀射手。他们的长项是控球、传接。如果发挥出长项，与荷兰的控球时间比会在六四和七三之间。

两队传球上都有特点。西班牙人擅长短传，人和球都能走得眼花缭乱，拉丁派之外干脆免谈，拉丁派内阿根廷人肯定赶不上，只有巴西人同样流畅的传接中或许更多一份静气。荷兰人善于长传，那长传不是英伦的模式，即不是吊冲，是真正的传球。荷兰人个个脚力十足，轻轻一推，便是别人努力长传的距离。看他们传球，觉得场子显得很小。这真的是一场短剑对长枪的较量。我喜欢克鲁伊夫和三剑客的荷兰队，连博格坎普我都觉得小鼻子小眼，遑论今日。我喜欢今日的西班牙队。但喜欢归喜欢。我觉得荷兰捧杯的可能很大。他们足球的底蕴很深，才华很高，变得实惠了，又腰斩了昔日的王者——巴西，这柄钝刀咄咄逼人啊！

杯赛落幕，酒醒时分

各位昼夜不舍，陪伴世界杯三十一天，辛苦了。当然是愿打愿挨，“欣劳”之际多半还会和朋友吹牛：自己对足球是何等的热爱。我理解您的辛劳，但对国人“热爱足球”的等级，却不敢恭维。

窃以为，热爱足球，可分三等。一等热爱，都是亲身踢球的人，即使现在踢不动了，当年也是踢球人。二等人，必到现场观看和助威，大多少年时就为校际，乃至班际的足球赛站脚助威，现在还是要光顾现场的。我不是说他们一定要到南非，我们讨论的是热爱的等级，与收入和阶层无涉。国内的比赛，您买票去现场助威吗？如果不去，抱歉了，您不在二等之列。三等热爱者，不踢球，不买票，不到现场，一滴汗不流，一分钱不花，在家里看电视。虽然他们自觉已相当投入，没办法，只好列在三等。就热爱程度而论，三等怎比一等、二等。

我曾经和刘建宏说:中国人不热爱足球，他大惊失色。我问他:我们和阿根廷、巴西、西班牙比比……他立马打住我的话:我们差得远，差得远。知道了自己的定位，事情才好办。有多大的动力和付出，才能设立多高的目标和愿景。不然就是做梦娶媳妇。一些同胞不光做梦娶媳妇，还要嚷嚷出来，那叫撒呓症。

看武侠书是中国的一大时尚。倘若说读武侠就是尚武，您一定会笑掉大牙。尚武之风与中国人是何等遥远。什么时候尚武之风离开了中国人，是历史学中的大题目。我以为，恐怕宋代以后就是暖风吹醉，文弱不堪了。周秦汉唐之际，国人是尚武的，那时不仅没有武侠书，恐怕连武侠书的前身和雏形都看不到。待武侠书全盛之时，其实已经没了武侠，没了尚武之风。

电视观球和痴读武侠，都是移情。只要您高兴，挺好，但千万别当真。对三等球迷而言，看球就是喝酒。球和酒让您亢奋，挺好。戏是要散的，酒是要醒的。酒醒后，该干什么干什么。

您好像死乞白赖要说一番大话。我劝您，提升自己的足球热爱等级，用钞票去支持足球，去现场看球，甚至亲自去踢，去鼓动区政府为学校建操场，为社区建运动场。成了一级球迷后，再说大话不迟。根据我的经验，成了一级球迷后，很多人就不愿意说大话了。英国的一流球迷甚多，他们对英国足球荣誉的执著好像还不如中国人。这是为什么？现在酒醒了，真该想想了。

《北京青年报》2010年6月13日~7月12日